本书撰写人员名单

主　　编：毛绵逵

副 主 编：王毅杰

撰写人员：毛绵逵　王毅杰　胡　亮　亓　迪　杨　方
周东洋　郑　娜　刘青青　郑玉婷　卞维维
吴晓璐　白　杨　周玉娟

新时代中国县域脱贫攻坚案例研究丛书

保亭

热带民族地区发展型减贫

全国扶贫宣传教育中心／组织编写

人民出版社

目　录

CONTENTS

图表目录

案例目录

引言：从大山到大海

海南省位于中国最南端，由海南岛、西沙群岛、中沙群岛、南沙群岛的岛礁及其海域组成，是全国面积最大的省。全省陆地总面积3.54万平方公里，海域面积约200万平方公里。海南岛是中国第二大岛屿，呈东北至西南向椭圆形，面积3.39万平方公里，海岸线总长1823公里。

全省总人口900余万，由汉族、黎族、苗族等多个民族组成，其中黎族是海南岛上最早的居民。世代居住在这里的黎族等少数民族主要聚居在海南岛中南部地区，包括琼中、保亭、白沙、五指山、陵水、昌江、三亚等市县。

海南是全国最大的热带宝地，拥有高山、丘陵、台地、平原、河流、湖泊、滩涂、海洋、海岛等多样化的自然生态环境，拥有土地肥沃、雨量丰沛、干湿分明的农业友好型自然气候条件，拥有丰富的热带农业、林业、渔业、旅游业资源和产业形态，拥有从唐宋古迹到红色精神在内的深厚历史文化遗产，是汉族、黎族、苗族等多民族人民聚居的美丽家园，是众多海外华人华侨的祖籍，是祖国南疆的美丽明珠。

乘着改革开放的东风，1988年海南设省并成为全国最大的经济特区，由此掀开了海南大发展的序幕。在党和国家的领导、全国人民的关怀以及海南人民的共同努力下，海南经历了持续的高速发展，取得了翻天覆地的巨大成就。海南人民和全国人民一道，昂首阔步走向新时代。

新的时代有新的机遇和新的使命。党和国家从全局发展的战略高度出发，赋予海南省建设国际旅游岛、自由贸易试验区和自由贸易港、国家生态文明试验区的重大责任和使命，翻开了海南全面深化改革的历史新篇章，着力将海南打造成中国对外开放的新高地。当代中国正扬帆起航走向世界，海南省作为祖国的南大门，肩负着守护南海、连接东盟、走向世界、沟通全球的重大使命。“一带一路”倡议的提出和推进，是中国推动构建人类命运共同体的重大举措，也是海南省参与祖国建设、贡献全球发展的重大机遇。

新时代有美好的憧憬，更有重大的责任。致富路上不漏掉任何一个民族、小康社会不落下任何一个人，这是党和国家对人民的庄严承诺。海南取得了巨大的发展成就，但依然存在数量较多的农村贫困人口，尤其中部山区的少数民族聚居区域是海南省乃至全国的发展洼地。海南岛中部地区巍峨的群山，如威严的父亲，为海南人民提供庇护；如慈祥的母亲，为海南人民提供乳汁。但这些养育着人民的大山，也会成为阻碍人民走出封闭与贫困的枷锁。

这枷锁既来自有形的空间阻隔，使大山内外的资源和要素流动不畅，又来自无形的思想阻隔，使大山内外的发展脉搏无法共振。脱贫攻坚，正是要打开这有形的空间阻隔、消除这无形的思想阻隔，让山里的世界跟上山外的步伐，让山外的世界共享山里的质朴。

海南，不是山的故乡，也非水的源头，但拥有海纳百川的博大胸怀、气吞山河的豪迈雄心。海南，紧靠祖国和人民的臂膀，走向大海与远方。

总报告

特色引领发展：脱贫攻坚的保亭模式

第一节　保亭县脱贫攻坚的成效

保亭黎族苗族自治县（以下简称“保亭县”）位于海南岛中部五指山南麓，南接三亚市（公路里程 76 公里），北连五指山市（公路里程 39 公里），全县辖区面积 1153. 24 平方公里，占海南省陆地面积的 3. 42%，属于“大三亚”旅游经济圈。保亭县境内目前设置 6 镇 3 乡、2 个县管农场、5 个局。截至 2020 年年底，全县户籍人口 16. 8 万人（乡村人口 11. 26 万人），其中黎族人口占 62. 4%，汉族人口占 30. 2%，苗族人口占 4. 5%，其他民族人口占 2. 9%。

保亭县地处山区，发展制约因素较多，发展程度低，农村贫困发生率高。这些一直是保亭县社会经济发展面临的重大问题。实现农村发展和农村贫困人口脱贫致富，一直是保亭县的头等大事。保亭县的专业化和正规化扶贫工作以 1989 年成立“保亭黎族苗族自治县扶贫办公室”和“保亭黎族苗族自治县扶贫开发公司”为起点，先后经历了“八七攻坚计划”、扶贫综合开发、精准扶贫三大历史阶段，先后达成解决贫困群众的温饱问题、实现总体巩固与可持续发展问题、全面消除农村绝对贫困的阶段性目标。

2002 年，保亭县被确定为国家级扶贫开发工作重点县，成为我国地理位置最南边的国家级贫困县。2016 年以来，保亭县全面贯彻党和国家有关扶贫工作的战略部署和政策要求，把脱贫攻坚作为统揽县域社会经济发展的重要抓手，既坚持精准扶贫、精准脱贫，构建和实践大扶贫格局，又着力普惠、辐射全局，在实现精准脱贫的同时，增加农村发展的整体内生动力，实现包括贫困户在内的农村人口整体受益。

一、贫困发生率

2014 年年初，保亭县贫困发生率为 23.25%，经过近年来的扶贫对象动态管理和一系列的精准帮扶，2014 年脱贫 659 户 2864 人，2015 年脱贫 895 户 3725 人，2016 年脱贫 1566 户 6582 人，2017 年脱贫 2014 户 8047 人，2018 年脱贫 1408 户 4924 人，2019 年脱贫 77 户 235 人，2020 年脱贫 6 户 23 人，2020 年对 110 户边缘户安排 94 名帮扶联系人精准帮扶，全县无返贫人口。

截至 2020 年年底，全县建档立卡贫困人口已经实现动态清零，贫困村均已脱贫出列。2019 年 4 月，经省级贫困县退出评估验收，保亭全县综合贫困发生率为 0.27%，零漏评、零错退，群众满意度为 99.52%，顺利实现脱贫摘帽。

二、基础设施和公共服务

导致保亭县农村贫困程度较深的关键制约因素之一是道路交通等基础设施薄弱，严重限制了人员、物资、信息、技术等要素流动：保亭县对外交通以盘山公路为主，缺乏直接连通海口和三亚等周边区域的高速公路；对内交通，各乡镇之间虽然有硬化路连接，但许多山区村通村道路简陋。因此，改善基础设施状况是保亭县脱贫攻坚工作的重要内容，经过几年努力，目前保亭县内外连通海口和三亚等周边区域的高速公路已在 2020 年通车；县内道路，目前已经实现了“三个百分之百”，即自然村百分之百通硬化路、行政村百分之百通班车、农村公路危桥百分之百解决安全防护问题；建立了专门的队伍和管理制度，实现了全县农村公路养护管理的常规化和规范化。

除了道路交通基础设施外，经过脱贫攻坚期间的集中投入和完善，保亭县在农村基础设施和公共服务方面，还实现了以下重要目标：

（1）所有村庄和农户实现百分之百接入达到安全饮用标准的自来水服务，同时部分农户还保留了原先的供水方式备用，如手压式水井等；

（2）所有贫困户危房改造工作全部完成，实现了居者有其屋，实现了全面消除传统茅草房和泥土房；

（3）所有行政村完成村便民服务中心标准化建设、村卫生室标准化建设、村文化室标准化建设；

（4）所有村庄都完成农村电网升级改造工程，实现了民用电和动力电 24 小时稳定供应；

（5）所有村庄实现了 4G 网络和光纤网宽带接入，所有农户具备以固定方式或移动方式连接互联网的可能性；

（6）绝大多数符合条件的村庄实现了基本农田水利供给服务；

（7）所有村庄都开展了村庄人居环境整治和美丽乡村建设，部分村庄已经完成了包括所有农户建设卫生厕所、村庄内建设污水收集和处理系统的工作；

（8）所有村庄都建立了以包括环境管理员、护林员、管水员等公益性岗位为核心的村庄公共管理和服务体系；

（9）新型农村合作医疗等医保体系覆盖所有农户，农村贫困人口医疗保险参保率达 100%，商业健康保险参保率达 100%，大病专项救治实现应救尽救，所有贫困户实现与家庭医生签约，农村贫困人口住院医疗费用实际报销比例达到 90% 以上，25 种慢性病门诊医疗费用报销比例达到 80% 以上，农村特困人员医疗费用报销达到 100%；

（10）所有义务教育阶段农村儿童实现百分之百入学，所有贫困家庭学生获得教育扶贫补助，补助范围包括学前教育、义务教育、高中和中职教育、大专及大学教育等各个阶段，有效降低了农村贫困儿童和贫困学生的辍学率，基本消除了因教致贫现象；

（11）通过就业援助、技术培训、劳动力转移、务工补贴、设置公益性岗位、产业扶贫等方式，除了无劳动力家庭外，基本消除了农村贫困户零就业家庭。

三、产业发展与农民收入

保亭县地处山区，除了交通瓶颈外，人地资源矛盾突出、自然资源利用效率偏低，导致产业结构传统且单一。这是保亭县脱贫的重要制约因素。从人口数量和区域面积看，保亭县人口密度并不高，人均山林面积并不低，先天性的资源禀赋并不算差。此外，还具有如下几方面特征：（1）可利用耕地面积小。全县农民人均耕地面积一亩左右，部分山区的人均耕地面积则更少，甚至低于 0.5 亩。（2）可利用林地面积多。全县农户人均林地面积超过 5 亩，部分山区乡镇村的农户人均超过 10 亩。

人地资源矛盾主要表现在如下几方面：（1）传统的农业种植结构相对单一，主要以水稻、橡胶等传统农作物为主。虽然每年可以种植两季或三季，但由于总体上经济效益不高、可利用土地面积非常小，农民的传统种植业收入都较低。（2）山林资源利用方面，传统的利用方式是种植橡胶林和槟榔林，但也面临着诸多困难，如前期投资成本大、橡胶和槟榔的市场价格不稳定、农民的收入不稳定等问题。（3）农民在农业方面的传统收入还包括小规模家庭养殖，但通常自产自销，实际收入不高。

表 1　保亭县部分社会经济关键指标统计数据

	保亭县		海南省	全国
	2014 年	2019 年	2019 年	2019 年
地区生产总值（亿元）	36.72	55.7	5308.94	990865
增长率（%）	7.3	3.3	5.8	6.1
第一产业比重（%）	42.1	34.7	20.3	7.1
第二产业比重（%）	12.3	11.6	20.7	39.0
第三产业比重（%）	45.6	53.7	59.0	53.9
人均地区生产总值（元）	24635	36258	56507	70892
人均地区生产总值增长率（%）	8	2.4	4.7	5.7
常住居民人均可支配收入（元）	12155	—	26679	30733
增长率	12.9	—	8.5	8.9
城镇常住居民人均可支配收入（元）	21020	32536	36017	42359
增长率	9.5	9.5	8.0	7.9
农村常住居民人均可支配收入（元）	7834	12935	15113	16021
增长率	14.4	9.1	8.0	9.6
户籍人口（万人）	17.37	16.82	937.03	140005
乡村人口（万人）	9.39	11.21	588.66	55162
常住人口（万人）	14.96	15.45	944.72	—
城镇化率（%）	35.66	40.6	59.23	60.6

注：（1）保亭县 2014 年数据来自《2014 年保亭县国民经济与社会发展统计公报》，其中贫困人口数据并不是当年建档立卡贫困户数据。2014 年建档立卡贫困户为 26208 人，贫困发生率为 28%。（2）保亭县 2019 年数据来自《2019 年保亭县国民经济与社会发展统计公报》。（3）海南省数据来自《海南省统计年鉴 2019》；全国数据来自《中华人民共和国 2019 年国民经济和社会发展统计公报》。

基于保亭县的自然资源禀赋和农业生产上的基本特征，保亭县把支持和促进产业发展作为脱贫攻坚的重中之重。围绕产业发展，采取了许多创新型措施，如：（1）引进龙头企业、组建和培育农民专业合作社、鼓励和支持家庭农场和专业种植或养殖大户发展等，作为农业新型产业发展的排头兵和先锋队，引领和带动农民一起发展产业；（2）出台多种政策措施引导和鼓励产业发展和创新，包括产业发展补助、金融政策支持、税收政策支持、科技和技术支持等；（3）结合现代电子商务、消费扶贫、社会扶贫等多种措施，协助扶贫类产业及从业者打开市场，推动产业发展的可持续性；（4）创新产业发展及产业组合方式，实现产业结构升级和经营模式升级，如大力发展热带特色农业和高效农业、大力促进热带旅游产业发展、推动农业和旅游产业等交叉和结合式发展。

经过持续的投入和不懈的努力，保亭县在产业发展上成绩显著，地区经济实现了稳步增长，农民收入显著提高。截至 2019 年年底，保亭县地区生产总值达 55.7 亿元，为 2014 年的 1.52 倍；人均地区生产总值为 36258 元，为 2014 年的 1.47 倍；农村常住居民人均可支配收入为 12935 元，为 2014 年的 1.65 倍。由于基础差、底子薄，尽管保亭县的部分关键社会经济指标依然低于海南省和全国平均水平，但可喜的是，在保亭县只能着重发展第一产业和第三产业，且受到诸多客观因素制约的情况下，2019 年保亭县的城镇和农村常住居民人均可支配收入已经非常接近海南省的平均水平。

第二节　保亭县脱贫攻坚的体制机制

一、全方位领导体系

火车跑得快，全靠车头带。脱贫攻坚战的成功，离不开坚强有力的领导体系。保亭县贯彻党和国家的战略部署和指导精神，结合海南省的政策框架和基本要求，结合自身实际，形成“党建引领+指挥部统筹+行政执行”的纵向到底、横向到边的全方位领导体系。

1. 党建引领

党的领导是整个领导体系的核心。保亭县严格贯彻国家有关五级书记抓扶贫的精神，在县一级四套班子和各职能部门、行业部门以及乡镇和村开展全面的党建引领脱贫攻坚的活动。县乡两级党建活动侧重于强化党委领导，加强政治思想和扶贫理论知识学习、扶贫技巧和扶贫经验的掌握和熟练，加强科学领导，提高治理能力。

在行政村一级，则重点强调农村基层党组织的班子建设、规范化建设和基础保障能力建设。首先是优选村级党组织班子，着重把农村致富带头人、专业合作组织负责人、退伍军人、外出务工返乡创业人员、优秀大学生村官、农村干部大专学历班毕业学员等基层优秀人才选拔进村党委，增强村党委的战斗能力。其次是村党支部规范化建设，统筹推进全县所有行政村党支部“组织设置、班子建设、队伍建设、制度建设、信息管理、活动开展、活动场所、基础保障”八个方面的规范化建设。最后是基层基础保障能力建设，包括资金资源向农村一线倾斜，提升基层软硬件和待遇保障水平，增强基层党组织的战斗力、凝聚力和吸引力，使基层党组织带领贫困户真正成为脱贫攻坚的主体。

2. 指挥部统筹

为了克服以往扶贫工作变成扶贫办的工作的尴尬局面，改变脱贫攻坚领导小组协调能力不足的困境，保亭县基于战时体制，成立了保亭县扶贫开发领导小组和打赢脱贫攻坚战指挥部，全面优化和强化战时体制和战斗模式下的领导和组织体系。

保亭县扶贫开发领导小组成员单位涵盖了全县包括县委、县政府、县人大、县政协，各社会团体，驻保亭的各金融、保险、军队，以及大型央企分公司等机构。领导小组下设八个专门的工作小组，分别涵盖综合工作、资金保障、农业产业发展、整村推进、宣传、政策统筹、督查考核、收入测算。各乡镇、帮扶单位、帮扶责任人则作为扶贫工作的关键执行人，在领导小组和各专门工作组的统筹下开展工作。

保亭县打赢脱贫攻坚战指挥部涵盖了全县所有机关、事业单位、国有企业、社会团体等机构，各机构主要领导成员为指挥部成员。基于扶贫工作的重点工作领域和工作方向，在打赢脱贫攻坚战指挥部下设十余个专项工作组，包括精准识别和退出、两项制度衔接、教育扶贫、健康扶贫、危旧房改造、产业扶贫、就业扶贫、旅游扶贫、交通扶贫、饮水安全保障、医疗保障、消费扶贫、法治扶贫、志智双扶、扶贫资金管理、督查问责、扶贫宣传等各个领域。每个专项工作组都由相关党政机关或行业部门担任牵头单位，并明确与该领域相关的其他责任机构和部门。在操作层面上，在指挥部体制下设立打赢脱贫攻坚战战区分区指挥系统，建立脱贫攻坚指挥长机制，由县委书记和县长担任双指挥长，县委县政府其他主要领导担任副指挥长；各乡镇作为分战区，分别设立分战区正副指挥长。

为了更好地贯彻和执行脱贫攻坚的政策和具体工作要求，将所有扶贫干部编入脱贫攻坚战斗队伍，统一接受县打赢脱贫攻坚战指挥部的指挥。基于不同行政层级，形成多层级的脱贫攻坚战斗队体系，县一级为脱贫攻坚战指挥部，乡镇一级为脱贫攻坚大队，行政村一级为脱贫攻坚中队，自然村为脱贫攻坚小队，由上一级党政机关或行业部门等主要领导担任下一级大队长、中队长或小队长。

指挥部统筹协调体系的建立和完善，在横向上，明确并压实了每一个机关、行业职能部门或相关机构的具体责任和任务；在纵向上，明确了每一级扶贫工作的指挥和执行组织体系架构，把整个组织体系直接落实到自然村一级。指挥部体系的建立和执行，极大地调动了整个系统的综合能力，改变了过去各自为战、力量分散的弊端，实现了力量整合与权责明确。

3. 行政执行

迅速有效地执行脱贫攻坚战的各项政策和决定，是实现打赢脱贫攻坚战的基础。保亭县的扶贫实践中，充分发挥现有行政体系的力量，做到各行政机构和层级之间责任与目标明确、协调与配合流畅、制度与规则清楚、方式与方法创新。

（1）责任与目标明确。基于打赢脱贫攻坚战指挥部及其各个专项工作组的组织架构，各政府机关、行业部门、事业单位，以及其他驻保亭机构等，都根据各自行业特征和机构职责，承担明确的扶贫任务，并且要求把扶贫工作任务与其他行业性或专业性工作一道，作为机构的主要工作任务，甚至是最重要的工作，由主要领导亲自负责，而不能仅仅看成是临时性的额外任务和敷衍塞责。

（2）协调与配合流畅。扶贫工作是综合性和系统性的工作，牵涉不同层级的政府机构和所有行业部门，只有全力协调和密切配合才能真正发挥最大效果。指挥部体制下，以扶贫办作为具体协调机构，在政府机关办公系统、电视电话会议系统，以及QQ、微信等即时通讯软件等技术手段的支持下，目前已经能够做到高效率协调。在责任和目标明确的背景下，基于高效率的协调机制，实现各部门之间的流畅配合。

（3）制度与规则清楚。没有规矩不成方圆，保亭县在精准扶贫与精准脱贫攻坚实践中，打赢脱贫攻坚战指挥部及各执行机构和部门先后发布了各种政策和规章制度超过500个，详细规定了各项工作的规则和规范，如脱贫攻坚战斗队工作例会制度、考勤制度、监督检查制度等，项目立项和资金管理制度、扶贫小额信贷申请与管理制度、橡胶保险的投保与支付管理制度等。

（4）方式与方法创新。扶贫工作的实践和执行首要是严守政治和政策原则，但操作层面，总是会遇到各种新情况，需要因地制宜使用新办法。保亭县要求扶贫工作在严格遵守政策原则的基础上，在实际操作中实事求是和因地制宜地创新方式方法，把握好操作和执行层面的自由裁量权，提高扶贫工作的效率和效果。比如在群众工作中使用“六心工作法”，要求在扶贫工作中有“爱心、耐心、细心、决心、苦心、公心”；在精准识别方面提出“一看、二问、三核实”的三步工作法等；对扶贫干部进行能力建设与督查考核双结合的“大比武”活动等。

二、全员参与的精准帮扶体系

精准扶贫是当前脱贫攻坚的基本要求，但要真正做到扶贫对象精准、项目安排精准、资金使用精准、措施到户精准、因村派人精准、脱贫成效精准，不仅需要全方位的资源动员体系、坚强的组织指挥体系、合理高效的执行机制，而且必须有“能打仗、打胜仗”的战斗人员，即扶贫干部队伍和精准帮扶人员。

基于国家政策精神和海南省基本部署，保亭县基于自身实际，建立了一个全面覆盖、全员动员、尽锐出战的精准帮扶体系。总体上包括：

1. 单位定点帮扶

单位定点帮扶指的是某个或几个县直机关及企事业单位或省属驻保亭相关单位对指定的行政村及村小组进行整体帮扶。根据定点帮扶单位的规模和帮扶村的规模，通常一个行政村配备一个牵头单位、一到两个责任单位。保亭县要求各村小组定点帮扶实现全覆盖，每个村小组至少安排一个单位包村、一名干部驻点帮扶。与各乡镇和农场党委一样，定点帮扶单位也是脱贫攻坚工作责任单位，单位主要负责人要担负第一责任人职责。

定点帮扶单位的主要工作任务包括加强群众思想教育引领工作，协助村两委进行扶贫政策宣传和落实，组织本单位干部职工进村入户开展调查研究、了解情况、开展帮扶；发挥各单位自身优势，统筹各类资源帮助贫困村和贫困户解决实际困难和问题，帮助贫困户开展实用技术培训、专业就业，协助和推动产业发展，帮助改善贫困村的基础设施和公共服务，帮助解决贫困户的住房、就学、就医、发展和就业等实际困难等。

根据保亭县 2020 年定点帮扶单位数量及其分布表显示，全县作为牵头单位参与定点帮扶的单位共 63 个、责任单位 54 个。每个行政村一般配备一个牵头单位，部分行政村配备一到两个责任单位，另有部分行政村则不配备责任单位，主要有以下几种情况：（1）该村为非贫困村；（2）牵头单位属于大机构，机构人员多，帮扶能力强；（3）帮扶村人口少，或自然村数量少。

表 2　保亭县 2020 年定点帮扶单位数量及其分布

乡镇	村委会数量	牵头单位数量	责任单位数量
全县合计	60	63	54
保城镇	8	8	7
什玲镇	12	12	15
新政镇	10	10	9
三道镇	4	4	2
加茂镇	6	6	6
响水镇	8	8	4
六弓乡	5	5	2
南林乡	3	3	6
毛感乡	4	4	3
七仙岭农场	—	1	0
新星居	—	2	0

2. 第一书记专职帮扶

第一书记主要来自两方面，其一是保亭县内各定点帮扶机构派出主要干部，其二是海南省省直机关及事业单位派出专门干部。目前，保亭县共选派了 60 位第一书记（最多时，全县共选派 64 位第一书记），覆盖包括贫困村在内的所有行政村。基于海南省政策框架，保亭县立足自身实践，制定了详细的第一书记管理办法和规章制度，涉及人员筛选和选派、履职要求和工作纪律、农村工作方式方法、学习交流和能力提升方法、激励与监督方法、工作结束与轮换规定等诸多方面。县委组织部把扶贫开发工作实绩作为选拔使用干部的重要依据，经过几年实践和不断改进完善，形成了既讲能力又讲政治的人员筛选和选派机制，建成了一支懂农村、爱农村，又具备宽广视野、突出能力和奉献精神的专职干部队伍，形成了第一书记定期培训、学习和交流的机制，形成了以老带新的传帮带和前后衔接制度，建立并执行了严格的督查考核与通报制度，执行了合理的专门补助和工作经费制度。

3. 干部驻村帮扶

为了更好地推进脱贫攻坚工作，每个定点帮扶单位根据县打赢脱贫攻坚战指挥部的统一部署，派出党性强、责任心强、能力强的精锐干部队伍，作为专职队伍入驻贫困村，组成驻村工作队，开展脱岗专职扶贫工作。通常每个驻村工作队由三人组成，一位队长，两至三位队员，队长通常由第一书记兼任。在海南省委省政府的统筹指挥下，保亭县还成立了乡村振兴工作队，目前与驻村工作队实行两队合一，在脱贫攻坚任务结束后，保留乡村振兴工作队继续发挥作用。驻村工作队是所在村扶贫帮扶工作的第一责任人，承担深入宣传、帮助落实各项扶贫政策和措施，协调解决贫困户住房、就学、就医等实际困难；深入摸排了解贫困村和贫困户的基本状况，做到精准识别、精准帮扶、精准退出；推动开展产业扶贫、金融扶贫、志智双扶、督查考核等各项工作。

4. 企业结对帮扶

基于“百企帮百村、千企扶千户”行动的统筹协调，非公企业结对帮扶村庄和贫困户。根据企业规模，部分企业同时帮扶多个村，部分企业则只帮扶一个村。帮扶方式多种多样，常见的有产业帮扶、公益帮扶、就业帮扶等。2020 年 29 家民营企业参与结对帮扶，累计投入资金 990 余万元。

5. 帮扶责任人精准帮扶

为了更好地精准扶贫，保亭县动员全县所有县直机关及企事业单位、省属驻保亭相关单位、社会团体等工作人员参与对贫困户的一对一帮扶，每个帮扶责任人同时对口帮扶 2—5 户，帮助贫困户更好地脱贫致富。在扶贫工作领导小组统筹协调下，全县财政供养人员中的70%以上直接作为帮扶责任人，参与脱贫攻坚工作，其中全县公务员队伍基本实现了 100%参与；未直接作为帮扶责任人的，也绝大多数是作为支撑性力量或技术保障型力量间接发挥作用。帮扶责任人要承担帮扶对象脱贫的直接责任，要定期与帮扶贫困户接触交流，了解其生产生活中的困难，了解其所思所想，摸清情况，制定帮扶措施；要发挥引导、帮扶、联络和示范作用，宣传扶贫政策，鼓励贫困户参与脱贫攻坚的活动，激发其内生动力，协助贫困户制定和实施各自的脱贫计划。

三、奖惩并行的督查考核体系

扶贫与脱贫工作时间紧、任务重、涉及面广，操作和实施难度非常大，切实提高和督促工作效率和效果，除了从思想上、政治上提高广大扶贫干部的认识外，必要的督查考核体系也是关键。

保亭县打赢脱贫攻坚战指挥部中专门设有“督查问责专项工作组”。牵头单位为县纪委县监委，责任单位为县委组织部、县扶贫办；工作职责包括：对各个责任单位和个人不履职、不正确履职，工作推进不力，没有按要求和时间完成工作任务，严重影响工作开展等，对照干部管理权限和规定程序进行调查核实，并对相关责任单位和个人进行责任追究。

1. 督查巡查机制

督查与巡查制度是贯彻执行上级要求和工作任务、压实各级执行部门责任和压力的常用工作机制。保亭县每年都会定期接受国务院扶贫办、海南省扶贫办组织实施的年度脱贫攻坚督查巡查，并根据督查巡查结果及时进行问题整改。此外，保亭县也会根据自身实际，对各乡镇村、定点帮扶单位、驻村工作队、第一书记、帮扶责任人等进行定期督查巡查，及时发现问题并进行整改完善。基于县情和工作需要，保亭县成立了4个县打赢脱贫攻坚战督查组，专门讨论研究并发布督查组工作方案。

督查组由县委派出，成员从县纪委县监委、县委组织部等县直机关抽调成员，脱离原工作岗位专司督查工作，直到2020年脱贫攻坚工作结束。督查组直接向县委、县政府和县扶贫开发领导小组负责，在县打赢脱贫攻坚战指挥部统一领导下开展工作。督查组成立临时党支部，由县扶贫办党支部管理，成员不承担派出单位的工作，人事关系、工资和福利待遇等不变。全县四个督查组，每组负责督查三个乡镇，另一个组专门督查定点帮扶单位。

督查组的工作过程中，执行组长负责制度、工作例会制度、定期报告制度、问责制度、责任追究制度、档案管理制度，并执行严格的请假销假制度。组长对各个督查组的督查工作负总责，每半个月至少召开一次工作例会，每季度至少向县扶贫开发领导小组汇报一次工作，每月25日前将当月督查工作情况通报给县打赢脱贫攻坚战指挥部办公室，由其汇总后上报指挥部。督查组要依照程序向存在问题的乡镇村级帮扶单位提出严肃问责建议。此外，督查组与所督查乡镇在上级督查中同等问责。

督查方式以“暗访为主、明查为辅”，暗访则不打招呼、不听汇报、不要陪同，直奔基层、直入农户、直插现场；明查则有的放矢，有针对性的重点督查，以询问、谈话、资料查阅、实地调查、问卷调查等形式进行。

为了更好地开展督查问责工作，县打赢脱贫攻坚战指挥部 18 个专项工作组、县打赢脱贫攻坚战指挥部办公室、各乡镇，以及各个督查组都分别指定 1 名联络员，负责各单位之间的联络和对接工作。

督查任务主要以督查帮扶单位、乡镇村、第一书记、驻村工作队等各级帮扶力量严格履责情况，包括责任落实、政策落实和工作落实情况，主要包括落实上级关于脱贫攻坚的决策部署情况，及时向各乡镇、帮扶单位提出整改建议、问责建议，并督促整改措施落实到位；向县扶贫开发领导小组、县打赢脱贫攻坚战指挥部报告督查工作情况并提出工作建议；研究督查成果运用，分类处置，提出相关意见和建议；研究提出督查工作计划和阶段性任务安排；对督查人员进行管理和监督等。每次督查所关注的内容则会根据不同时间段的重点工作情况进行相应调整。

保亭县残联 2017 年在全省脱贫攻坚督查巡查后被通报的典型问题包括：（1）仍然存在错评、漏评、错退现象，帮扶措施不够精准的问题；（2）扶贫手册与档案管理不够规范的问题；（3）部门之间协调联动机制不够完善的问题；（4）帮扶干部的责任心仍需要进一步强化的问题；（5）贫困户主动脱贫意愿不强的问题；（6）驻村工作不到位的问题。

2. 考核机制

督查巡查工作是为了有针对性地发现问题和改进工作效果，而日常管理与考核则侧重于各方面工作成绩和工作作风等，两者内容和功能各有侧重，共同构成扶贫工作的重要组成部分。通过执行考核和正反两方面激励机制，传递压力、倒逼落实。考核对象是定点帮扶单位、驻村工作队、第一书记、帮扶责任人等相关责任单位和责任人。

保亭县通过正式发布文件的形式，明确了扶贫工作和帮扶系统单位和人员各自主体责任和考核要求。要求以严的纪律、实的作风倒逼脱贫攻坚各项责任落到实处。对成绩突出、群众认可的给予表彰激励，并建议优先提拔任用；对弄虚作假、工作不力、失职失责的坚决撤换、严肃问责，并追究所在单位负责人的责任；对帮扶责任人帮扶不力、作风虚浮的建议派出单位予以调整，并视情况追究责任；对不重视、作风不严不实、工作不力或不作为的领导干部，进行严肃问责；对派出单位跟踪保障不到位的，则约谈单位主要领导。

在工作方式考核上，明确要求各定点帮扶单位主要领导每月不少于 2 次、分管领导每月不少于 4 次深入定点帮扶村小组调研指导，帮助协调、解决问题。驻村干部要求脱产驻村、吃住在村。对领导不重视、措施不力、工作不落实、帮扶成效不明显的进行通报批评，造成严重影响的，要求严肃追责。开展年度帮扶工作考核，将考核结果量化为一定分值纳入机关效能考核。对省驻保亭单位，则将考核情况与工作建议上报其主管部门。

对帮扶干部和帮扶责任人提出明确的考核要求：帮扶责任人每个月至少走访贫困户 4 次以上；结对帮扶工作实行年承诺、季报告制度；将每次帮扶工作情况以工作日志的形式记录在案，项目、资金、物资及为民办实事的情况要形成文字材料，经村负责同志签字、乡党委书记批阅签字盖章后存入个人档案，列入考核依据。

表 3　保亭县贫困户帮扶责任人工作成效考核参考指标

一级指标	分值	二级指标	考核方式
一、帮扶措施落实情况	5	1. 扶贫手册填写真实完整规范得 5 分	检查扶贫手册记录、查看措施落实、群众受益效果
	5	2. 帮扶措施有效落实得 5 分	
	5	3. 贫困户收益好，有稳定收入来源的得 5 分	
	15	4. 落实三保障措施，完成对每个帮扶户帮扶任务的得 5 分，总分 15 分	

续表

一级指标	分值	二级指标	考核方式
二、脱贫任务完成情况	5	1. 脱贫任务全部完成得5分，完成80%得2分，其他不得分	查阅材料、实地查看帮扶户脱贫情况
	10	2. 帮助1人外出务工得5分，帮助2人以上外出务工得10分	
	5	3. 帮扶户人均纯收入5000元以上得5分，帮扶户人均纯收入3305元以上得2分，少于3305元得0分，少于原纳入时测算收入扣15分	
三、进村帮扶工作时间	5	1. 每月进村入户不少于4次得5分	座谈了解、查看工作记录本
		2. 每少1次扣2分，扣满10分为止	
四、帮扶群众满意度	5	满意度100%得5分，满意度90%以上（含90%）得3分，其他不得分	实地测评、民主评议
五、个人工作记录	5	记录真实完整得5分，部分记录得2分，没有工作记录本扣10分	查看工作记录本，向贫困户了解情况
六、引导和培训帮扶群众了解政策	15	1. 帮扶户熟悉三保障政策，熟悉每项政策得5分，共15分	实地访谈了解
	5	2. 帮扶户熟悉动态调整政策得5分	
	5	3. 帮扶户熟悉帮扶措施并有完整记录得5分	
七、群众访谈情况	10	帮扶户热情接待、有礼待人、积极配合、如实回答问题得10分，热情、能配合得5分，不配合扣5分	实地访谈

说明：(1) 一级指标的7项合计总分为100分（不含扣分项）。(2) 来自《保亭县扶贫开发领导小组办公室关于开展保亭县2017年度帮扶责任人扶贫工作成效考核的通知》（保开办发〔2018〕10号）。

采取帮扶干部述职、查阅资料、实地察看、走访群众、民主测评等形式，对帮扶干部进行年终考核，考核结果在帮扶村公示。考核优秀的可优先提拔使用，或优先评聘职称，或优先晋级涨薪，机关干部够提任条件的可先提任后选派。帮扶干部优先考虑本单位内评先评优、选树典型。特别优秀的帮扶干部，经必要组织程序后，可破格提拔使用。

帮扶干部执行严格的请假销假和考勤制度，请假需书面申请并逐级上报审批，由所在乡镇或派出单位备案；帮扶干部在工作日需通过“钉钉”系统进行打卡，县委组织部门定期或不定期采取实地走访、固定电话查询等方式，对帮扶干部在岗情况进行检查。

3. 脱贫攻坚大比武

脱贫攻坚大比武首先是海南省扶贫办为了提高全省各级领导和扶贫干部业务能力，调动其扶贫工作的主动性和积极性，确保扶贫工作不放松不懈怠等目的而组织开展的年度专项活动。基于海南省扶贫办的总体部署和政策原则，保亭县在县域内组织开展县级、乡镇级的脱贫攻坚大比武。大比武也属于督查考核体系的一部分，除了工作成效和重点领域的系统性检验之外，还着重通过大比武活动提升扶贫干部的业务能力。

脱贫攻坚大比武实行全县各级脱贫攻坚人员全覆盖、全行动、全参与，比武对象为全县 9 个乡镇、60 个行政村。以 2019 年保亭县脱贫攻坚大比武为例，比武内容包括 6 项内容共 26 个指标。6 项内容分别为：比政治站位、比精准度、比“两不愁三保障”、比产业就业扶贫质量、比扶志扶智效果、比能力作风。此外，大比武的具体内容也会根据当年的具体扶贫形式和实际需要进行针对性的调整，如 2020 年比武内容包括 6 项内容共 25 个指标，比武内容调整为比目标任务完成、比克服疫情影响、比脱贫退出质量、比巩固脱贫成果、比问题整改质量、比能力作风建设。

大比武采取自下而上、分级开展的形式，在行政村和乡镇之间梯次开展，分两个阶段进行。首先是行政村比武，在各乡镇内部展开，3—6 个行政村为一个小组，以入户核查方式检查验收各行政村的大排查和考核反馈问题整改成效，并进行组内排名。其次是乡镇比武，每个乡镇抽查 2 个行政村，全部乡镇分成 2 个组，实行组内排名。

表 4　保亭县 2020 年镇级脱贫攻坚大比武内容

比武内容	具体内容
比目标任务完成	完成年度减贫任务情况
	精准识别和退出情况
比克服疫情影响	就业扶贫情况
	消费扶贫情况
比脱贫退出质量	贫困户收入达标
	义务教育保障到位情况
	基本医疗保障到位情况
	住房安全保障到位情况
	饮水安全保障到位情况
	兜底保障到位情况
	数据质量
比巩固脱贫成果	落实“四个不摘”情况
	防止返贫监测和帮扶情况
	产业扶贫情况
	扶贫资金使用和管理情况
	扶贫小额信贷情况
比问题整改质量	问题排查全面到位
	问题整改扎实有效
	问题整改任务完成
比能力作风建设	干部“两熟悉”情况
	落实工作制度情况
	落实帮扶责任情况
	落实例会制度情况
	完成遍访任务情况
	加强作风整治情况

脱贫攻坚大比武坚持赏罚分明、精神和物质赏罚相结合的原则。乡镇、行政村比武中，组内评比排名第一的单位和相关责任人（党政主要领导、分管领导、脱贫攻坚战大队长、中队长，驻村第一书记、驻村工作队、乡村振兴工作队队长，村支部书记、主任以及帮扶责任人）为奖励对象，组内排名末位的单位及相关责任人为问责对象。大比武成绩按一定比例计入当年脱贫攻坚成效考核成绩，对各组内排名末位的乡镇或行政村扣除相关责任人一定比例的绩效工资，奖励给同组第一名的乡镇或行政村的相关责任人。比武结束后，通过召开会议、张榜公布等形式通报比武结果，宣布奖惩人员名单，并组织仪式由被问责人员将减扣的绩效工资亲手交给对应的获奖人员。县委组织部、县委党校、县扶贫办对每组排名末位的相关责任人进行素质能力提升培训。

第三节　保亭县脱贫攻坚的举措与模式

一、贫困户精准帮扶

脱贫攻坚战的重点和难点在于如何使建档立卡贫困户顺利脱贫。精准扶贫是脱贫攻坚的基本路径，实行以精准识别、精准诊断、精准施策、精准退出等为核心的精准帮扶体系，改善贫困户外部发展环境，培育贫困户内生动力，实现可持续脱贫致富。这是精准扶贫的核心要义。

保亭县建档立卡贫困户的主要致贫原因由扶贫办的统计口径归类为因病致贫、因教致贫、基础设施缺乏、技能不足、发展动力不足等。而从精准帮扶的行动角度看，贫困户总体上都可归因为某种形式的困境型贫困，而精准扶贫的施策方向同样是以有针对性地解决贫困户的困境为主。

1. 资金困境

贫困的重要表现是收入太低，而收入太低又导致生产资金不足，生产资金不足又进一步导致生产力下降和收入不高，因而形成一个恶性循环。对于具备发展生产意愿、拥有劳动力和生产资料的贫困农户而言，破解资金困境是实施精准扶贫的关键。保亭县的扶贫实践主要是通过提供扶贫小额信贷、农业类保险、产业扶贫专项资金、帮扶单位筹措产业发展资金、社会捐赠资金用于产业发展等办法破解贫困户的资金困境。

（1）扶贫小额信贷。通过当地金融机构发放贷款、免担保免抵押、财政贴息、财政为金融机构提供贷款逾期风险补偿基金等方式，为贫困户提供小额信贷，专门用于发展生产，为贫困户提供可持续收入来源。

（2）农业类保险。以服务农业生产为主，确保为农户，尤其是贫困户，降低市场风险或自然灾害导致的损失，使其获得稳定的兜底收入等。农业类保险主要包括橡胶价格保险、橡胶“期货+保险”、水稻保险、能繁母猪保险等。

（3）产业扶贫专项资金。统筹整合涉农资金，将其集中用于脱贫攻坚，并通过项目库建设规范资金使用和管理。这是当前扶贫资金专项投入和使用的基本原则。产业扶贫专项资金是统筹整合资金使用的重点，鼓励和支持乡镇村根据贫困户需求，申请产业扶贫项目，支持以农民专业合作社等形式使用产业扶贫资金，使贫困户共同受益。

（4）帮扶单位筹措产业发展资金。一个或几个单位同时定点帮扶一个行政村或自然村，发挥各自机构优势，为贫困户筹措产业发展资金，是常见的措施之一。实际操作中，并不是简单地直接发钱，而是基于不同贫困户的致贫原因和贫困特征，有针对性地提供产业资金替代方案，如为贫困户购买生产资料等。

（5）社会捐赠资金。主要来自定点帮扶单位协助筹措的企业捐赠、社会爱心人士捐赠，以及乡镇村自己筹措的各种社会捐赠。直接捐赠资金是社会捐赠的主要形式之一，如果捐赠机关有明确使用方向和目的，则照此进行；如果没有明确要求，则通常优先用于促进贫困户生产发展。

2. 资源困境

资源不足是贫困户产业发展滞后、产业发展能力不足的原因之一。虽然资源困境和资金困境两者具有很强的替代性，但贫困户手里有资金并不一定会优先用于购买产业发展所需资源，因为即便产业发展意愿强的贫困户也存在临时急用现金而把原本用于产业发展的资金挪作他用的情况。

在保亭县精准扶贫实践中，主要通过定点帮扶单位、帮扶责任人、企业、合作社、社会力量，以及政府职能部门等，通过各种方式和手段筹措资金并购买生产资料后直接发放的方式，为贫困户缓解资源困境。比较常见的有帮扶单位和帮扶责任人基于贫困户产业发展的意向和特征，购买小羊、小猪、小鸡、小牛或架子牛等幼畜，以及各种冬季瓜菜幼苗，化肥、农药、饲料等物资，再分发给贫困户。

3. 信息困境

信息贫困是贫困户面临的基本问题之一，主要表现为两大特征：其一是有价值的信息不足，如新型生产技术信息、就业信息、市场信息、政策等；其二是低价值信息和无价值信息太多，如通过道听途说、电视娱乐节目、手机上网等途径获得的各种信息。

基于为贫困户提供更多有价值信息、破解有效信息不足的困境，保亭县采取的主要做法包括：（1）驻村工作队、第一书记、帮扶责任人等扶贫干部走访贫困户时，根据贫困户需求，提供相应政策信息、技术信息、市场信息等，或协助查找搜集相应信息；（2）组织扶贫干部对贫困户进行巡回宣讲，宣传相关政策和技术信息；（3）政府职能部门和乡镇政府等，在村庄公共区域通过张贴信息告示、发放宣传材料、现场召开村民宣传和培训会议等，传播相应信息；（4）组织贫困户每周观看海南省扶贫电视夜校节目，以及观看其他农业生产技术或相关信息的视频；（5）为村民提供使用手机登录各电商平台等获取信息方式的培训；（6）推广使用就业招聘 APP 等专门信息平台，帮助贫困户获取就业信息；（7）在村内建设图书室和活动室，为贫困户提供各种农业种植和养殖等相关实用技术书籍和资料，配备专门人员负责管理和维护，协助农户获取信息。

4. 市场困境

贫困户作为个体小农，难以实现其生产与市场的有效衔接，是最常见的困境之一，表现为生产出来的农副产品销售不出去、只能被动低价销售、无法改变剧烈的市场波动等。

克服市场困境是扶贫产业健康发展的关键之一，保亭县扶贫实践的主要做法包括：（1）引进龙头企业，实行“企业+农户”模式，以龙头企业成熟的市场渠道带动农户进入市场；（2）以返乡创业农民、回乡创业大学生、农村非农产业经营者等本土精英为核心，建立和培育农民专业合作社，实行“合作社+农户”模式，使得贫困户不再单独面对市场，而是以合作社的形式集体面对市场；（3）推广和发展农村电子商务，包括组建保亭县电商协会、电子商务服务中心，每个乡镇村成立农村电子商务服务点等多种形式，帮助贫困户通过网络平台直接进入大市场。

5. 能力和信心困境

贫困户缺乏生产发展和脱贫致富的创新性行动的能力和信心，面临能力和信心困境，是导致贫困的深层次原因。保亭县在解决贫困户内生发展动力、提高贫困户能力和信心方面，除了开展广泛的志智双扶行动，对贫困户进行思想动员和行为示范外，主要还开展了以下具体行动：

（1）通过实用技术技能培训，提高贫困户的生产能力和信心。保亭县根据本地资源禀赋、不同村庄生计模式及贫困原因等，有针对性地开展农民实用技术和技能培训，如橡胶割胶技术培训、槟榔防病技术培训、农村旅游服务技能培训、烹饪技术培训、养殖技术培训、热带特色水果种植技术培训等。针对贫困户的技能培训，一般都由政府职能部门免费提供。

（2）促进产业发展，提高贫困户收入，增强发展能力和信心。通过因地制宜地开展产业扶贫，通过小额信贷、保险等金融支持，基于“公司+农户”、“合作社+农户”、资金托管、农户自种自养等各种方式发展热带特色农业和旅游业等特色产业和服务业，为积极参与产业发展的贫困户提供产业奖励，提高贫困户收入，普遍地增强发展能力和信心。

（3）通过公开招聘和公益就业等方式，提高贫困户的生活能力和信心。组织和协调全县各行各业积极聘用贫困劳动力，并通过集中招聘、网上招聘等各种方式，为贫困户提供就业岗位；为积极外出务工的贫困人员提供就业奖励；对于因为家庭关系而导致主要劳动力无法离开村庄的情况，积极提供各种公益性岗位，实现就近就业。经过不断努力，基本消除有劳动力的贫困家庭零就业状况，使贫困户能获得稳定的就业收入，提高其生活能力和信心。

（4）开展村民文化活动，提高村庄社会资本，提升贫困户的资源动员能力和信心。保亭县鼓励和支持各乡镇村、驻村工作队、第一书记等定期组织村民开展多种形式的村民文化活动，充分发挥少数民族的民族文化优势，加强村民之间的凝聚力，强化村庄共同体意识，有助于使贫困户更好地融入村集体之中，并提高资源动员能力和信心。

二、贫困村因村施策

保亭县位于海南省中部山区南缘，多数村庄位于山区，部分村庄位于丘陵地区，因此不同贫困村的致贫原因也不完全相同，有的村拥有丰富的资源禀赋，但受制于交通闭塞；有的村则是人地资源矛盾激烈，资源禀赋不足。对于贫困村的整体性脱贫，保亭县在实践中采取“基础设施和公共服务先行、产业发展因村施策”的策略。

1. 基础设施先行

要想富、先修路，保亭县多数贫困村地处山区，甚至深山，包括道路交通、网络通信、农田水利、电力等基础设施供给不足，一直都是制约这些贫困村发展和脱贫致富的重要因素。保亭县在统筹和整合财政涉农资金集中用于扶贫开发时，始终把基础设施建设作为扶贫资金投入的最重要方向。

（1）农村道路桥梁建设。经过几年努力，目前保亭县农村道路建设已经全面形成硬化路路网，实现所有自然村通硬化路。农村道路建设总体上可分为两类：首先是未修通硬化路的村庄，全部完成 5 米宽的乡村硬化路建设；其次，对于之前已经完成的 3.5 米宽的农村硬化路，在完成第一类道路修建的情况下，优先进行农村道路拓宽工程，只要符合道路拓宽条件的，按照 5 米宽的标准逐步完成所有道路拓宽。农村硬化道路网络的全面建设完成，极大地改善了全县农村道路交通条件，加快了劳动力、农副产品、农业生产资料等要素流动的速度，降低了要素流动的成本，同时也为农村产业发展提供了重要的交通基础设施保障。

（2）农村网络基础设施建设。目前，保亭县实现了所有农村接通 4G 移动网络和光纤宽带，绝大多数贫困户家庭实现了通过手机移动上网，部分家庭接入了光纤宽带，形成了“光纤宽带 + WIFI +

4G+智慧手机+网络电视”的信息生活新模式。能够方便地上网，一方面极大地丰富了农户的娱乐生活，如几乎所有能够上网的贫困户都使用微信、支付宝、抖音等流行软件；另一方面，网络也改变了贫困户的生产和生活方式，如直接通过手机上网进行网络购物、农产品网上销售、农业技术信息查询、微信群聊分享农业生产和市场信息等。

（3）农村电网升级改造。在开展脱贫攻坚之前，保亭县所有农村都已经接通了民用电，但部分偏远农村未能接通动力电。经过近几年的努力，目前已经实现全县所有农村接通民用电和动力电，并且完成了农村电网改造升级，部分区域已经可以实现手机移动支付电费等服务。动力电的广泛普及，为农业生产和加工的电力机械化提供了基础性保障。

（4）农田水利设施建设。尽管保亭县始终把农田水利建设作为农村工作的重点，但以往许多地方都存在“最后一公里”困境，连接农田和支渠道的末端渠系往往由于管护责任不清、管护力量不足等问题，导致破损或漏水而无法使用。而部分地势较高的区域，则面临无有效灌溉服务的困境。目前，保亭县所有农村几乎全部适宜灌溉的农田都具备有效灌溉服务，部分地势较高的区域也通过就近打井、建设提灌设施、建设小范围自流灌溉设施等方式加以逐步解决。农田水利设施的完善增加了全县耕地的复种指数，同时也为热带特色农业的发展提供了稳定的灌溉保障。

2. 公共服务提升

实现农村基本公共服务均等化，是实现贫困村整体突破和发展，进而推动乡村振兴的重要内容和应有之义。保亭县通过持续的财力投入和政策完善，主要从人畜饮水安全、村庄人居环境整治、公共卫生与健康、教育保障、民政救助与救济、基层治理服务体系等方面入手，提升农村公共服务水平。

（1）人畜饮水安全。目前，保亭县已经实现了全县所有自然村都接通可以安全饮用的自来水。通过财政扶贫资金的集中投入，采取统一集中供水、分散式集中供水的方式。人畜饮水工程主要投资由公共财政支持，农户主要承担户内设施设备费用。另外部分统一集中供水的村庄需要收取水费，而多数分散式集中供水的村庄则通常不收水费，或只收取少量水费用于供水系统运行管理和维护。

（2）村庄人居环境整治。村庄内乱搭乱建、乱堆乱放、乱丢垃圾、乱倒污水等问题，是以前很多村庄的共同特征。保亭县从财政涉农资金整合统筹使用方案中拿出专项经费，用于全县农村环境整治。通过分批实施，目前已经基本做到了所有村都建立了村庄垃圾收集和清运系统，初步清除了严重影响村容村貌的乱搭乱建、乱堆乱放现象，部分村庄则已经初步完成了小规模的村庄污水收集和处理系统。

（3）公共卫生与健康。身体是革命的本钱，疾病是主要的致贫原因之一。保亭县通过健康扶贫工作的不断投入和完善，通过以下几方面措施为贫困村改善公共卫生和健康服务。其一，在全县所有乡镇建立了村级卫生室，为每个村配备 1—2 名村医，统一配送常用药品，并通过家庭医生签约制度为所有农民配备家庭医生，为进入退休年龄的农村老年人建立健康档案。其二，以村医、乡镇卫生所医护人员，以及县医院、县卫健委等机构组成的公共卫生宣传和防控系统，定期为农民进行宣传和培训，提高农民的公共卫生意识。其三，所有农户和贫困户都纳入新农合等医疗保障体系中，财政扶贫资金替贫困户缴纳新农合等医疗保险金，确保所有人都能享受到医疗保障体系的保护。

（4）教育保障。教育是阻断贫困代际传递的治本之策，保亭县把教育扶贫作为脱贫攻坚的重中之重，通过为贫困学生提供从学前教育到大学教育阶段的各类教育补贴、助学贷款、助学金、奖学金，以及各种勤工俭学、社会捐赠等措施，确保贫困学生不出现因贫困导致辍学的情况。将贫困家庭学生是否及时享受到教育扶贫的政策，纳入脱贫攻坚督查、考核、大比武等各类检查核查内容之中。

（5）民政救助与救济。保亭县充分发挥民政救助与救济在脱贫攻坚中的兜底作用，为符合民政救助和救济的贫困群体服务，确保符合政策要求的民政救助和救济对象全部获得救济救助。实行民政领域内“低保”与“扶贫”两项制度衔接，扩大贫困群体的民政兜底保障的覆盖面。

（6）基层治理服务体系。很长一段时间内，农村基层治理体系涣散，是贫困村整体发展程度低的重要原因。保亭县从战略高度，把贫困村基层治理服务体系建设，作为打赢脱贫攻坚战的领导与组织体系的重要组成部分。首先是基层党建促脱贫，选好合适人选，配好村两委班子，从基层治理团队建设上做起；其次是专门投入财政资金，增强村两委办公设施设备的购置，以及办公经费的保障，确保基层治理服务的基本物资和经费保障；最后是通过公共财政，给所有村两委成员发放工资和工作补贴，使他们能够安心从事基层治理服务工作。

3. 产业扶贫助力可持续脱贫

产业扶贫是贫困村实现整体可持续脱贫的核心。与贫困户因户施策相同，贫困村的产业发展同样是基于村庄区域资源禀赋、传统生计模式和产业储备、产业扶持政策、市场供需情况等多种因素综合决定的。在保亭县脱贫攻坚实践中，贫困村产业发展逐步形成了如下类型：

（1）林果及相关产业。主要分布在山区和丘陵区域的村庄，如橡胶、槟榔、椰子、荔枝、菠萝蜜等；此外，还包括部分传统林业，如农户自己种植的黄花梨等传统名贵树木。

（2）热带特色水果及相关产业。分布在全县几乎所有类型的村庄，种植范围包括农田、山坡、房前屋后等，如红毛丹、百香果等。

（3）冬季瓜菜种植。分布在耕地面积较多的村庄，种植品种如黄秋葵、豆角、茄子、萝卜等，销售市场包括海南岛和大陆省市。

（4）林下经济。主要在林地资源丰富的村庄，包括在橡胶林或槟榔林中经营养殖业，如养鸡、养猪、养羊；在橡胶林或槟榔林中套种益智、五指毛桃、兰花等药物或经济作物。

（5）乡村旅游业。一类村庄是背靠大旅游景点，从事与大旅游景点相配套的旅游服务，如酒店、餐饮等；另一类是依托自身小范围的特色旅游资源而打造或开发的乡村旅游服务资源，包括民宿、餐饮、康养等。

（6）发展特色手工产业。部分村依托自身特色资源，发展特色手工产业，如新政村的降真香合作社，依托周边原始森林自然林木腐蚀后留下的独特香料木材，打造手串、佛像、焚香等特色手工产业；合口村依托本地乡村旅游产业，发展手工香皂产业。

（7）种植业或养殖业。包括传统的农业种植和养殖，以及热带特色种植养殖产业，适用于大多数村庄。种植业如水稻、山兰米、香蕉、热带兰花及其他花卉和各种蔬菜，养殖业如鸡、鸭、鹅、猪、羊、鱼、蜜蜂、蛇等。

第四节　保亭县脱贫攻坚的主要经验

一、战略层面的经验

1. 脱贫攻坚引领社会经济发展全局

开展脱贫攻坚工作以来，保亭县始终保持较高政治站位，深刻理解党和国家在新时期开展精准扶贫和要求打赢脱贫攻坚战的战略意义和全局意义。结合县域社会经济发展情况，保亭县同时面临着减贫与发展的双重困境和紧迫需求，但减贫和发展并不是相互矛盾的，而是一体两面的存在。高质量的减贫有助于推动高质量的发展，而高质量的发展又产生高质量的减贫效果。

为此，保亭县把扶贫工作作为全县“十二五”、“十三五”发展规划的重中之重，专门制定保亭县扶贫工作规划和脱贫攻坚三年行动计划，明确了把扶贫工作置于引领社会经济发展全局的战略。在一个较短时间内集中投入人力物力，集中力量攻克全县社会经济发展的难点问题，把扶贫工作作为一个阶段性发展过程中的总抓手，动员各方面资源和力量攻克与此紧密相关的各领域工作，如基础设施建设、民生保障制度和体系、产业发展瓶颈等。

2. 找准定位、合理布局

保亭县在海南省的区域位置与周边市县相比，比较尴尬，一不临海，没有地理优势；二又不能如传统思维那样靠山吃山；三没有具有竞争力的工商业产业，仅有的旅游产业和农业还面临着周边县市的同质化竞争。保亭县作为全国地理位置最靠南的国家级贫困县，面临着没有丰厚的自然资源禀赋、远离大陆市场和工商业中心、全县人口规模和经济规模都很小、产业结构传统且单一等各种不利于发展的制约性因素。

保亭县清醒地认识到自身的不足和形势的严峻性，基于自身比较优势，找准定位，提出了重点发展特色热带旅游产业和特色热带旅游农业的发展思路。在产业布局方面，集中主要力量，以三道镇为核心，充分整合热带山区旅游资源和黎苗文化资源，集中打造高质量的特色热带民族地区旅游资源聚居区，并且主动纳入三亚经济圈和旅游产业圈，形成与三亚海洋旅游资源相互补充的热带山区旅游经济。在农业产业布局方面，依托本土特色农副产品资源，集中培育和布局，形成地域特色和品牌，如红毛丹、百香果等。

二、策略层面的经验

1. 强力的领导和组织体系

为了确保高质量打赢脱贫攻坚战，保亭县组建了最高规格的领导和组织体系。首先是成立“保亭县扶贫开发领导小组”，作为全县扶贫工作的最高领导机构；其次是成立“保亭县打赢脱贫攻坚战指挥部”，作为扶贫工作执行层面的最高指挥体系；最后是组建“保亭县打赢脱贫攻坚战战斗体系”，作为扶贫干部队伍的组织架构体系。

以上述三大机制为代表的领导和组织体系，涵盖了全县四套班子、公检法系统、省驻保亭机构等主要单位，且都实行各单位最主要领导负责制，确保各项工作得到全面有力的支持和组织体系支撑。

2. 全面覆盖的人员支撑与保障体系

保亭县动员了全县几乎所有公务员和绝大部分事业单位人员直接参与扶贫工作，包括作为帮扶责任人、驻村工作队员等直接参与形式，也包括执行专项扶贫、行业扶贫等相关支撑性和保障性工作的间接参与形式。保亭县所有财政供养人员中，超过70%直接参与扶贫工作，其余人员多数也以各种形式间接参与扶贫。

此外，通过开展社会扶贫、企业扶贫等，大量社会人员、企业人员直接参与，构成了大扶贫格局的重要人员支撑和保障体系。通过消费扶贫，直接把广大消费者与贫困户连接起来，实现了以市场为媒介的全员参与格局。

3. 责权明确的部门分工与协作体系

扶贫工作是系统工程，涉及方方面面的工作和几乎所有部门，在同一个扶贫行动中也往往涉及多个不同部门需要共同行动。为了充分调动各责任部门和参与机构的积极性、主动性，明确各自的责权利，保亭县在打赢脱贫攻坚战指挥部下专门设立 18 个专项工作组，每个工作组同时涵盖多个机构，每个机构都划定了专门的工作职责，以及部门分工和协作关系及协作机制。

4. 高效透明的资源和资金调配整合体系

保亭县制定了高效透明的资源和资金调配整合体系，主要表现为：（1）统筹整合财政涉农资金；（2）建立项目库制度与此相配套，便于更好地使用和管理扶贫资金；（3）整合使用的财政资金具体分配方案，需经过不同层次政府机构和政府部门的多轮讨论，力求科学合理；（4）所有项目库入库项目，同样需经过不同层次政府机构和政府部门的多轮讨论协调；（5）项目库实行动态调整，每半年调整一次；（6）所有资金统筹整合方案、项目库入库项目等过程和结果信息，只要不涉及机密，都必须按照保亭县政府信息公开的相关政策要求，在保亭县政府信息公开网上公示。

5. 深入细致且体现耐心和决心的工作方法

扶贫工作直接面对千家万户，涉及从宏观的基础设施建设到微观的锅碗瓢盆等细节，牵涉领域多、人员多、细节多，工作任务重且杂，不仅直接考验扶贫干部的能力和态度，而且考验他们的工作方式和方法。

在实际工作中，保亭县扶贫系统所有参与人员不断总结经验教训，在领会中央指导精神和原则的基础上，结合保亭县的县情和风俗习惯，开发了许多具有保亭县特色的扶贫工作方法，比如与贫困户打交道的“六心工作法”、进行精准识别的“三步工作法”、督促和提高扶贫干部工作能力的“大比武”和“擂台赛”、促进贫困劳动力本地就业的“县内招聘会”、促进本地公众积极参与消费扶贫的“消费集市”、促进企业与农户更好合作的“寄养”模式等。

一种新的工作方法的出现往往并不难，但如何能够迅速总结提升并形成有效的方式加以推广，才是真正的难点。保亭县充分利用“扶贫大比武”等平台，以及扶贫干部的各种日常交流机制，开展扶贫干部工作方法的经验交流与学习，为不断调整和适应扶贫形势变化而调整工作方式方法，提供了很好的制度和平台保障。

6. 及时全面且因地制宜的配套政策体系

能否实现方方面面工作的同步和协调，是决定脱贫攻坚能否成功的关键。保亭县始终坚持及时、全面、因地制宜的基本原则，在贯彻国家和海南省的各项方针政策和指导原则的基础上，根据自身县情和贫困户的致贫原因和脱贫需求等，及时制定配套政策体系，包括指导全县脱贫攻坚工作的总的规划和行动计划、指导各行业扶贫的规划和计划，规范具体扶贫措施的落实和操作的各种条例、细则、方案、通知等。

据保亭县扶贫办不完全统计，从 2016 年开始开展精准扶贫工作到 2019 年年初实现贫困县摘帽期间，保亭县在县级层面即出台了各种配套政策不低于 500 项，涉及县委、县政府、县人大、县政协，以及所有具体职能部门和业务部门、公检法等垂直系统、国有银行保险等金融机构，涵盖了从脱贫攻坚的领导和组织、人财物的投入、监督与评估等所有具体工作领域。

配套政策体系发挥了有效地动员和组织扶贫资源、高效地开展工作，明确各利益相关者的责权利，为具体工作提供操作层面的行动指南的功能。

7. 兼顾压力与动力的扶贫干部动员与考核评价体系

脱贫攻坚是国家发展的战略性任务，在打赢脱贫攻坚战的过程中，广大扶贫干部就是战士，在承担起帮助全县贫困户脱贫这一伟大光荣的历史性任务的同时，也深刻地感受到巨大的压力。在保亭县的调研中发现，在脱贫攻坚战最紧张的时候，全县所有扶贫干部都深入扶贫工作一线，与贫困户肩并肩战斗，连续几个星期甚至几个月无周末无休假地工作。这成了他们的工作常态。

如果把上述压力称为使命压力的话，那扶贫干部还同时面临如何高质量完成使命压力的具体工作压力，包括在规定时间内完成各项具体工作的压力、学习和实践如何更好地与贫困户打交道的压力、自我学习和提高的压力等。

顶住巨大使命压力的内在动力是广大扶贫干部的使命感、责任感和职业道德，但顶住持续存在的工作压力，则无法单纯依靠内在动力，还需要有可持续的外在动力，如适宜的工作环境、公正及时的工作奖励和激励等。

8. 以产业为核心的可持续减贫与发展格局

对于绝大多数贫困户来说，尽管主要致贫原因多种多样，但归结到底的基本表现是收入不高，发展产业和提供就业是提高贫困户收入的最核心策略，也是可持续减贫的基础。保亭县脱贫攻坚的核心策略和最重要精力都集中在产业扶贫上。基于热带气候条件和自然资源禀赋，以热带特色农业和热带旅游资源开发为核心的产业开发，成为保亭县产业扶贫的首选。

在产业发展的具体实践中，充分整合和发挥政府、市场、社会三方面的资源和力量，用于探索和创新产业扶贫的新做法和新模式，如扶贫车间、农民专业合作社、公司+农户、合作社+农户、飞地产业等，基本原则是基于国内外的成熟经营模式，并结合保亭县自身特征进行有针对性地保留和创新。如针对部分农户缺乏产业发展资金，提供小额金融贷款等金融服务措施；针对部分农户生产的产品的市场销售难题，积极创建农村电商平台和电商体系，或协调县内从事电子商务的企业参与产品销售和市场开拓。

与纯粹市场力量自发发展和形成的产业发展路径不同，扶贫产业的发展往往面临许多特殊的困难，如产业发展的核心带头人的能力问题、产品选择的科学性问题、产业发展的盈利压力和分红压力问题等，都使得扶贫产业的发展初期面临着诸多的不确定性。为此，保亭县有针对性地出台了若干配套政策和措施，如产业扶贫带头人培训、财政贴息金融服务、定点和定向消费扶贫等。

上述措施，尽管无法确保所有扶贫产业都能成功和盈利，但已经为大多数投资的扶贫产业提供了基本的人才保障、资金保障、技术保障和市场保障，形成了以产业为核心的可持续减贫与发展格局。

三、操作层面的经验

1. 坚持政策原则、尊重地方传统

在保亭县脱贫攻坚战的实施过程中，首先做到不打折扣地执行国家和海南省出台的各项政策方针和举措，包括战略层面的脱贫攻坚规划和行动计划，也包括实施层面的各项行业扶贫、社会扶贫、市场扶贫的具体举措，以及扶贫干部在工作层面的规章制度、考核评估、监督督导等。坚持贯彻国家和海南省的政策方针和举措，使得保亭县的脱贫攻坚战不会出现方向性偏差。

但国家和海南省的政策方针和举措通常都以原则性、方向性和指导性为主，如何贯彻落实到具体实践中去，还需要根据保亭县自身实际作出具体的细化和优化，尊重地方特色、地方传统。

如在产业选择上，保亭县基于本地资源禀赋，重点以热带特色农业和热带旅游康养产业为核心；在“两不愁三保障”的执行实践中，保亭县贫困户基本不存在生存型贫困，因而工作重点放在贫困户和贫困村的医疗、教育、住房这三方面，强调从发展型贫困上突破；在实现贫困户全面脱贫的基础上，工作重心放在帮助贫困户致富上，而核

心举措则是围绕地方特色的传统资源和产业，推动产业扶贫和就业扶贫。

2. 扶贫先扶志，精神文明建设先行

保亭县位于热带，自然资源丰富，人地资源矛盾总体上相对宽松，保亭地区历史上长时间处于贫困状态的核心因素是交通不便，以及人们在不存在生存压力的情况下的知足常乐心态。为此，保亭县在开展扶贫工作之外，就把交通等基础设施建设，以及提升贫困户的内生发展动力，作为脱贫攻坚战的两个基本突破点。

扶贫先扶志，提升贫困户的内生发展动力是关键。保亭县首先从精神文明建设入手，开展了一系列有效的举措，如组织所有贫困户定期收看扶贫电视夜校节目、开展“三信三爱”（信党信法信组织、爱村爱邻爱亲人）活动、进行贫困户道德红黑榜评比、开设惠民超市，以及所有扶贫干部一对一帮扶等。这些举措有效地提升了贫困户社会资本，有助于提升其内生发展动力。

3. 实现精确与准确之间的平衡，确保准确，追求精确

精准扶贫是脱贫攻坚战的基本要求，要做到“六个精准”，即扶持对象精准、项目安排精准、资金使用精准、措施到户精准、因村派人精准、脱贫成效精准。但如何把“六个精准”切实贯彻并落实在扶贫实践中，是保亭县扶贫工作中面临的基本问题。

“精准”的概念由“精确”和“准确”两重含义构成，理论上两者不存在冲突，但实现“精准”的要求受到人力、物力、财力，以及技术障碍、机制障碍等因素的综合制约，往往难以同时实现。

在保亭县的扶贫实践中，根据实事求是的基本原则，在确保准确的基础上追求精确。如贫困户收入调查，在确保贫困户所有收入来源和收入数额的基础上，并不一定要求精确到小数点后两位数字这种数学意义上的精确；在脱贫成效精准的考核评估上，也是着重强调脱真

贫、真脱贫，做到实事求是，准确真实，而不是追求精确的基础上忽视准确甚至弄虚作假。

4. 找准原因、找对方针，确保真脱贫，防止返贫

“六个精准”中最关键的是措施到户精准，即精准施策。贫困户的致贫原因多样，同样致贫原因的不同贫困户，还面临着其他方面的差异。因此，几乎没有两个贫困户的扶贫策略和措施是完全一样的。这对扶贫措施的制定和调整、扶贫干部的耐心和能力，都是极大的考验。

保亭县为了确保扶贫干部能够协助贫困户找准原因、找对方针，通过出台明确的工作原则和工作纪律的方式，一方面要求扶贫干部要有政治担当，勤于下到扶贫现场第一线，与贫困户面对面地沟通、调查和了解；与所有扶贫举措直接相关的职能部门、社会机构、企业、合作社、采购商等多接触、多了解，为贫困户寻找和整合各种资源、信息和机会；随时跟踪扶贫过程与扶贫成效，发现问题并找到解决问题的应对措施，确保真脱贫，应对和防止返贫。另一方面，通过各种举措增加扶贫干部的能力，包括定位开展扶贫干部专业技能培训，制定扶贫干部工作纪律和工作规范、扶贫过程与扶贫成效督导和督查、问题反馈与整改机制等。

5. 照顾非贫困户的利益，预防悬崖效应和福利鸿沟过大

在县域范围内，脱贫攻坚的工作对象同时包括贫困村和贫困户。以贫困村为对象的扶贫行动，诸如基础设施建设、公共服务供给，属于全村范围内的非排他性普惠资源，无论是建档立卡贫困户，还是非贫困户，都能同等受益。而以贫困户为对象的扶贫行动，包括部分产业扶贫、就业扶贫、特别补贴和救助等，均明确由建档立卡贫困户受益，非贫困户则被排除在外。这在客观上形成扶贫工作中的悬崖效应和福利鸿沟，甚至引发非贫困户与贫困户之间的矛盾。

保亭县在脱贫攻坚过程中，始终把预防悬崖效应和福利鸿沟现象作为重要工作之一，通过各种方式照顾非贫困户的利益。首先，在不违反打赢脱贫攻坚战政策原则的情况下，尽可能扩大具有普惠性和非排他性的扶贫活动，如贫困村的水电路气网等基础设施建设、教育卫生和村庄治理体系等公共服务体系建设；其次，各帮扶单位、社会组织、企业等在开展定点帮扶的时候，尽可能减小排他性扶贫资源配置和利益分配，增加非贫困户的获得性；最后，针对依然比较困难的非建档立卡边缘户，各职能部门出台相应的扶持政策，包括危旧房改造、小额信贷、产业扶持等，给予类似贫困户的政策和资源支持。

6. 产业发展上避免散种散养，确保产业的可持续发展和受益

产业扶贫是打赢脱贫攻坚战的核心举措之一，也是贫困户持续脱贫和具备自我发展能力的关键。但产业扶贫也是最难成功的，这是由贫困户的基本特征决定的，如劳动力和技术缺乏、产业发展的启动资金缺乏、产品的市场销售信息和销售渠道不足、个体贫困户无法形成规模优势、承受市场风险的能力低等。

在开展脱贫攻坚战的早期，保亭县就把产业扶贫作为重中之重，但在具体实践中犯了不少错误，最典型的就是各帮扶单位呈现“大干快上、散种散养、管理粗放、品种重叠”的特征，大量贫困户同时都在养猪、养羊或养鸡，导致单位生产成本居高不下，且同一个农产品在同一时间在本地市场大量集中上市，短时间内供过于求，市场价格低迷，难以达到扶贫效果。

在经历了产业扶贫早期的混乱阶段之后，保亭县迅速吸取经验教训，提出了避免散种散养，引进专业企业、合作社等新型生产主体，与贫困户联合发展产业的思路，由企业或合作社提供技术支持、市场支持，贫困户有组织地开展生产和销售活动。这种产业发展的思路转变，很好地适应了保亭县热带特色农业和旅游产业发展的要求，出现

了冬季瓜菜、热带特色水果、热带风情旅游服务等品牌扶贫产业，确保贫困户能可持续受益。

7. 强调交换原则和奖励原则，避免单向度的福利输送

贫困户是打赢脱贫攻坚战的主要服务对象，但贫困户绝对不能成为被动的利益接受者，而应该成为主动的参与者，否则任何扶贫举措都无法实现可持续脱贫的目的。基于以上认识，保亭县脱贫攻坚的实践一方面坚持志智双扶优先战略，激发贫困户的内生动力，提高贫困户的自我发展能力和意愿；另一方面，始终强调基于交换原则和奖励原则的实践取向，而不能出现单向度的福利输送，使贫困户出现理所当然“等靠要”的思想和习惯。

基于交换原则和奖励原则，保亭县制定了许多具体措施，如贫困户劳动力进入扶贫车间有偿劳动，进入专业合作社或农业企业主持的扶贫产业生产基地务工，开展贫困户道德红黑榜评选以获得惠民超市购物积分，积极参与村庄公共事务以获得同等条件下优先扶贫慰问物资等。

通过以交换原则和奖励原则为核心的动员和参与机制，极大地调动了贫困户的主动性和参与性，最大限度地杜绝了贫困户的“等靠要”思想，做到从思想上的内生动力转变为实践中的积极参与。

第五节　保亭县脱贫攻坚的政策建议

一、农业产业扶贫

1. 明确产业组织化发展的执行边界

保亭县在产业扶贫方面目前已经形成了热带特色农业和热带特色

旅游两张名片，且形成了以组织化和专业化经营为主，个体贫困户以务工、代种代养、参股分红等多种方式参与为主要特征的经营模式。尽管有部分扶贫产业存在效益不好甚至失败的情况，但多数扶贫产业产生了直接效益。目前占据主导型的经营模式，是在吸取产业扶贫初期大量散种散养并导致大面积失败的经验教训基础上的市场演进和政策演进的结果，从机制上确保了产业扶贫效果。但在产业扶贫和产业发展实践中，存在一刀切的问题，过于强调组织化运作的原则，或者组织化运作的边界界定模糊，如以村委会为代表的集体经济组织能否独立经营产业扶贫项目；部分农户在自身劳动力禀赋、资源禀赋和生产空间等条件满足的情况下，是否可以通过散种散养的方式自行组织生产经营活动，并成为组织化运作的产业扶贫的有益补充。

政策建议如下：明确产业组织化发展的执行边界，包括可纳入扶贫产业经营的组织类型，以及哪些扶贫产业应纳入组织化经营模式，避免所有产业资金都按照“企业+农户”或“合作社+农户”的资金托管方式运作，允许有条件的村集体或其他形式的组织使用和运作产业扶贫项目，适度放松对散种散养为代表的非组织化产业扶贫的扶贫资金投放和支持力度，增加产业扶贫的多元运作方式，提高贫困户的可持续发展潜力。

2. 开展农民合作社清理整顿和能力提升行动

在吸取产业扶贫前期由于散种散养等出现若干失败案例的经验和教训基础上，保亭县着重从产业扶贫的组织化运作方式入手，最大限度地使产业扶贫资金纳入组织化的生产和经营模式中，降低风险和损失，提高扶贫成效。事实证明，这一指导思想是完全正确的，且培育出了冬季瓜菜、热带特色水果、热带特色养殖、热带特色旅游等拳头产业。全县大规模组建的农民合作社是践行产业扶贫组织化运作模式的重要载体，发挥了重要作用。

但在农民合作社的运行实践中，也出现了许多合作社因为经营不善而处于实质性空壳状态，甚至因为合作社成员收益分配不均或损失承担责任不均等分崩离析，并对扶贫工作产生实质性负面影响的情况。导致该问题的原因是多方面的，如部分农民合作社是在行政力量和行政资源驱动下成立的，合作社的内生动力不足、合作社成员的创新创业及管理能力都不足、市场风险的应对能力不强、生产及管理技术落后、合作社的规章制度不完善，等等。

政策建议如下：在全县范围内开展农民合作社的清理整顿和能力提升行动，鉴别农民合作社的实际运行状态，评估其可持续发展的能力。对于长期处于空壳状态的合作社，应依法依规组织开展注销工作；对于具有发展潜力的合作社，评估并鉴别其目前存在的困境和需求，有针对性地提供政策支持、技术支持和能力建设服务。

3. 开展现代农民合作社重点孵化和培育行动

由于发展时间短、发展不规范，保亭县农民合作社多数面临“小农化困境”，主要表现为市场困境、信息困境、技术困境，以及结构困境。很多合作社在高度激烈的市场竞争中，与分散小农并无本质的区别。（1）市场困境：合作社主要成员都是具有同质性的农户构成，在获得市场信息、销售渠道、终端市场等方面与普通贫困户并无本质上的区别。（2）信息困境：一是不具备熟练掌握和使用现代通信和媒体传播技术以获取技术信息和市场信息的能力，二是主动获取多元市场信息和技术信息等方面的意识不足。（3）技术困境：合作社的生产、销售和组织管理等方面的技术水平偏低，与个体农户之间并不存在具有本质竞争优势的技术代差，更无法达到现代企业所需具备的技术系统化和融合化的要求。（4）结构困境：已经成立的众多农民合作社，绝大多数是以种养殖农副产品生产为核心业务，以农副产品市场销售和物流等为核心业务的合作社比例太低，无法形成生产与销售等不同环节的有效分工。

政策建议如下：在开展农民合作社的清理整顿和能力提升行动的

基础上，开展现代农民合作社重点孵化和培育行动，加强合作社的能力建设，优化合作社的结构类型，推动具有重大发展潜力的农民合作社转变为具备现代市场竞争力的市场主体。

4. 完善扶贫产业资金托管运行模式

在产业扶贫组织化运作的指导原则下，保亭县引进龙头企业，并推动和协助本地精英农民组建专业合作社，作为扶贫产业的主要实际经营者。部分贫困村为了确保产业扶贫项目资金真正产生利润或至少不亏损，大规模出现以“飞地模式”为主的产业扶贫运作模式。“飞地模式”的常规运作方式是获得产业扶贫项目资金的乡镇或贫困村选定具体产业项目，如养殖黑山羊、五脚猪，或种植兰花、百香果等，然后把幼畜或种苗全部委托给位于其他地方的某个农业企业或专业合作社负责具体的生产和销售，受委托企业或合作社按照双方约定好的比例进行利润分成；或者直接把产业扶贫项目资金委托给企业或专业合作社使用和运营，并定期按照约定支付分红给指定贫困户。前者可概括为“代工模式”，后者可概括为“资金托管模式”。

这两种模式在实际运行过程中，一方面总体上确保了产业扶贫资金持续发挥经济效益，降低了以往散种散养模式下的高损失率；另一方面，实际经营方企业或合作社占有扶贫产业所产生实际利润的主体，用于给贫困户的分红则只占利润的小部分，和企业或合作社从银行获得商业贷款所需支付利息相当。从市场规则看，这种经营者占利润主体的分配方式是合理的，但从产业扶贫资金的目标属性看，则存在很大争议。原因如下：其一，产业扶贫资金的核心目标是帮助贫困户增收，但实际上贫困户所获得分红比例只占实际利润总额的少部分，企业和合作社等实际经营者成为扶贫产业资金实际上的最大受益方。其二，扶贫产业资金来自政府公共财政，所有权属性为公有，实际运行过程中存在公有资源为私有主体谋利的权属悖论、伦理悖论和政策悖论。

政策建议如下：规范扶贫产业“飞地模式”的执行程序与利益分配方案，确保贫困户成为产业扶贫资金的受益主体，提高产业扶贫资金的公共性和公益性，避免产业扶贫资金代替银行贷款成为企业或合作社的融资来源，降低产业扶贫资金的市场风险，制定产业扶贫资金委托运营中的各类市场风险和损失的应对及处置政策。

5. 创新扶贫实践中贷款与保险融合的金融服务

在保亭县的扶贫实践中，金融扶贫发挥了重要作用，包括贴息小额信贷、农业保险、橡胶期货保险等。金融扶贫通常与产业扶贫紧密配合，为贫困户从事产业发展提供金融保障。

在信贷方面，已经发生的贫困户小额信贷中，超过80%直接或间接服务于产业扶贫。但小额信贷扶贫还存在继续提升的空间。首先是贫困户使用小额信贷的比例依然偏低，一是贫困户担心市场风险导致无法及时还款；二是现有金融扶贫措施中，虽然有财政备用金以补偿银行因为逾期还款造成的损失，但缺乏主动消解贫困户对逾期还款所产生损失的保险机制。其次是对农业合作社等新型经营主体的金融支持不足，这使得合作社把承担产业扶贫项目运营作为获取银行金融贷款的替代方案。

在保险服务方面，目前主要是服务于水稻、橡胶等大宗农产品生产，对特色种植养殖等领域的保险服务覆盖率偏低，对小额信贷等贷款服务的风险担保服务则尚未开展。

政策建议如下：创新金融扶贫新模式，研究建立健全“信贷+保险”的组合式金融支持体系，如在产业扶贫资金中设置一定比例的集中式产业保险基金，对所有产业扶贫项目集中投保；银行加强对农户及合作社等经营主体的金融支持力度，并对贷款风险进行二次保险。金融扶贫新模式将有助于形成政府财政、银行、保险公司、贫困户、合作社等五方共担风险的金融扶贫新模式，使得贷款服务和保险服务各自运作又相互配合以形成合力。

二、旅游产业扶贫

保亭县位于海南省中南部山区，受限于生态环境保护政策和交通区位限制，旅游是最重要的产业发展方向，旅游及其上下游产业链为大量贫困户提供就业岗位。凭借热带山区旅游资源和少数民族旅游资源的综合优势，保亭县成为大三亚经济圈和旅游资源圈的重要组成部分，尤其是热带康养旅游等高端稀缺旅游资源，已经成为保亭县最重要的旅游产业品牌。

但在旅游产业的发展过程中，保亭县也面临着诸多困境，比如：（1）高端旅游资源粗放式开发现象依然存在，未能突出其稀缺性，未能形成具有全国性甚至世界性的品牌效应；（2）中低端旅游资源的开发和市场运营模式缺乏多样性和创新性，过于依赖门票经济，未能拉长旅游产业链条以延长游客停留期；（3）已有旅游资源的优化整合与产品创新程度不够，与周边县市的中低端旅游资源和产品具有较高程度的同质化竞争；（4）现有旅游产业所在区域过于集中，全县大多数区域的旅游资源尚待开发，这些区域的贫困户直接或间接参与旅游产业以提高收入的程度还不高。

政策建议如下：（1）优化旅游产业中长期发展规划，深度挖掘高端旅游资源的稀缺价值、品牌价值、文化价值，把以热带康养为核心的高端旅游产品打造成保亭县旅游产业的对外名片，形成与周边县市旅游资源的差异化竞争格局；（2）推动中低端旅游产业升级，充分整合与创新热带农业资源、热带旅游资源、热带民族文化三位一体的旅游产品与服务，延伸中低端旅游产业的服务链条，与高端旅游产品形成高中低搭档的互补格局；（3）创新旅游产业营销模式，充分发挥当前网络直播平台、短视频平台等新媒体的作用；（4）扩大和优化全县旅游资源的区域分布，把全域旅游的概念落到实处。

三、消费扶贫

消费扶贫是保亭县扶贫实践的重要组成部分，采取的若干举措主要集中在两方面：（1）为产业扶贫所生产的农副产品，或贫困户自己生产的农副产品创造终端消费市场和消费需求，具体举措如建设固定的消费扶贫集市，联系企事业单位和社会爱心企业或组织等开展定点消费、定向消费、定额消费等支持行动；（2）构建农产品与网络电子商务平台的链接平台和物流网络，如支持每个贫困村建设农村电商服务店，建设保亭县电子商务平台，支持私人企业和个人从事电商扶贫行动等。这些举措对促进贫困户农副产品销售，以及更便利地链接终端消费者，具有重要价值。

但保亭县消费扶贫过程中，也存在许多有待改进和提升的地方，主要表现在以下几方面：（1）消费扶贫集市或帮扶单位等定点消费、定向消费和定额消费等方式依然是消费扶贫的主要模式，电商消费扶贫所占比例较低，许多贫困户和农民合作社等缺乏农村电子商务的意识和能力；（2）农村电子商务的渗透率较低，一是只有少量农民合作社或扶贫车间在全国性的电商平台开设了店面，二是已经上网销售的农副产品也主要局限于热带特色水果等本地特色产品，普通农副产品的电商渗透率偏低；（3）已经实现网络销售的本地特色农副产品未能实现品牌化经营，无法增加产品附加值；（4）已经开展的网络电商营销的终端客户为全国范围的客户，本县境内的电商本地化服务很少。

政策建议如下：（1）把农村电子商务作为消费扶贫的重要支持方向，在全县范围内，分批次开展农村电子商务培训，重点培训对象包括农民合作社、龙头企业、主要旅游产业从业者、贫困村村两委干部，以及所有乡镇主要领导和驻村干部等；（2）完善农村电子商务系统建设，包括各村组收发货物的电商网点、驻村或定点电商服务专门人员；（3）充分发挥保亭县电商协会等民间组织、社会机构和市场主体的力量，形成渗透全县所有村组的农副产品电子商务销售网络；（4）支持和培育农副产品网络销售的本地化服务模式，如在各机关事业单位、企业、社会组织以及社区等，开展本地农副产品团购消费模式。

第一章

发展型贫困：保亭县贫困属性及特征

第一节　热带型生计模式：农民贫困的背景与特征

在海南省多地开展的实地调研中，多次听到当地干部群众在谈到农村贫困群众的致贫原因时，除了严肃的总结和分析之外，总是会开玩笑地加上一句，“主要是因为懒啊，有钱就花，没钱再割点胶、卖点槟榔，反正饿不死也冻不死”。对此说法，几乎所有人都会心一笑，并不否认。

尽管只是开玩笑，但归因为“懒”却并非毫无根据，然而这个“懒”和真正的懒并不相同，这是农民身处热带型生计模式中的外在行为表现。保亭县从区位和地缘角度划分，属于海南省中部生态保护区，县域范围内山多平地少，世居在此的人们靠山吃山，农业种植业尽管始终存在，却不是唯一的生计来源。在进入现代化进程之前，山林采摘、狩猎、刀耕火种是最主要的生产方式；相对封闭的小规模家族和宗族聚落是居住和社会生活的核心结构。丰富的自然资源、温暖的气候条件，为人们提供了四季不绝的丰富食物和物质保障，使人们免受因饥荒和寒冷而带来的生存威胁，且确保有充裕的时间用于休闲娱乐，如唱歌、跳舞、饮酒社交等。在当地人的描述中，这种优良的生存环境被概括为“随便插根筷子，就能长成竹子”，因而在前现代化时期，世居本地的人们“不愁吃、不愁穿、很欢乐、很淳朴”。这种生存状态，符合现代话语中高幸福指数状态的若干特征。

随着中国现代化进程的逐步推进，尤其是改革开放之后，保亭县同样进入了快速发展时期。但是，各种客观因素的制约，使得保亭县的发展在很长时间之内并未赶上全国发展的步伐。当地人过去几十年习惯性地把以海南省中部山区为代表的主要贫困地区形象地概括为“一穷（琼中县）二白（白沙县）三保亭（保亭县）”。热带山区以丰富自然资源为基础的传统高幸福指数的生产生活方式，在以市场经济为核心的现代化进程中，出现了结构性错位和脱节，人们发现没有足够的能力进入市场，无法使具有比较优势的自然资源变现，同时又无法拒绝对现代生活的向往。在这种结构性错位和脱节中，以保亭县为代表的整个区域内，大量农户陷入贫困状态，主要表现在以下几个方面：

第一，不存在饥荒等生存危机。保亭总体上地处山区和丘陵地带，在缺乏人工灌溉的情况下，农田可每年种植两季农作物，农民一般会种植一季水稻，另外种植一季香蕉、菠萝等热带水果或杂粮等。此外，房前屋后、田间地头等空地随便种植一些蔬菜。小面积土地上的高密度种植，可以保证农户粮食和蔬菜的自给自足，以及一定数量的现金收入。丰富的山林坡地，绝大多数都在过去几十年间被开垦为橡胶林、槟榔林等经济林，在橡胶和槟榔价格高企的时候，橡胶和槟榔成为农民最主要的家庭现金收入来源。而橡胶林、槟榔林等林下养殖家禽家畜等，为农民提供了所需的肉类食物供给。因此，在当地老人的回忆中，经常出现如下表述：“我们这里饿不死人的，山上一年四季都能找到吃的，在三年困难时期，也从未出现过饿死人的事情。”

第二，不存在居无定所和衣不蔽体而导致的生存危机。保亭地处热带，全年最低气温在 15 摄氏度左右，一年中绝大多数时间气温超过 20 摄氏度。多数本地人习惯于常年穿着短袖、短裤和拖鞋，即便冬季最冷的季节，也只需要多加一个外套即可。因此，人们对衣着方面的投入需求，总体上并不高。在居住方面，如果说北方地区对房屋的基本要求之一是防寒保暖，那以保亭县为代表的热带地区则是考虑如何确保凉爽。保亭传统民居最早是以木材建设框架、以竹子和泥土建墙壁、以茅草或椰子树叶等覆盖房顶，形状为低矮倒扣式船形民居。就地取材、建造方便、凉爽通风，且能很好地抵御台风侵袭。此后改良的混凝土或砖瓦结构民居，尽管在造型结构上更加科学，居住条件更加舒适，但多数情况下以一层为主，既确保房屋能处于高大树木的掩映之下避免暴晒，同时又能降低投入。

第三，基础设施和公共服务不足。由于地形地貌以山区丘陵为主，且长期以来对于农村基础设施和公共服务投入的历史欠账较多，因此在过去绝大多数时候，农民生产生活所需的基础设施和公共服务处于供给不足甚至缺位状态，如连接村庄到县道、或省道、或国道等外部主要通道的道路通行条件恶劣，村庄内部道路崎岖不平或泥泞不堪，村庄外部农田或橡胶林等场所的生产性道路建设缺乏。要想富，先修路。长期以来，交通阻隔成为影响山区人民群众生产生活和脱贫致富的最重要制约因素。此外，在水利、电力、通信、教育、医疗、社会保障等基本公共产品和公共服务方面，也在很长一段时间之内无法满足当地农民的生产生活所需。

第四，人居环境差、陈规陋习多。和大多数中西部地区农村一样，很长一段时间以来，保亭县大多数农村村容村貌和人居环境糟糕，如村庄破旧杂乱无章、村民乱搭乱建毫无规划、垃圾乱扔而无人清理，部分村庄缺乏稳定供应的卫生饮水、没有公共厕所等。除了这些外在环境，还普遍存在很多陈规陋习，如喝大酒、请大客、包大红包，还有许多村寨的结婚喜酒要连续喝两天，呼朋唤友喝酒请客能从早喝到晚，各种大事小事都要置办酒席等等。人居环境糟糕的外在原因是缺乏强有力的农村基层治理和公共服务体系，内在原因则是村民缺乏有效的组织和参与。而各种陈规陋习的存在，除了传统农业文明的文化遗留外，还与农村和农民缺乏正确的思想文化和价值观的引导与示范有关。按照许多本地人的说法，“割胶了，手里有钱了，除了喝酒耍钱，不知道还可以干什么”。

第五，农民收入不高、产业发展滞后。尽管资源丰富、气候宜人，农民不缺吃、不愁穿，但一直以来农民的生产生活方式并未与现代市场紧密联结，很大程度上农民的生产处于自给自足为目的的小农生产状态，生活处于本土本乡为核心的小区域范围内。这种小农生产模式，具有农产品种类多样的特征，但同样面临单位成本高、生产规模小、产品质量和标准不受控、受市场波动影响大等各种问题。这导致农户难以有效地把本地丰富的自然资源变现，从而提高现金收入，以提高可支配收入，增加对必要产品和服务的购买能力，提升生活品质。

第六，黎族等少数民族村庄贫困发生率显著偏高。在保亭县现有人口中，黎族人口占比约 62. 4%，农村人口中的黎族人口占比更高，所有建档立卡贫困户中，黎族贫困户占比 92. 14%。基于实地调研，总体上大致有以下原因：其一，保亭县为黎族主要聚居区域，黎族人口多；其二，黎族人口大多数居住在山区，而丘陵和平缓地带则以汉族人口为主，山区的贫困程度比丘陵和平缓地带高；其三，黎族群众的生产生活方式比汉族更加传统，当地干部群众等对此最多的表述是“黎族人生活得更逍遥，对物质的追求没有汉族人那么高，有钱就花，没钱就挣，不怎么存钱的，不像汉族人那么累”。

综上所述，保亭地区的农民贫困问题，具有如下特征：第一，农村贫困人口面临的不是生存型贫困，而是发展型贫困；第二，农村贫困人口的贫困状态，包括绝对贫困人口，但主要是相对贫困人口；第三，贫困人口面临被甩出现代化进程的风险，尽管不存在吃不饱、穿不暖的传统生存困境，但面临无法融入现代社会的困境；第四，农村贫困人口融入现代化的困境，不仅体现在收入、财富、基础设施和公共服务等层面，更体现在个人的就业技能、生产方式、生活方式、思维方式等非物质层面。

基于保亭发展型贫困的基本属性界定，结合脱贫攻坚“两不愁三保障”的核心目标，应对和解决发展型贫困的重点不在于“两不愁”，而是实现“三保障”，以及促进贫困户稳定脱贫并获得可持续发展能力的相关投入，如教育、医疗、产业、就业等。

第二节　海岛山区型经济：县域贫困的成因与表现

如果说海南的省域经济主要是热带海洋型经济，那保亭的县域经济则可概括为热带海岛山区型经济。具有如下主要特征：

第一，以传统热带农业为主导产业。基于自然资源禀赋和比较优势原则，热带农业一直是保亭县的最主要产业，包括橡胶、槟榔、水稻、热带水果和蔬菜，以及禽畜养殖等。尽管农产品和畜产品种类丰富，但一直以来面临种类多、规模小、成本高、技术水平低、市场参与程度低、附加值低等困境，农业发展整体上依然处于传统小农阶段。

第二，第二产业结构单一且比重太低。保亭县地处海南省中部生态核心区，县域发展的功能定位是以生态环境效应为主、经济效应为辅。基于这一功能定位，所有对生态环境保护带来潜在污染和风险的制造业、加工工业、规模养殖业等，都受到严格限制。这使得保亭县的第二产业无法得到大发展，除了建筑行业外，几乎没有其他真正的工业生产。对于国家而言，无农不稳、无工不强、无商不富；对于县域经济而言，没有工业的发展，意味着缺乏有竞争性的核心产业，无法形成本地化的完整产业链，比如鲜活农产品无法通过初加工来提升产品附加值，只能直接销售，挣取较低的利润。

第三，以热带旅游为代表的服务业快速发展，但面临潜在的结构性危机。随着海南国际旅游岛建设的持续推进，以及我国居民对于旅游服务的持续增长，保亭县凭借靠近三亚的地缘优势，以及自身丰富的热带山区型旅游资源、黎族苗族传统文化资源，大力发展热带特色旅游和康养旅游，取得了很好的成绩。如保亭县目前拥有 2 个 5A 级景区、1 个 4A 级景区，以及其他若干旅游和康养服务景区，已成为海南省仅有的两个全域旅游县市之一。作为一个人口不足 20 万的小县，拥有这么丰富的旅游资源，即便放在全国范围内，也是非常少见的。但旅游大发展的同时，旅游资源在区域上过于集中、旅游产品多元化和多层次性开发程度偏低、旅游市场整体增长乏力等，都是它面临的潜在困境，成为影响保亭县旅游产业健康可持续发展的制约因素。

第四，产业发展所需的外部环境和保障还需完善。要想富，先修路。交通和通信等基础设施发展程度偏低，长期以来始终都是保亭县社会经济发展的重要制约因素。海南省已经建设完成了环岛高铁和环岛高速公路，但保亭县由于地处中部山区，当时尚未建设完成连接保亭与海口和三亚之间的高速公路，是海南省的交通洼地。进出保亭县的人流、物流等，只能通过国道运输，而国道道路狭窄、弯多坡多的路况特征，不仅极大地降低了人流和物流效率，也极大地提高了物流成本，降低了保亭县的比较优势。除了交通这个限制因素外，人才缺乏、科技和技术实力不足、新型商业模式渗透度不高、新型产品和服务模式开发程度不够、产业发展的政策支持体系有待进一步完善等，都是保亭县在过去很长一段时间内，乃至现在都面临的制约因素。

第五，融入外部市场的程度有待进一步提高。保亭县当前的经济形态总体上可概括为“走出去”和“请进来”两部分。前者以热带特色水果、蔬菜、槟榔、禽畜产品等对外销售为代表，后者以旅游产品和服务行业吸引全世界和全国游客为代表。保亭县走出去的产品，以槟榔、冬季瓜菜、南药，以及少量热带水果如红毛丹等为典型，主要销往内陆市场。尽管保亭为上述农产品的重要产区，各个品种总产量都不算小，但几乎所有主要产品的市场销售渠道都不受保亭县内企业、合作社或个体经纪人控制。保亭县请进来的游客，同样具有很大的不确定性和不稳定性。由于在旅游市场的知名度和影响力依然有限，且受到交通不便等限制因素影响，很多外地游客在完成海南岛的环岛旅游之后，较少前往保亭县做进一步深度旅游。如位于保亭县南部且距离三亚市仅三十余公里的槟榔谷和呀诺达景区，每年游客量平均只有171万人次左右，而三亚每年接待的游客量都超过2000万人次。

综上所述，保亭县的县域经济呈现出海岛山区型经济的特征，尽管自然资源丰富、少数民族人文景观独特、热带特色农产品种类多样，但总体上呈现出产业结构单一、产业层次不高、产业链条较短、产业总量较小、产业影响较弱、限制因素较多等特征。这些特征，既是保亭县经济社会发展程度偏低的重要制约因素，同时又是县域社会经济发展程度偏低的具体表现和直接后果。

基于上述分析可知，保亭县区域贫困的基本特征依然是发展型贫困。发展是解决贫困问题的根本钥匙，发展进程中的问题最终还是要通过发展来解决。过去几年，尽管受到诸多客观制约因素影响，但保亭县比较好地转换了县域经济发展的思路和模式，在努力克服交通和其他瓶颈性制约障碍的同时，秉承“绿水青山就是金山银山”理念，努力发展特色农业、林业、畜牧业和旅游业，并积极创新多种产业形态相互组合的模式，取得了较好的效果。然而，由于保亭县社会经济发展底子薄、产业结构相对单一等因素影响，到2019年时，全县人均地区生产总值只有36258元人民币，仅为全国平均水平的51%左右。

第三节　从被动到主动：保亭县扶贫历程与扶贫方式的变迁

一、扶贫历程的变迁

回顾过去几十年来的扶贫工作，保亭县和全国其他地方一样，总体上经历了大面积的开发式扶贫到精准扶贫的过程。资料显示，早在1982年，当时的保亭县就成立了负责扶贫工作的政府机构。1988年正式组建海南省，全省行政机构同时进行相应的调整，当年保亭县正式成立扶贫办并一直延续至今。总体上经历了四个阶段。

第一，起步阶段，即从1988年扶贫办成立到1994年。这期间，保亭县扶贫工作并没有整体的规划和明确的扶贫体系，整个扶贫工作处于起步和摸索阶段，扶贫方式也以救济式扶贫为主，并尝试进行了开发式扶贫的创新。据扶贫办干部回忆，保亭县扶贫办刚成立时，还专门成立了"保亭县扶贫开发公司"，与扶贫办合署办公，两块牌子一套人马。这种体制一直延续到1998年正式取消扶贫开发公司为止。

第二，八七扶贫攻坚阶段，即从1994年到2002年。国家出台《国家八七扶贫攻坚计划》之后，保亭县扶贫工作开始逐步进入正轨，实现了从之前的救济式扶贫到开发式扶贫的大转变。这一阶段的整体扶贫工作成效显著，基本解决了全县农村贫困人口的温饱问题。

第三，整村推进、综合开发阶段，即从2002年到2012年。基于第二阶段的社会经济发展和保亭县扶贫工作的成效，2002年保亭县第一次实现了国家级贫困县摘帽，但继续保留作为海南省省级贫困县的身份。基于国家扶贫工作整村推进的总体思路和布局，保亭县的扶贫工作并没有停止，通过争取上级财政资金和县财政配套，持续投入农村基础设施、公共服务、农村产业发展、农民技能培训等方面的工作。这一时期，保亭县农村减贫工作得到了进一步推进，"全县农村总体上实现了第一次住房革命，大部分农户从茅草房过渡到砖瓦房。"（保亭县扶贫办访谈记录，2019年9月2日）

第四，精准扶贫和精准脱贫阶段，即从2012年到现在。尽管2002年保亭县实现了第一次县域整体脱贫摘帽，但当时的脱贫标准较低。2012年国家启动精准扶贫和精准脱贫工作后，基于保亭县的社会经济发展状况，再次被纳入国家级贫困县范围。保亭县的扶贫工作也从前一个阶段的稳步推进状态进入全方位推进和精准脱贫阶段。

到 2020 年年底为止，保亭县脱贫效果显著，全县综合贫困发生率从 2014 年的 23.35%下降到 0.27%，全县所有村庄和农民全部实现了“两不愁三保障”，2020 年农村居民人均可支配收入 14067 元，达到全国平均水平的 82%，“全县农村总体上实现了第二次住房革命，基本上所有农户实现了从砖瓦房到钢筋水泥房的转变。”（保亭县扶贫办访谈记录，2019 年 9 月 2 日）

二、扶贫方式的变迁

回顾保亭县过去三十余年的扶贫工作历程，总体上成绩斐然，使一个黎族贫困人口占总贫困人口 90%以上的贫困县，实现了区域性整体脱贫。但这一过程也是艰辛与坎坷并存的，经历了多方面的转变。

第一，在扶贫工作的思想上，经历了从被动到主动的转变。尽管所有干部和群众都知道扶贫工作非常重要，但由于同时还存在大量其他重要的工作要做，因此在很长一段时间之内，扶贫工作并不是实际工作安排时的最重要工作内容。整个工作方式也比较被动，各级干部处于“上面让干什么，我们就干什么”的状态，扶贫工作中的积极性、主动性、创造性、思考性不够。尽管干部群众很辛苦，但总是出现各种问题，如以前产业扶贫中因为盲目服从和盲目推广种植或养殖项目导致失败的例子多得很，“群众的说法是，政府让我们种什么，那一定不要种什么；政府让我们养什么，那一定不要养什么”。即便在开展精准扶贫工作的前期阶段，总体上扶贫工作依然是被动应对状态，“出了不少问题，吃了不少亏，比如直接给农民发种苗、幼畜，结果很快就没了，有的养死了、有的转身就卖了、有的直接杀了吃了。”此后，各级干部群众不断总结经验教训，首先从思想上开始反思和调整，通过政策调整、宣传教育等方式，逐步改变了干部群众的思想，真正把扶贫工作重视起来，从被动应付到主动作为。干部主动接触贫困户，主动了解贫困户，主动帮贫困户找到脱贫致富的门路；贫困户主动发展生产、主动学习技能、主动寻找致富门路。干群关系也逐渐由以前的“干部干、群众看”变成了“干部群众一起干”，此前经常被诟病的“干部脱离群众”问题得到了有效缓解，成为“干部和群众打成一片”。

第二，在扶贫工作的理念上，经历了大水漫灌到精准滴灌的转变。在早期开发式扶贫和整村推进式扶贫过程中，扶贫对象并未明确到户，扶贫资金投放以县域、乡域、村域为单位，除了普惠式的基础设施和公共服务投入外，大量资源和精力都用在产业发展上。但在产业选择和产业资金的受惠对象上，总体上相对模糊。优先的扶贫资金和资源使用中，存在铺的面太大、效益不高、可持续性不强等问题；同时由于贫困户与非贫困户的参与能力差别较大，存在大量错位受益的问题，非贫困户受益更多，而贫困户却受益更少，从而出现整体经济社会高速发展，但贫富差距却拉得更大的问题，未实现“真扶贫、扶真贫”的目标。开展精准扶贫工作之后，保亭县认真学习中央关于精准扶贫和脱贫攻坚的政策精神，结合自身实际，精准识别贫困户，精准识别贫困原因，并因地制宜地精准帮扶和精准施策，总体上落实了扶贫工作理念从大水漫灌向精准滴灌的转变。

以前老是被群众骂，贫困户得不到扶贫资金支持，非贫困户反而很容易得到。干部也很无奈，比如说以前贫困户想贷款，确实很难，他没有抵押，也没有担保。现在就不存在这些问题了，所有扶贫资源都是围绕贫困人口的实际，确保真正落到他们头上。（保亭县扶贫办访谈记录，2019 年 9 月 2 日）

第三，在扶贫工作的方式上，经历了从行政命令到科学决策的转变。干部是扶贫工作的领导者和推动者，农民是扶贫工作的主体。但在扶贫工作的具体工作方式和方法方面，和全国许多地方一样，保亭县同样经历了从行政命令到科学决策的转变过程。很长一段时间以来，面对干部群众对扶贫工作被动应对和消极应对的问题，为了完成扶贫任务或迎接相关检查和考核等，政府和扶贫系统最常采用的是“层层压任务、级级压指标”的行政命令式工作方法，基层干部群众在被动和消极应对的同时，难以对扶贫工作产生真正的心理认同。开展精准扶贫工作后，尤其是不断调整和优化工作方式方法后，扶贫工作的具体操作逐渐实现了规范化和科学化。如保亭县在过去 5 年内，县一级职能部门公开制定并发布了与脱贫攻坚有关的各类规划、政策、办法、方案、计划等红头文件超过 500 个，几乎无死角地囊括了与脱贫攻坚各方面工作相关的内容，确保各项工作有制度、有机制、有政策、有依据、有标准、有配套。

以前搞扶贫，上面来了要求，大家总是临时想招怎么应对；上面来了资金和项目，大家总是临时想着怎么找项目、怎么花钱。时间紧任务重，免不了拍脑袋、想歪招。现在规范得很，各乡工作都有规定，照章办事就可以，来了资金，先看项目库，不存在临时抓项目的问题了。（保亭县扶贫办访谈记录，2019 年 9 月 2 日）

第四，在扶贫工作的组织上，经历了扶贫办孤军奋战到协同并进的转变。政府是扶贫工作的最重要组织者，而扶贫办则是最重要的执行机构。在很长一段时间内，和全国许多地方一样，保亭县成立了扶贫工作领导小组，设置专职办公室（即扶贫办）作为执行机构。尽管扶贫工作领导小组是全县扶贫工作的最高领导和协调机构，但在具体执行中，其他相关部门往往是被动参与、消极应对的。

我们以前搞扶贫工作，难得很啊。扶贫办本来就没几个人，而且还有些因为各种原因无法全身心投入的。找其他职能部门配合工作，人家一句话就给你顶回来了：你们是扶贫办啊，扶贫的工作本来就该是你们干的。（保亭县扶贫办访谈记录，2019 年 9 月 2 日）

在刚刚开展精准扶贫和脱贫攻坚时，我们也面临这样的困难。后来县委县政府专门成立脱贫攻坚战指挥部，建立专门的指挥体系，要求所有职能部门都必须真参与，明确了扶贫工作并不仅仅是扶贫办的专门工作，扶贫办的真正定位是协调机构，而不是行业职能部门。各职能部门根据各自行业特征，牵头负责行业扶贫工作。同时出台整套的规范性制度和政策，确保扶贫工作中各部门和机构的协同并进。

后来扶贫工作就好干多了，我们也能抽出时间精力，认真研究扶贫工作的政策要求和操作方法，而不是整天疲于应对具体的扶贫项目的操作和落实。这些具体工作都根据分工，安排到各个行业部门和乡镇，我们扶贫办真正发挥统筹协调和专业指导的作用。（保亭县扶贫办访谈记录，2019 年 9 月 2 日）

第五，在扶贫工作的资源动员与整合上，经历了分散单一到统筹一体的转变。减贫是世界性难题，受到各种制约因素的综合影响，其中最关键的制约因素是如何动员和整合资源。保亭县的减贫历程，除了社会经济发展的溢出效应外，专门的扶贫资金，主要来自各级财政投入，以及由财政投入撬动的市场投入和社会投入，此外还包括金融机构的资金支持、慈善投入等发挥了很大作用。在过去很长一段时间内，保亭县除了争取各级财政专项投入外，没有争取市场资金、社会资金、慈善资金等非财政资金投入扶贫工作的专门制度和机制。而财政扶贫资金，总体上也处于分散投入和分散管理的状态，不同行业部门都有相应的专项支农资金或扶贫资金，各自有不同的管理方式或评价体系，相互之间缺乏足够的协调和统筹，导致资金使用过程中经常出现重复投入、低效投入，甚至无效投入的问题。在可用于扶贫的财政投入总体有限的情况下，分散且各自单一运作的扶贫类资金动员与投入机制，导致扶贫效益和效率不高。在开始精准扶贫的初期，财政扶贫资金来源多样、管理方式和评价体制多样的特征依然存在，直到国家专门出台统筹涉农资金和扶贫资金等相关要求和管理制度之后，实现了较好的资源整合，提高了扶贫资金和资源的使用效率和效益。

> 以前在找钱和做项目方面确实有不少问题，比如同一个地方，国土部门搞了土地平整，却没有水利设施，那是水利部门的事；农综办搞了农田综合整理，建设水渠，但从干渠到新整理土地的水渠却没有，那也是水利部门的事。现在这样的情况很少了，所有配套设施建设全部纳入项目库，不管是哪里来的钱，都放在一起统一使用，就能一次性把所有必要的配套设施全部完成。（保亭县农综办访谈记录，2019 年 9 月 4 日）

第四节　从大山奔向大海：保亭县减贫与发展的定位与意义

一、资源禀赋与比较优势

从地理位置、气候特征、生态环境、资源禀赋、产业特征、社会经济发展状况等与区域发展紧密相关的基本要素出发，保亭县拥有很多独特的标签，形成保亭县域经济社会发展的比较优势。

（1）保亭县是中国最南端的国家级贫困县。保亭县与三亚市直线距离 50 公里，与海口市直线距离 165 公里，与北京直线距离 2450 公里。

（2）保亭县是黎族聚居区。黎族作为我国人口较少的少数民族，主要聚居地为海南省，而海南省内的中南部山区和丘陵区域则是海南省内黎族的世居区域。保亭县的全称为“保亭黎族苗族自治县”，黎族人口占全县总人口的 62.4%。保亭县的农村贫困人口中，黎族占比 92.14%。

（3）保亭县是革命老区。解放战争期间，保亭县是琼崖纵队重要的革命根据地，目前依然保留了琼崖纵队的革命精神，是重要的爱国教育和红色教育基地。

（4）保亭县是生态保护核心区。保亭县位于海南省中部五指山脉区域，同时也是海南省中部生态保护核心区域。

（5）热带特色农业区。保亭县位于北纬 18 度，阳光和雨水充足，全年适合农业生产，农业生产基础设施完善，是我国重要的热带农业生产区。目前主要的农作物包括水稻、冬季瓜菜、热带水果，其中冬季瓜菜和热带水果共有几十个不同品种，包括经济价值非常高的特色热带品种，如黄秋葵、灯笼椒、红毛丹、百香果、火龙果、菠萝蜜，以及香蕉、芒果、荔枝、龙眼和各种花卉等。此外，保亭县还有大量特色热带养殖业，如海南本地品种五脚猪、文昌鸡等，以及黑山羊、黄牛、竹鼠、蛇、蜜蜂等常规或特色养殖业。

（6）热带特色经济林业产区。保亭县是中国橡胶林战略资源保有区，全县目前橡胶林保有量 32.7 万亩。全县几乎所有山区农村都有橡胶林，部分区域人均橡胶林超过 10 亩。在 2008 年橡胶市场价格最高时，一个农户一天割橡胶的销售收入不低于 300 元，高的能达到上千元。这是保亭县农民的最重要收入来源之一。在 2008 年前后，保亭县农村经历了一次集中建房高潮期，被本地群众形象地称为“橡胶房”。此外，保亭县还是中国最主要的槟榔果生产区，全县槟榔林保有量 11.04 万亩。在 2020 年前后槟榔果价格最高时，每亩槟榔树的纯收入超过 1.5 万元，槟榔收入成为全县农户脱贫致富的重要收入来源。

（7）热带特色南药产区。狭义的南药通常是对生长在长江以南和南岭以北地区的中药材的统称，在众多常用的南药品种中，槟榔、益智、砂仁、巴戟天被称为四大南药。保亭县虽然位于热带，但同样是重要的南药产区，尤其是槟榔和益智产量很高。受消费习惯的影响，当前槟榔的主要用途是直接嚼（有鲜槟榔、干槟榔两种形态），而非作为中药材；但益智则依然是主要作为中药材使用。由于益智种植技术相对简单，且属于喜阴植物，通常种植在橡胶林中，因此全县益智种植范围很广，很多农户都会在橡胶林中套种益智。保守估计，保亭县当前益智种植面积在2.41万亩左右。

（8）全域旅游县。保亭县拥有山区和丘陵等多种地形地貌，是海南省目前为止仅有的两个全域旅游县市之一。拥有槟榔谷和呀诺达两个5A级景区、七仙岭一个4A级景区，以及其他景区，如：什进村布隆赛、什玲大溪谷恩祥影视基地、保亭神玉文化养生景区。全县几乎所有乡镇都有热带风情休闲旅游和农家乐等旅游设施。结合少数民族文化、热带自然景观、热带特色农副产品采摘和品尝、自然氧吧和自然温泉休闲等多种旅游资源和旅游服务产品的多样化创新，以及距离三亚较近的地缘优势，旅游业已经成为保亭县最重要的产业。

（9）生态宜居区。保亭县虽然地处热带，但海拔相对较高，既拥有热带气候，又不闷热，非常宜居。目前保亭县常住人口中，接近1.7万人是北方其他省市居民在保亭购房置业者，他们或者常年居住在此，或者定期在保亭县度假休闲，或者每年较长时期在保亭县居家养老。

二、减贫与发展的定位

按照大扶贫的思路，保亭县的减贫行动总体上可分为两大部分：一、发展县域经济，促进整体脱贫；二、实施精准扶贫，攻克个体贫困。

发展县域经济是实现整体脱贫的基础和保障。保亭县基于自身的资源禀赋特征和比较优势，以及发展中面临的制约因素，坚持创新、协调、绿色、开放、共享的新发展理念，坚持生态立县的发展原则，在保亭县“十三五”规划中，明确将保亭县总体发展定位为国际热带雨林温泉旅游目的地。核心职能包括：一城、一园、两基地。一城：国际热带山地旅游城市；一园：雨林温泉谧境、国际养生家园；两基地：黎、苗文化展示体验基地，热带特色农业示范基地。

“一城一园两基地”的区域经济总体布局，在产业上围绕热带特色农业和热带特色休闲旅游产业，农业和旅游业发展既相互独立，又相互影响。旅游产业在为农民直接提供就业岗位的同时，也通过辐射和带动作用，为农民提供配套性和延伸性市场和就业机会。而农旅结合的发展方向，使得热带特色农业本身成为旅游产品的一部分。

基于上述发展思路，保亭县在发展山水田园旅游、少数民族文化风情旅游、乡村休闲旅游等传统旅游形态的基础上，逐渐开发和扩展其他形态的旅游产品，如康养旅游、山地运动旅游、影视拍摄基地旅游等。而红毛丹、百香果、五脚猪、文昌鸡等种类多样、质量上乘的本地特色农副产品，又成为助推旅游服务的重要元素。部分产品如红毛丹等，更是成为保亭县的一张名片。

目前，保亭县是三亚经济圈的重要组成部分，在发展定位和产业特色上形成了和三亚市互补的结构特征。在旅游资源方面，三亚市的发展重点为海洋旅游，而保亭县的发展重点在以热带雨林为核心的山地旅游；在文化元素上，三亚更加国际化，而保亭则更具有民族风情；在区域功能上，三亚是海南面向全国和世界的窗口，而保亭则是三亚的后花园；在要素流动上，三亚既是资源集聚地，又是扩散效应的源头，而保亭是资源和要素的供应基地，也是三亚扩散效应的直接承接地。

三、减贫与发展的意义

消除贫困、改善民生、实现共同富裕，是社会主义的本质要求。决胜脱贫攻坚，共享全面小康，是党和国家对人民的庄严承诺。全面小康社会的难点不是“小康”，而是“全面”，最艰巨最繁重的任务在农村，特别是在贫困地区，这是全面建成小康社会的最大“短板”，也是实现全面小康的最难点。而实现全面小康的道路上，少数民族一个都不能少，一个都不能掉队。习近平总书记在深度贫困地区脱贫攻坚座谈会上的讲话中强调：“西部地区特别是民族地区、边疆地区、革命老区、连片特困地区贫困程度深、扶贫成本高、脱贫难度大，是脱贫攻坚的短板”。

保亭县几乎满足了习近平总书记最牵挂地区的所有特征，保亭县实现全面脱贫，在体制和制度层面、区域层面、国家层面和国际层面，具有重大的象征意义。

第一，体现社会主义制度的优越性。开展脱贫攻坚，推进精准扶贫，彻底消除农村绝对贫困，是全面建成小康社会的难点，也是社会主义制度优越性的重要体现。保亭县具有少数民族聚居区、革命老区、边疆地区的多重特征，如期实现全面稳定脱贫，更具重要的典型性和象征性。

第二，对我国热带地区脱贫攻坚实践具有示范意义。保亭县位于热带，拥有典型的热带型自然资源禀赋和外部环境，农民的生计模式、生活习惯、思维方式、文化习俗等，在海南省乃至全国其他热带地区，都具有典型性。保亭县脱贫攻坚的胜利实践，无论是对于海南省，还是我国其他热带地区的脱贫攻坚工作都具有典型示范意义。

第三，丰富我国脱贫攻坚的多元实践。我国地域辽阔、文化多元，不同地域的人们生计方式差异极大。和全国其他地区的贫困县或贫困地区相比，保亭县的最大独特性在于多重典型特征并存，尤其是热带地区、少数民族地区、革命老区、生态保护核心区这几个特征并存。这在全国范围的众多贫困县中，并不多见。保亭县脱贫攻坚的成功经验，对于丰富我国脱贫攻坚的多元实践具有重要意义。

第四，有利于向东南亚及“一带一路”沿线地区推广中国减贫方案并提供成功案例。东南亚及“一带一路”沿线地区是当今世界最具有发展潜力的区域之一，也是具有极其重大战略和地缘价值的区域，同时还是世界上发展程度较低且贫困人口总量较多的区域之一。在气候特征、资源禀赋、生计方式，以及一些生活习惯方面，与我国热带地区都具有很大的相似性。中国减贫与发展的具体做法和经验，尤其是我国热带地区的做法和经验，对于这些地区具有直接的借鉴意义。保亭县作为我国热带地区脱贫攻坚的先进典型，可以在面向东南亚及“一带一路”沿线国家减贫与发展的中国方案中，提供保亭案例。

第二章

战斗模式：脱贫致富的组织动员机制

打赢脱贫攻坚战离不开党和政府的坚强领导，科学完整的领导机构和组织体系是事业成功的基本保证。习近平总书记在中央扶贫开发工作会议上强调“发挥政治优势，强力开展脱贫攻坚”，保亭县的脱贫攻坚历程，是习近平总书记“抓好党建促脱贫攻坚，是贫困地区脱贫致富的重要经验”论述的成功实践。

保亭县以习近平新时代中国特色社会主义思想为指导，全面贯彻党的十九大和十九届二中、三中全会精神，深入贯彻落实习近平总书记在庆祝海南建省办经济特区30周年大会上的重要讲话、《中共中央国务院关于支持海南全面深化改革开放的指导意见》和省委全会精神，认真落实海南省委省政府脱贫攻坚决策部署并结合本县实际，形成打赢脱贫攻坚战的坚强领导和组织体系。该体系以党建促脱贫攻坚为核心，以组织体系建设为重点，以培养选拔忠诚干净担当的高素质扶贫干部为关键，着力提升领导班子能力与水平，着力发挥基层党组织战斗堡垒作用，实行打赢脱贫攻坚战战时体制，建立坚强有力的打赢脱贫攻坚战指挥部，成立科学清晰的专项工作组，创新开展脱贫攻坚大比武等有特色的长效机制。

2018年12月，保亭县完成贫困县退出验收工作，脱贫出列。坚强有力的领导和组织体系至关重要，在确保打赢脱贫攻坚战的同时，也为下一步的乡村振兴战略的顺利开展和实践提供了组织基础和制度保障。

第一节 指挥部体制：战斗模式下的领导与组织体系

“各级党委和政府要把打赢脱贫攻坚战作为重大政治任务，强化中央统筹、省总负责、市县抓落实的管理体制，强化党政一把手总负责的领导责任制，明确责任、尽锐出战、狠抓实效。”习近平总书记的论述明确了只有强大的组织制度保证才能切实打通脱贫攻坚“最后一公里”。然而迈向成功的道路并非总是一帆风顺的，海南省脱贫攻坚的组织体系保障也并非一蹴而就。2016 年至 2017 年海南省积极落实中央精神，推进各项工作稳步开展；2017 年海南省因打赢脱贫攻坚战的进展情况不理想而被中央约谈，痛定思痛，海南省于 2018 年 4 月决定在海南省扶贫开发领导小组下成立省打赢脱贫攻坚战指挥部，并在全省各市县同步推行。保亭县在打赢脱贫攻坚战指挥部的基础上，建立了“县包乡镇、乡镇包村”的工作机制，以各乡镇、行政村、自然村为单位，划定脱贫攻坚作战区域，形成类似军事管理的基层三级战斗队伍，分工明确、责任清晰，使各方力量有力整合、攻坚压力传导到位，成为打赢脱贫攻坚战坚实的组织保障。

一、打赢脱贫攻坚战指挥部

指挥部主要职责是贯彻落实上级决策部署，压实“市县抓落实”各项细化责任，统筹推进脱贫攻坚各专项工作，解决脱贫攻坚推进中的突出问题，督促检查各项政策和工作措施落实情况，整合各种力量，凝聚脱贫攻坚合力，打赢脱贫攻坚战。从扶贫开发领导小组成立到保亭县打赢脱贫攻坚战指挥部成立，首先是工作机制的创新，作为国家级贫困县的保亭县立即由平时状态转为战时状态；其次是工作方式的创新，由各自突击转为合力攻坚，极大地整合调动了资源，解决了脱贫攻坚中所要求的效率问题。

首先，坚强的指挥系统。为强化责任分工、统筹整合力量、加强日常调度、及时解决突出问题，保亭县打赢脱贫攻坚战指挥部组建战区分区指挥系统。九个乡镇各为分战区，在总战区的统一领导和指挥下开展工作。各分战区指挥长指导和协调本分战区脱贫攻坚工作。县打赢脱贫攻坚战指挥部下设 18 个专项工作组，对“两不愁三保障”等专项扶贫工作担负主体责任、发挥主导作用、履行主要职责。指挥部下设办公室，具体贯彻落实指挥部工作部署，筹备工作会议，及时掌握各专项工作组工作进展情况并进行统计分析，提出工作意见和建议。

表 5　扶贫开发领导小组脱贫攻坚责任体系建设

类型	文件编号	文件标题	发文单位
扶贫开发领导小组	保委办〔2018〕76 号	《关于调整县扶贫开发领导小组成员的通知》	县委、县人民政府
	保开发办〔2018〕12 号	《关于调整县打赢脱贫攻坚战战区分区指挥系统的通知》	县扶贫开发领导小组
	保开发办〔2017〕11 号	《关于印发〈保亭黎族苗族自治县脱贫攻坚责任制的实施意见〉的通知》	县扶贫开发领导小组
	保开发办〔2017〕24 号	《关于印发县扶贫开发领导小组办公室下设机构和乡镇等部门扶贫职责的通知》	县扶贫开发领导小组
	保开发办〔2017〕97 号	《关于印发我县乡镇脱贫攻坚指挥长及“十项措施”责任分工的通知》	县扶贫开发领导小组办公室

续表

类型	文件编号	文件标题	发文单位
打赢脱贫攻坚战指挥部	保委办〔2018〕30号	《保亭黎族苗族自治县完善打赢脱贫攻坚战指挥部的实施方案》	县委、县人民政府
		《保亭黎族苗族自治县关于成立县委脱贫攻坚战督查组的方案》	县委、县人民政府
	保脱贫指办〔2018〕48号	《关于增设县打赢脱贫攻坚战指挥部2个专项工作组的通知》	县打赢脱贫攻坚战指挥部办公室
	保脱贫指办〔2018〕50号	《关于增设县打赢脱贫攻坚战指挥部第13个专项工作组的通知》	县打赢脱贫攻坚战指挥部办公室
	保脱贫指办〔2019〕2号	《关于增设旅游扶贫等5个专项工作组的通知》	县打赢脱贫攻坚战指挥部办公室
		《关于调整县打赢脱贫攻坚战指挥部18个专项工作组成员的通知》	县打赢脱贫攻坚战指挥部办公室
	保脱贫指办〔2020〕	《关于调整部分保亭黎族苗族自治县"县包乡镇、乡镇包村"脱贫攻坚大队长通知》	县打赢脱贫攻坚战指挥部办公室
脱贫攻坚大中小队	保开发办〔2018〕46号	《关于印发〈保亭黎族苗族自治县进一步完善"县包乡镇、乡镇包村"脱贫攻坚工作机制实施方案〉的通知》	县扶贫开发领导小组办公室
	保开发办〔2018〕47号	《关于印发〈保亭黎族苗族自治县脱贫攻坚单位定点帮扶和干部包村帮扶工作的实施方案〉的通知》	县扶贫开发领导小组办公室
	保脱贫指办〔2018〕62号	《保亭黎族苗族自治县打赢脱贫攻坚战指挥部办公室关于进一步规范打赢脱贫攻坚战任务落实责任制的通知》	县打赢脱贫攻坚战指挥部办公室
	保开发办〔2018〕63号	《关于进一步优化脱贫攻坚小队人员配备的通知》	县扶贫开发领导小组办公室
	保脱贫指办〔2018〕33号	《关于选派县脱贫攻坚战斗中队第一中队长的通知》	县打赢脱贫攻坚战指挥部
驻村工作领导小组	保委办〔2018〕31号	《关于成立保亭黎族苗族自治县驻村工作领导小组的通知》	县委、县人民政府

其次，优化的领导配置。从人员结构来看，打赢脱贫攻坚战指挥部的领导配置与现有的县委县政府及各大班子的组织架构高度重叠，但在职责分工上，更加突出了党的领导作用，更加有力地整合了人力，提高了整个战斗体系各部门之间的协调作战能力。打赢脱贫攻坚战指挥部按照双总指挥长制配置，由均为厅级干部高配的保亭县委书记与县长担任，负责指挥和统筹全县脱贫攻坚战。县人大常委会主任、县政协主席、县委副书记担任副总指挥长，负责牵头各项工作的具体推进。各分战区指挥长则均由县委常委和县委委员担任，各分战区的副指挥长则为四套班子主要副职及各乡镇党委书记担任，实现既确保领导统筹有力，又便于衔接各乡镇村实际工作。为了更好地推进各方面工作，县打赢脱贫攻坚战指挥部下设办公室，由县委常委、县政府常务副县长兼任办公室主任，县委办主任、县政府办主任、县扶贫办主任担任办公室副主任。为进一步强化行业部门扶贫责任意识和担当履职，在县打赢脱贫攻坚战指挥部下设置 18 个专项工作组，由县四套班子分管领导担任各专项工作组组长，由各专项扶贫工作的牵头单位主要领导担任副组长。各专项工作组除履行部门常规性行业扶贫职责外，重点针对各项考核反馈问题提出研究对策，调整完善政策，采取超常规手段，指导乡镇抓好整改，不断补齐短板、堵住漏洞，切实提高专项扶贫工作成效。

最后，贯穿的组织架构。打赢脱贫攻坚战指挥部的组织架构，横向囊括了各行政成员单位，通过专项工作机制使得工作更加具体与精准；纵向通过“县包乡镇、乡镇包村”原则形成脱贫攻坚五级战斗体系，整合乡镇、行政村与自然村组，形成完备的组织层级上下链，推进政策在村级落实并一以贯之。

二、脱贫攻坚战五级战斗体系

1. 五级战斗体系概况

第一，省打赢脱贫攻坚战指挥部。海南省保亭县打赢脱贫攻坚战指挥部与全国其他县级行政区划不同。保亭县直属海南省领导，中间不存在地级市一级行政隶属关系，因此，海南省打赢脱贫攻坚战指挥部是保亭县打赢脱贫攻坚战指挥体系的直接上级领导与指挥机构，承担海南省脱贫攻坚战中“省总负责”的具体执行，对全省脱贫攻坚战的各项具体工作进行领导和指挥。

表6 海南省打赢脱贫攻坚战指挥部下发文件节选

文件编号	标题	类型
琼脱贫指〔2018〕1号	《关于开展贫困人口“漏评”“错退”排查工作的紧急通知》	清退
琼脱贫指〔2018〕2号	《关于印发省委书记刘赐贵在〈省委脱贫攻坚战督查组培训班开班式方案〉上重要批示的通知》	培训
琼脱贫指〔2018〕3号	《关于抽调人员参加省委脱贫攻坚战督查组的通知》	督查
琼脱贫指〔2018〕4号	《关于做好农村低保制度与扶贫开发政策有效衔接的通知》	两项制度衔接
琼脱贫指〔2018〕5号	《关于印发〈海南省脱贫攻坚战督查组工作方案〉的通知》	督查
琼脱贫指〔2018〕6号	《关于进一步做好精准识别工作确保“一人不漏一人不错”的通知》	精准识别
琼脱贫指〔2018〕7号	《关于印发〈海南省省级党员领导干部抓农村基层党建促脱贫攻坚资源配置方案〉的通知》	党建促脱贫攻坚

续表

文件编号	标题	类型
琼脱贫指〔2018〕8号	《关于召开2018年度全省定点扶贫暨驻村扶贫工作推进会的通知》	会议推进
琼脱贫指〔2018〕9号	《关于进一步完善市县包乡镇、乡镇包村脱贫攻坚工作机制的通知》	完善机制
琼脱贫指〔2018〕10号	《关于调整贫困户民主评议工作有关要求的通知》	评议
琼脱贫指〔2018〕11号	《关于印发〈海南省2018年打赢脱贫攻坚战大比武活动总体方案〉的通知》	大比武
琼脱贫指〔2018〕12号	《关于全省2017年度脱贫攻坚问题整改进度情况的通报》	问题整改
琼脱贫指〔2018〕13号	《关于做好扶贫手册填写工作的通知》	扶贫手册
琼脱贫指〔2018〕14号	《关于进一步明确精准扶贫相关政策的紧急通知》	政策
琼脱贫指〔2018〕15号	《关于印发〈关于国务院扶贫开发领导小组巡查组反馈农村危房改造存在问题整改方案〉的通知》	危房改造

第二，市县打赢脱贫攻坚战指挥部。作为“市县抓落实”的具体执行者，保亭县打赢脱贫攻坚战指挥部结合本县实际，具体落实全县脱贫攻坚工作的具体政策统筹和行动安排，并通过各层级指挥体系进行任务分解和压力传导。

第三，乡镇打赢脱贫攻坚战战斗大队。保亭县共九个乡镇级行政区，每个乡镇作为一个脱贫攻坚大队，分别设立大队长、副大队长、专职副大队长三级领导体系。由9名县领导担任9个乡镇脱贫攻坚大队大队长，负责组织统筹乡镇范围内的扶贫力量，解决遇到的重大困难和问题，完成脱贫攻坚的各项具体任务，承担全面职责。各乡镇党委书记、乡镇长、部分县领导任副大队长，负责具体实施各项任务，

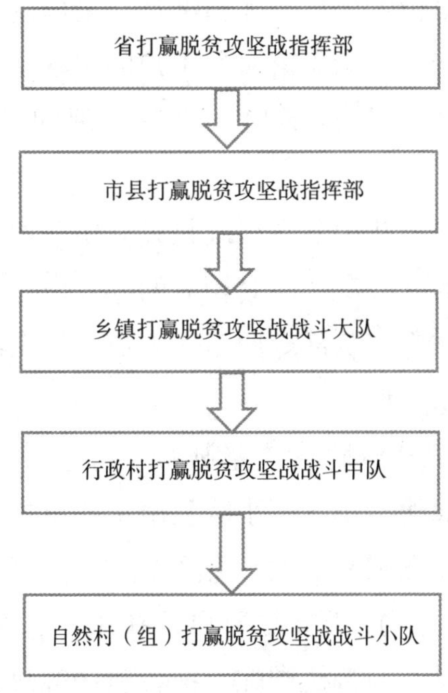

图 1 脱贫攻坚五级战斗体系

协调行政村和自然村各战斗队共同作战，检查指导区域内中队、小队工作，并负责提供后勤保障。由乡镇党委副书记和分管扶贫工作的乡镇领导任专职副大队长，负责日常管理工作。

各脱贫攻坚大队在乡镇设立大队部并挂牌和设立公章，设立固定办公室，配套相应办公设备和 4 名左右专职工作人员。同时每个大队配备 2 名专职信息员，负责扶贫开发信息系统各项数据的采集、录入、更新、维护工作，完善精准识别、精准管理、精准帮扶、精准退出等方面的资料，做好建档立卡档案与扶贫信息系统数据的精准比对衔接，以及所需各项信息的报送工作。

第四，行政村脱贫攻坚战战斗中队。每个行政村作为脱贫攻坚战战斗中队，由所在乡镇领导或包村干部担任中队长，负责行政村脱贫攻坚全面工作，统一管理、组织行政村范围内的驻村工作队员、帮扶责任人、村支两委干部、村民小组长，统筹安排行政村扶贫资源和力量，承担全面责任。驻村第一书记、驻村工作队队长、村党支部书记任副中队长，第一书记主要负责抓精准帮扶措施的制定和落实，驻村工作队队长及帮扶责任人承担落实贫困户的帮扶责任，村党支部书记则主要负责精准识别、精准退出、动态管理和做群众的思想政治工作。

每个脱贫攻坚战战斗中队在行政村设立中队部，挂脱贫攻坚中队的牌子，设置固定的办公室，配套相应的办公设备，从帮扶单位和村两委分别抽调一人作为中队部专职工作人员；每个中队另配备一名专职信息员，负责信息工作。

第五，自然村（组）脱贫攻坚战战斗小队。每个自然村（组）作为一个脱贫攻坚战战斗小队，小队长由帮扶单位专职驻村工作队队员担任，小队长吃住在村里，统一组织统筹村（组）范围内的所有扶贫力量，统筹村（组）所有贫困户帮扶工作，全面了解贫困户详细情况，提出有针对性的帮扶措施，把各项扶贫政策落实到每一个贫困户、每一个贫困人口，承担全面责任。各自然村（组）的队长（组长）担任副小队长，承担各项具体任务，协助做好群众思想工作。

2. 战斗体系运转特征

首先，纵向到底深入基层，职责清晰。在战时体制下，指挥部之所以能够推动政策的执行，关键是能够将各项政策分解，从指挥部到脱贫攻坚大、中、小队，五级战斗体系逐级将任务向下分解直至基层自然村。如表7所示，脱贫攻坚战战斗大队、中队与小队在政策宣传上一以贯之，在关于脱贫攻坚的具体政策任务方面自上而下逐级分解，越来越细化和具体。大队一级主要进行规划和决策，中队将规划和决策分解并落实到执行层面，小队则进一步细化并落实到贫困户，并且成为各类行动和成效统计的起点。

表7 脱贫攻坚大队、中队、小队职责对比

脱贫攻坚大队职责	脱贫攻坚中队职责	脱贫攻坚小队职责
宣传贯彻执行上级有关脱贫攻坚工作的方针、政策和措施 抓好贫困户建档立卡工作，做好扶贫监测、统计工作 拟定本乡镇精准扶贫工作实施方案，组织实施乡镇精准扶贫工作 抓好扶贫项目的申报和实施，加强扶贫资金的管理，监督、检查扶贫资金使用情况 协助贫困村制定发展规划和年度发展计划 动员组织社会力量参与扶贫，协调做好帮扶工作 负责其他脱贫攻坚有关工作	宣传贯彻执行上级有关脱贫攻坚工作的方针、政策和措施 负责行政村贫困户的精准识别、精准管理、精准帮扶、精准退出 负责协调解决好行政村贫困户“两不愁三保障”问题 负责全村贫困人口动态监测管理和扶贫开发与农村低保制度的衔接问题 协助上级有关单位做好定点帮扶工作 负责行政村脱贫攻坚各项信息数据的采集、录入、更新、维护工作 负责编制实施行政村脱贫攻坚规划和实施方案 完成其他脱贫攻坚有关工作	宣传贯彻执行上级有关脱贫攻坚工作的方针、政策和措施 负责自然村贫困户的精准识别、精准管理、精准帮扶、精准退出 负责落实好贫困户“两不愁三保障”帮扶措施 做好扶贫手册的准确登记填写，及时反馈有关贫困户家庭的动态信息 负责做好与贫困户的沟通和对其宣传教育的工作 完成其他脱贫攻坚有关工作

其次，人员高配衔接资源，力量整合。人员高配是脱贫攻坚战指挥体系的显著特征。脱贫攻坚战五级战斗体系中，党政一把手担任指挥部指挥长，从组织架构上凸显党建引领脱贫攻坚；脱贫攻坚大队以乡镇为基础，大队长为县级领导；脱贫攻坚中队以行政村为基础，中队长为乡镇领导。人员高配的组织结构可以更好地衔接与整合政治资源、经济资源、信息资源以及其他各类必要资源，并强化脱贫攻坚战向下推进的能力。

为什么要创建作战体系，主体还是贫困户，而我们只是帮扶的人员，从县到乡、镇到村、村小组的人员都动员起来。为什么要选派县领导担任第一中队长？他调配扶贫资源的能力很大，权力越大他的调动能力越大。（来自2019年9月3日座谈会访谈记录）

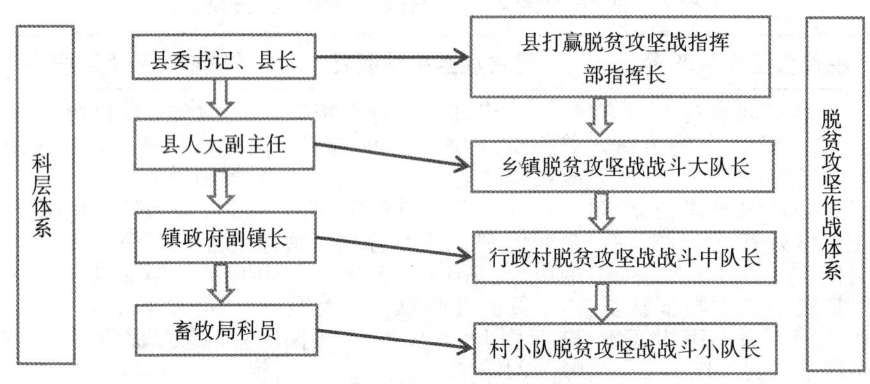

图 2　脱贫攻坚领导配置结构图

最后，工作清单责任到人，压力传导。保亭县建立了任务清单制度，通过每周自上而下的任务清单的逐级发放，以及自下而上的反馈，将打赢脱贫攻坚战的具体工作任务细化并落实到具体责任人。

按照正常工作程序，各专项工作组、县扶贫开发领导小组各成员单位每周六下午五点前将下一周需下达的任务按清单要求报县打赢脱贫攻坚战指挥部审定和汇总。县打赢脱贫攻坚战指挥部办公室每周日下午五点前完成下一周任务的制定和下达，并印发至各乡镇大队。

各乡镇脱贫攻坚战战斗大队接到指挥部任务清单后，结合实际制定下一级清单，并提出具体措施要求，利用周一例会制度，布置和听取任务清单落实情况。各脱贫攻坚中队每周六下午五点前向乡镇脱贫攻坚战战斗大队提交任务完成反馈清单；各乡镇大队收集整理和汇总各中队完成情况，于每周日下午五点前向县打赢脱贫攻坚战指挥部反馈任务清单落实情况。

具体的工作由县指挥部下指令和工作任务，然后到镇大队这边进行工作部署，对应的各战斗体系负责各方面工作任务的开展。每周都有工作任务清单，就是本周要做什么，由镇大队来部署，然后由各行政村总队长到各行政村去召开工作会议，把工作部署下去。平时，按照县里的指示，我们结合实际，按时间节点，再制定我们的工作清单。每项工作都有明确的责任人和完成时限。根据我们大队的工作任务清单，依照要求的时间完成后，每个中队要在下一周工作例会上汇报完成情况和存在的问题。（来自2019年9月5日响水镇访谈记录）

以保亭县响水镇合口村脱贫攻坚中队随机抽取某周工作的清单为例，如表8所示，详细列出工作内容、工作要求以及相对应的负责人，并框定完成期限。

表8 合口村脱贫攻坚中队一周工作清单举例

序号	内容	工作要求	责任领导	责任人	完成期限
1	挂“光荣之家”门牌	由村委会讨论确定挂“光荣之家”门牌费用和人员安排，各包村小队长和村“三员”配合参与，营造浓厚的气氛，吉永海负责通知军人家属	中队长	驻村工作队、各村小队长、村两委、村监委、村“三员”	4月19日
2	普通户天然橡胶保险参保工作	加大天然橡胶保险的宣传力度，以村小组为单位，对非贫困户收取参保费用，按5.4元/亩收取后统一交到吉微彬处，由吉微彬统一交到镇政府蔡文杰处	中队长	驻村工作队、各村小队长、村两委、村监委、村“三员”	4月19日
3	六事工作法推广工作	讨论报送第一党小组名单，“六事工作法”示范村（建议什栋村），确定党小组组长和党员联系群众名单，由吉永海统一收集报送	中队长	驻村工作队、各村小队长、村两委、村监委、村“三员”、党小组组长	4月19日
4	危房改造工作	继续动员引导一般农户（危房住户）拆房，及时改造危房。危改户、已开工户，其中平整土地户、挖基础倒地梁户、砌墙户、封顶户，由吉微彬收集数据	中队长	驻村工作队、各村小队长、村两委、村“三员”	4月19日

续表

序号	内容	工作要求	责任领导	责任人	完成期限
5	扶贫公益岗考勤	对扶贫公益岗人员进行第一季度考核工作。对扶贫公益岗人员开展考勤工作。由黄泽基负责收集报送	中队长	驻村工作队、各村小队长、村两委、村“三员”	4月19日
6	开展环境卫生整治	本月为“第31个爱国卫生月”，请各村小组集中开展一次大扫除活动，重点针对卫生死角进行扫除，并拍照上传到微信群。由黄超负责督促	中队长	驻村工作队、各村小队长、村两委、村“三员”	4月19日
7	森林防火	开展森林防火宣传，做到家喻户晓	中队长	驻村工作队、各村小队长、村两委、村“三员”	4月19日
8	学习强国	以村小组为单位，帮助党员下载学习强国软件，并使用软件学习，由各包村小队长指导党员下载使用	中队长	驻村工作队、各村小队长、村两委、村监委、村“三员”	4月19日
9	扫黑除恶	做好扫黑除恶工作的宣传和线索收集工作，核查各村小组是否均张贴宣传海报，严禁党员干部参与黑恶势力、充当黑恶势力的保护伞	中队长	驻村工作队、各村小队长、村两委、村监委、村“三员”	4月19日

第二节　专项工作组：责权明确的跨部门工作体系

纵向到底的脱贫攻坚作战体系将各项工作压实到基层，而横向到边的专项工作组则进一步强化了各行业部门的扶贫责任意识与担当履职精神。2018年4月保亭县打赢脱贫攻坚战指挥部下设10个专项工作组，后来增加到18个专项工作组，重点对“两不愁三保障”等专项扶贫工作进行细化分工。各专项工作组除履行部门常规性行业扶贫职责外，重点针对各项考核反馈问题提出研究对策，调整完善政策，采取超常规手段，进一步指导乡镇抓好整改，不断补齐短板、堵住漏洞，切实提高专项扶贫工作的成效。

一、全面覆盖的专项工作组

从成立县打赢脱贫攻坚战指挥部开始，保亭县就设置了若干个专项工作组，且根据工作需要，对专项工作组的设置不断调整和完善，最终专项工作组从10个逐步增加到18个，涵盖了脱贫攻坚战的所有重点工作领域（如表9所示），从组织体系层面保障了脱贫攻坚战各项工作的全面落实。

表9　保亭县打赢脱贫攻坚战指挥部下设专项工作组调整前后对比

调整前	调整后
1. 精准识别和退出管理专项组 2. “两项制度衔接”保障专项工作组 3. 义务教育保障专项工作组 4. 健康扶贫专项工作组 5. 住房安全及防超标保障专项工作组 6. 产业扶贫政策落地专项工作组 7. 零就业贫困家庭落实专项工作组 8. 扶贫资金使用管理规范专项工作组 9. 扶志扶智专项工作组 10. 扶贫责任落实到位管理专项工作组	1. 精准识别和退出管理专项组 2. “两项制度衔接”保障专项工作组 3. 义务教育保障专项工作组 4. 健康扶贫专项工作组 5. 住房安全及防超标保障专项工作组 6. 产业扶贫政策落地专项工作组 7. 零就业贫困家庭落实专项工作组 8. 扶贫资金使用管理规范专项工作组 9. 扶志扶智专项工作组 10. 扶贫责任落实到位管理专项工作组 11. 法治扶贫专项工作组 12. 督查问责专项工作组 13. 扶贫宣传专项工作组 14. 旅游扶贫专项工作组 15. 交通扶贫专项工作组 16. 饮水安全保障专项工作组 17. 医疗保障专项工作组 18. 消费扶贫专项工作组

二、职责明确的工作制度

职责明确是脱贫攻坚战五级战斗体系的重要特征。各专项工作组确定了明确的职责，划定具体牵头单位和责任单位，涵盖全县所有党政机关和事业单位、群团组织、驻保亭县的国有企业等，形成了横向到边的组织机构参与框架。同时，各专项工作组之间形成层次清晰、分工明确又相互协调配合的工作体系。

表 10　18 个专项工作组的主要职责汇总

专项工作组	主要职责
1. 精准识别和退出管理组	贫困户精准识别和退出、扶贫统计和监测、建档立卡动态管理
2. “两项制度衔接”保障组	落实低保和扶贫“两项制度”政策衔接，推动和指导乡镇开展贫困、低保双向纳入和帮扶工作
3. 义务教育保障组	建立健全普惠性教育资助政策体系，督导乡镇及学校做好贫困户、低保户家庭控辍保学及教育补助发放工作，实现各级贫困学生资助全覆盖
4. 健康扶贫专项工作组	制定完善健康扶贫政策，督促乡镇落实贫困户、低保户家庭健康保障
5. 住房安全及防超标保障专项工作组	开展贫困户、低保户危房改造工作，督查保障建档立卡贫困户和低保户等四类人群的住房安全
6. 产业扶贫政策落地专项工作组	负责产业扶贫政策落地，提升产业组织化质量，实现产业组织化全覆盖，开展扶贫产业供给侧结构性改革。抓好特色产业精准扶贫政策落实，规范农民专业合作社建设和管理，对种植养殖和疾疫防治进行技术指导，完善农机服务队伍；制定扶贫产业发展督查考核办法；指导督查发展贫困村集体经济
7. 零就业贫困家庭落实专项工作组	开展就业扶贫工作，制定贫困劳动就业激励办法，提高就业稳定性，组织开展就业技能培训
8. 扶贫资金使用管理规范专项工作组	开展资金项目管理工作，负责各项扶贫资金安排和绩效考评，建立扶贫项目库，落实扶贫资金使用、监管和审计工作
9. 扶志扶智专项工作组	丰富和完善扶贫电视夜校、远程教育、微信推送、录音播送等方式，传播脱贫致富信息和技能，开展扶贫干部和贫困群众教学和培训

续表

专项工作组	主要职责
10. 扶贫责任落实到位管理专项工作组	指导和加强基层党建，开展第一书记、驻村工作队管理，对造成重大责任事件、产生重大影响的部门和人员进行问责。制定督查考核办法，开展督查考核，运用考核成果
11. 法治扶贫专项工作组	建立健全学法用法制度，开展依法治贫能力培训，开展法治宣传教育，提高贫困户法治素养、依法理性维护自身权利的意识和能力。强化依法开展扶贫工作
12. 督查问责专项工作组	对所有扶贫工作相关单位和个人的失职、渎职、不作为等进行督查问责
13. 扶贫宣传专项工作组	宣传各项脱贫攻坚政策精神、具体措施、实施成效、典型事迹、典型人物、典型案例；加强舆情信息监测，做好宣传疏导工作
14. 旅游扶贫专项工作组	指导推进美丽乡村及共享农庄建设，发展乡村旅游，逐步增加乡村旅游扶贫基础设施建设投入
15. 交通扶贫专项工作组	统筹全县农村公路建、管、养、运等工作
16. 饮水安全保障专项工作组	保障农村饮水安全和饮水安全脱贫工作，开展农村饮水安全工程建设和运行管理工作
17. 医疗保障专项工作组	实现基本医保、大病保险覆盖率达到 100% 和医疗救助应助尽助，全面落实医保和救助政策，增强医疗救助托底保障能力和服务能力
18. 消费扶贫专项工作组	组织开展消费扶贫行动，推动线上线下联动、产销对接，推动和完善消费扶贫基础设施建设

三、深入细致的工作方法

海不择细流，故能成其大；山不拒细壤，方能就其高。各专项工作组为了扎实推进各项政策的落地和实施，将着眼点与落脚点放在细致的工作方法上。重要的一点便是深入基层、深入群众，多接地气，用群众观点、群众方法处理和解决群众问题。如书记遍访制度的广泛实施，要求各级书记对所有业务范围内的工作和领域做到深入基层、细致调研、严格实施和督促，无论是专项工作组还是定点帮扶单位，都将深入基层作为常态化工作，从基层入手去看去查，去发现问题。在深入基层中发现问题就立即整改，在下一次工作中对照整改，推进工作的进一步落实。

民主集中制是深入细致工作方法的另一个基本原则。深入细致不是要刻意去钻“牛角尖”，也不是事无巨细，更不是大权独揽和“一人说了算”，而是在现有的框架下让基层充分发挥智慧、施展才干，充分发挥民主集中制，做到能上能下、上下贯通。在这个过程中，坚持以扎实细致落实各项工作为目的的常规督查和整改为工作方法。

> 各工作组会主动邀请我们下去督查对接，解决问题和疑惑，我们有时候不打招呼就直接下去了，直接进村入户了解情况。县领导小组和指挥部也会有一些督查清单给我们。一些好的做法是，督查之后，我们当天就列出清单，直接反馈到乡镇，让他们直接整改，而不是等到正式报告写出来再给他们。等到下次督查的时候，我们就会拿着上次的督查报告直接“回头看”。（来自2019年9月2日县扶贫办访谈记录）

第三节　帮扶体系：落实精准扶贫的工作机制

精准帮扶是精准扶贫的重要体现，而“谁来帮、谁来扶”则是精准帮扶的关键。建立行之有效的帮扶体系是解决这一关键问题的有效手段。保亭县在充分贯彻国家和海南省有关帮扶体系建设的指导思想和政策要求基础上，基于自身实际，建立了机关事业单位定点帮扶、驻村第一书记专职帮扶、驻村工作队帮扶、帮扶责任人精准帮扶、企业结对帮扶的多元帮扶体系。

一、单位定点帮扶

保亭县统筹协调全县所有机关、事业单位和驻保亭县国有企业等，对贫困村开展定点帮扶，通常每个行政村同时指定两个定点帮扶单位，其中一个牵头单位、一个责任单位。根据各贫困村规模等实际情况，部分村同时有多个责任单位，部分村则没有责任单位。如保城镇番文村的帮扶牵头单位为县委政法委，责任单位为新星农场有限公司、海汽集团保亭分公司、农村信用合作联社；而保城镇西坡村则只有县税务局作为牵头单位，并未安排责任单位。此外，部分重点贫困村还同时为省派定点帮扶单位联系点。

根据保亭县 2019 年 8 月 29 日调整后的全县机关企事业单位帮扶联系点安排表，全县 9 个乡镇和 2 个农场居在 60 个行政村和 2 个农场居中共安排了 63 个牵头单位、54 个责任单位。

帮扶单位需充分调动和整合其已有资源与新获得资源，并根据贫困村的实际情况，支持和协助开展各项扶贫开发工作，主要包括：（1）宣传贯彻脱贫攻坚各项政策措施并推动政策和项目资金的落实；（2）组织本单位干部职工进村入户开展帮扶；（3）发挥本单位优势，统筹各类资源帮助解决危房、就学、就医、就业等实际困难和问题；（4）帮助贫困户开展实用技术和就业技能培训，帮助实现转移就业；（5）帮助培育和发展稳定增收的主导产业；（6）帮助改善水电路气网等基础设施，以及环卫绿化等农村人居环境。

二、驻村第一书记专职帮扶

保亭县给所有村（包括非贫困村）都派驻了驻村第一书记，一般由县委组织部从各定点帮扶牵头单位选派专人负责。目前保亭县所有行政村驻村第一书记多数为原所在单位负责科室或部门的行政副职，如保城镇石硐村第一书记为县审计局副局长、什好村第一书记为县不动产登记中心主任、抄抗村第一书记为县生态环境局副局长。

选派第一书记的目的和初衷是加强贫困村党支部领导班子的能力，并推动精准扶贫和农村经济社会发展。保亭县把驻村第一书记的主要工作职责概括为“双争四帮”工作，“双争”即个人要争当优秀第一书记，所在村党组织要争当优秀基层党组织。“四帮”即要帮党建，加强基层党组织建设；帮发展，推动精准扶贫；帮民生，为民办事服务；帮稳定，提升治理水平。

在行政村第一书记全覆盖基础上，保亭县将项目、资金、责任“三捆绑”，为第一书记提供每年两万元的工作经费，任期一般为两年，任职期间党组织关系要转到村，吃住在村，同时要有不怕吃苦、甘于奉献的精神。

三、驻村工作队帮扶

驻村工作队是单位定点帮扶体系的前线工作队，目前保亭县为全县所有行政村都配置了驻村工作队，一般每个驻村工作队由 3 人组成，通常由驻村第一书记兼任队长，另设置 2 位专职工作队员。在部分人口大村，部分驻村工作队会设置 3—4 位工作队员。

驻村工作队队员的选拔要求是政治素质过硬、工作踏实肯干以及协调能力强。其工作职责是加强扶贫精准督导，推动村两委开展贫困村、贫困户建档立卡，规范精准识别、精准帮扶、精准退出工作，协调对接单位定点帮扶及帮扶责任人包户帮扶工作，参与扶贫措施综合运用，参与行业部门协调，参与对村集体经济收入和扶贫资金项目的监管。

四、帮扶责任人精准帮扶

为每一位贫困户安排一位帮扶责任人，是精准扶贫的重要举措。保亭县贫困人口多，为了落实好为所有贫困户指定帮扶责任人的工作，保亭县动员了全县几乎所有机关企事业单位在岗干部职工。除了部分中小学校教师外，全县体制内人员参与精准帮扶的比例最高时达到 80%。根据帮扶责任人的职务高低和能力大小，每人精准帮扶 1—5 户不等。如保亭县 2019 年 7 月对全县部分帮扶对象及帮扶责任人调整的方案显示，部分帮扶责任人最多时同时帮扶 6 户，超过了保亭县要求同时帮扶最多不超过 5 户的上限。此外，为了更好地开展帮扶工作，保亭县要求同一个帮扶责任人的所有帮扶对象在同一个乡镇，最好是在同一个村。

在实际执行的过程中，每个村贫困户的帮扶责任人主要是该村定点帮扶单位的在职员工，还有部分是该贫困村所在乡镇政府的在职员工。如 2018 年响水镇合口村 130 户贫困户的帮扶责任人中，81 户来自县畜牧局，43 户来自响水镇人民政府，5 户来自县卫生监督所，1 户来自县工商联。帮扶责任人共 45 人，其中同时帮扶 6 户的有 1 人，同时帮扶 5 户的有 5 人，其余多数同时帮扶 1—3 户。

帮扶责任人制度的出现，旨在切实落实扶贫要精准到户的基本政策要求，实现因户施策、因人施策、精准帮扶。为此，帮扶责任人的职责主要包括：（1）准确了解帮扶对象的家庭情况，认真填好扶贫手册，做到“人清、事清、财清”；（2）落实教育扶贫、医疗扶贫、危旧房改造、贫困户就业和产业扶贫，做到稳定收入不返贫；（3）落实动态管理要求，准确核实、及时报告；（4）落实志智双扶政策要求，带头督促贫困户学习培训、移风易俗。

五、企业结对帮扶

企业结对帮扶是整合社会资源参与脱贫攻坚的重要组成部分，也是企业实现社会责任和社会价值的重要体现。保亭县通过开展“百企帮百村、千企扶千户”活动，鼓励和组织民营企业按照结对原则选择帮扶贫困村和贫困户。帮扶企业采用“帮项目、帮联络、帮资金、合作开发”等方式，在产业帮扶、就业帮扶、商贸帮扶、志智帮扶、公益捐助、消费扶贫等几个方面，开展多种形式的帮扶活动，构成大扶贫格局的重要板块。

仅2016年至2020年，保亭县民营企业通过各种形式的结对帮扶，共投入6299万元，惠及56个贫困村，实施与扶贫有关的项目98项，受益群众18000余户72000余人。其中，累计投入各种形式的产业帮扶资金4634.8万元，受帮扶村36个，受帮扶贫困户14000余户；投入公益帮扶资金1293.88万元，惠及农户4000余人；企业帮助贫困户安置就业190余人。

第四节　督查与比武：能力提升与工作效能建设

脱贫攻坚战时间紧任务重，广大扶贫干部真抓实干、苦干巧干，但一线人员无论多么努力，如果工作方式或方向不对，都会出现南辕北辙的结果。为此，扶贫工作的日常督查，成为打赢脱贫攻坚战过程中的重要措施，以帮助发现和查找问题，并及时查漏补缺。扶贫成效的实现，还离不开广大扶贫干部高超的工作能力。工作能力的获得，既来自理论学习，又来自实践操作。而脱贫攻坚大比武则是理论与实践相结合的验证机制，更是“以赛代练”机制下提升扶贫干部能力的重要平台。

一、督查与监督

首先，日常监督与问责。日常监督是扶贫领域监督的第一道防线，除了各项常规纪律和法规，如中央八项规定，保亭县纪委还专门制定了《保亭县扶贫领域专项巡察工作方案》《保亭县精准扶贫工作问责办法（试行）》等日常监督制度。引发问责机制的典型行为包括领导组织不力、政策措施不到位、工作作风不扎实、监督检查（考核）不到位等。对单位（部门）的问责包括责令整改、责令书面检查、通报批评。对个人的问责包括提醒谈话、责令书面整改、诫勉谈话、通报批评、停职检查、调离工作岗位、引咎辞职、责令辞职、免职、辞退或解聘。

其次，专项督查。专项督查是保亭县在脱贫攻坚实践中为应对各种重大扶贫政策、措施和行动的落实情况而专门设置的督查机制。如2018 年 4 月，保亭县扶贫开发领导小组成立 4 个县委打赢脱贫攻坚战督查组，根据国家脱贫攻坚考核定量、定性指标要求，开展“三查三看三督”工作。专项督查的主要工作方式为暗访，辅之以必要的明查。督查采用组长负责制、工作例会制、定期报告制、协同配合制、问责制、责任追究制及档案管理制度，具体实施到过程中并及时将结果反馈运用，充分发挥督查的作用，形成高压态势，为打赢脱贫攻坚战提供了坚强的组织保证。

在去年摘帽的关键时期，我们成立了四个专项督查组，每个星期围绕一到两个主题，到基层开展专项督查。督查过程中严禁形式主义，不打招呼、不增加负担，直接入户，一竿子插到底。每个星期，每个督查组都把材料汇总，并出督查专报，直接通报问题，而且通报同时发到全县的四套班子手上，因为他们是扶贫的大队长，各乡镇也要求立行立改。（来自2019年9月3日纪委访谈记录）

再次，外部监督“红黑榜”。日常监督和问责以及专项督查，都是上级机关对扶贫干部的监督，具有严肃性、常规性、专门性和针对性，能对扶贫干部形成强大的自上而下的压力。但扶贫干部日常工作的最终服务对象是包括贫困户在内的人民群众，同时每个人的工作方式方法又会对其他扶贫干部产生影响。为此，保亭县专门制定了对扶贫工作综合评价的“红黑榜”。

各脱贫攻坚战战斗大队、中队、小队对所属队员进行量化评比，其中包括群众满意度这一关键指标。对工作成效突出、群众满意度高的单位和个人，列入红榜公开进行表扬。对工作落后、群众满意度低的单位和个人，则列入黑榜进行通报批评。对于工作不力、问题较多的脱贫攻坚战战斗大队、中队、小队，由上级部门约谈各级队长。对于问题严重的，则严格遵照程序进行问责。

最后，内部监督钉钉管理。钉钉管理系统是保亭县脱贫攻坚战队伍内部管理的重要工具。该系统由县打赢脱贫攻坚战指挥部办公室发起使用，县委组织部负责建立战斗队“钉钉群”，并负责监督和统计“钉钉”签到数据及日常监测工作。而各脱贫攻坚战战斗大队、中队和小队成员，可以通过该系统实时报告工作状态，包括工作时间、地点、主要内容等，并可作为日常工作状况的记录备忘工具。

钉钉管理系统一方面是扶贫人员日常工作情况监测和记录的工具，同时也是脱贫攻坚战五级战斗体系进行组织管理、监督考核的重要工具，有助于进一步明确压实责任、传导压力、奖优罚劣，对工作不力的及时进行通报批评，有效杜绝了“涛声依旧、压力层层递减”的现象。

二、脱贫攻坚大比武

脱贫攻坚大比武是由海南省脱贫攻坚战指挥部在海南省脱贫攻坚战斗最艰巨的冲锋阶段组织开展的，目的是充分调动县、乡镇、行政村各级领导和帮扶干部脱贫攻坚的主动性和积极性，确保工作不放松，正视问题、传导压力，聚焦工作短板，创新开展帮扶工作。根据方案部署，海南省脱贫攻坚大比武的参赛者为各县市，各县市级的大比武参赛者为各乡镇，各乡镇级的大比武参赛者为各贫困村。实践证明，大比武取得了“以赛促学、以赛代练、以赛代评”的作用，极大地提高了广大扶贫干部的业务能力。

保亭县脱贫攻坚大比武在县扶贫开发领导小组的领导下，由县打赢脱贫攻坚战指挥部统一组织实施，采取自下而上、分级开展的形式，在行政村、乡镇之间梯次开展大比武。行政村之间的比武由各脱贫攻坚战战斗大队抽调力量组建评比队伍，以入户考核方式检查验收各行政村的大排查和考核反馈问题整改成效。乡镇之间的比武由县打赢脱贫攻坚战指挥部统筹，以县委脱贫攻坚督查组人员为主组建评比队伍，以抽签方式检查验收各乡镇大排查和问题整改的成效。

无论是行政村之间的大比武，还是乡镇之间的大比武，都应进行分组、进行组内排名，对排名靠后者进行公开张榜通报、督促整改以及适当的年终绩效扣减；对于排名靠前者，除了公开通报表扬、年终绩效奖励，还专门授予锦旗，在授奖乡镇或村办公机构的显要位置悬挂。

脱贫攻坚大比武的主要方式包括现场抽查和暗访、大比武擂台赛两部分。在抽查和暗访部分，主要考核六大项 26 个具体指标，六大项包括政治站位、精准度、“两不愁三保障”、产业就业扶贫质量、扶志扶智、能力作风。比政治站位，核心比武内容围绕是否将脱贫攻坚工作作为首位的政治任务严肃对待；具体比武内容围绕是否扎实学习党中央关于脱贫攻坚的重要决策和论述，是否认真定期研究安排脱贫攻坚工作，是否认真研究部署大排查及其问题整改，主要领导是否带头抓扶贫、入村入户走访了解情况并全面掌握负责区域内的各项情况。比精准度，核心内容围绕精准查摆问题和整改、精准识别和精准施策、精准复核等。比“两不愁三保障”，核心内容包括饮水安全、义务教育、基本医疗、住房安全四个方面存不存在该做未做、该改未改的问题。比产业就业扶贫质量，核心关注产业和就业扶贫方面的问题及其整改，以及产业就业相关扶贫项目实施进展、效果、风险及其应对措施等。比扶志扶智效果，核心关注激发贫困村和贫困户脱贫致富内生动力的激励和约束机制的制定及实施到位情况、移风易俗行动执行情况、人居环境整治情况等。比能力作风，核心关注扶贫干部业务培训及其能力建设情况、违规违纪及工作作风方面的问题及其整改情况等。

以量化的指标自下而上地开展，不仅将层层压实的责任验收，同时以点带面、以优带劣，全面协调地推进脱贫攻坚。尽管在开展脱贫攻坚大比武的过程中选用的抽签方式导致了运气成分的存在，但通过抽查发现问题、反馈问题、整改、回头看这么几个关键步骤和环节，无疑极大地传导了工作压力，明确了核心工作内容。

有的人干得好，有的人干不好，有的非常精准，那怎么能把这些不好好干的或者干得好的选出来呢？那就是大比武，哎呀，这一招非常狠，压力非常大，但是十分管用。时间紧，总是说找不到精准的方法，但是如果把习近平总书记的重要论述记得很清楚，很多时候方法就已经出来了。有的人说自己学了，笔记做得很全，但是你真正用了没有，解决问题了没有？那我们就比武，举个很简单的例子，教育扶贫，小学一年补贴多少，初中是多少，很多干部是讲不出来的。通过比武，就知道了政策和标准，这很重要。（来自 2019 年 9 月 2 日扶贫办访谈记录）

脱贫攻坚大比武擂台赛是大比武的一部分，针对各级主要负责人，包括各乡镇党委书记、各乡乡长、各镇镇长，各行政村党支部书记、驻村第一书记、中队长、驻村工作队队长，以及行业部门主要负责人。脱贫攻坚大比武擂台赛分成两部分进行，第一部分是各中队队长、驻村第一书记、驻村工作队队长、村支部书记擂台赛；第二部分是各乡镇主要党政负责人与行业部门主要负责人（包括18个专项工作组牵头单位主要负责人）。脱贫攻坚大比武擂台赛内容主要以现场命题问答的方式考核参赛人员对习近平总书记关于扶贫论述摘编、“两熟悉”等内容的掌握情况；各行业部门主要负责人和各乡镇党委书记增加汇报环节。擂台赛采取积分制，并将比赛结果纳入年度考核中。

> 就叫你在台上讲，随机抽题啊，擂台赛。鼓就在那敲，大家都看着呢，紧张啊，还有人问能不能重新再答一次，不可以，机会只有一次。所以说这个压力是很大的。（来自2019年9月2日扶贫办访谈记录）

第五节　党建促脱贫：基层组织与治理体系建设

“帮钱帮物，不如帮助建个好支部。”农村基层党组织是党在农村全部工作的基础，是联系广大贫困群众最扎实的纽带，也是打赢脱贫攻坚战的战斗堡垒。

一、政治重视：基层党建保障脱贫攻坚

保亭县加强农村基层党建工作从硬件和软件两方面开展。在硬件

投入方面，保亭县从县情实际出发，着力找基层党建与精准扶贫的结合点，整合各领域资源优势，推动资金、资源向农村一线倾斜，不断提升基层软硬件和待遇保障水平，增强农村基层党组织的战斗力、凝聚力和吸引力。2016年到2020年，保亭县共投入6500余万元改造升级或修缮村级活动场所，并大幅度提升村干部补贴待遇和村级活动经费。在职村支部书记、主任补贴从1350元/月提升到目前的2860元/月，村级活动经费从3万元/年提高到4万元/年，同时按每个村每人5元的标准提高活动经费。

在组织和制度建设方面，保亭县在刚开展脱贫攻坚战的时候，就抓住2016年村级组织换届的契机，加强对村级党组织班子的调查摸底和考核研判，对工作不胜任、不合格、不尽职的班子成员坚决调整撤换，同时着力选用一批对群众有感情、熟悉农村工作、致富能力强的村“两委”干部，夯实农村基层组织和人才队伍建设，并选拔储备年轻干部力量，建立一支年轻稳定的队伍。

其一，保亭县专门印发《关于加强全县基层党组织带头人队伍建设的实施方案》，着重从农村致富带头人、专业合作组织负责人、退伍军人、外出务工返乡创业人员、优秀大学生村官、农村干部、大专学历班毕业学员中选拔村党组织书记，同时加大村级后备干部的选拔培养力度。

其二，保亭县建立了县级领导联系点制度，一方面把从严治党进一步向农村基层延伸，推动领导干部“一岗双责”，及时落实责任；另一方面加快转变农村基层党组织及村两委干部在脱贫攻坚中方向不明、措施不实、成效不明显的现状，提高基层党组织的组织力和战斗力。

其三，保亭县在2017年专门制定了关于党支部规范化建设的实施方案，统筹推进全县60个村党支部“组织设置、班子建设、队伍建设、制度建设、信息管理、活动开展、活动场所、基础保障”八个方面的规范化建设工作。2018年制定推进“三信三爱”活动常态化制度化实施方案。2019 年制定软弱涣散基层党组织整顿实施方案，强调聚焦“三会一课”、组织生活会、民主评议党员等党内生活制度的落实；坚持“抓两头带中间”，在“后进整顿”上按“一支部一方案”的要求，强化软弱涣散村支部的分类指导，并建立问题整改台账和责任清单，着力解决农村基层党组织弱化、虚化、边缘化问题。

农村基层党建工作的强力推进，极大地改善了贫困村党支部的组织能力和动员能力，为脱贫攻坚战期间大量繁杂的宣传、项目实施、精准识别、精准帮扶、精准推出，以及各种在此过程中的矛盾纠纷协调解决等，提供了重要的基层人力资源保障和组织制度保障。

二、产业引领：基层党建支持集体经济发展

产业扶贫是帮助贫困户摆脱持续贫困的关键，但绝大多数贫困户本身并不具备发展和壮大产业的能力，或者缺乏劳动力、或者缺乏技术、或者缺乏市场渠道。尽管可通过小额信贷等金融扶贫措施解决贫困户自我发展产业的资金困境，但绝大多数贫困户依然没有足够的能力和勇气单独从事某项产业开发。这是由小农与大市场之间的结构性矛盾决定的。

农村基层党组织建设的重要作用在于产业引领，包括从各方面寻找和引进产业资金和资源、组织开展产业示范和宣传、获得市场信息和销售渠道等。为此，保亭县在专门设置产业扶贫项目和资金的同时，还花大力气，在贫困村组建以农村党支部为核心的农民专业合作社，积极引导村民土地或者金融贷款入股合作社，动员外出致富能人返乡加入合作社，同时通过党员示范、能人带头、农户参与的方式，解决了合作社发展资金紧缺、人才稀少的问题，加强了农民对合作社发展的信心和支持。

在具体的产业方向选择上，各贫困党支部积极会同驻村工作队和产业扶贫专项工作组等，开展严肃的学习和论证。基于各贫困村资源

禀赋，寻找具有可行性的产业方向。保亭县目前形成的有代表性的产业项目，如冬季瓜菜、热带特色水果、特色养殖、特色旅游等也是如此。基本上每个贫困村的这些产业发展背后，都离不开基层党组织的参与、组织、动员和协调，如集体经济利益分配机制的制定和分配过程的协调，就直接影响着扶贫产业的可持续性和脱贫效果。基层党组织充分贯彻国家政策，并基于各自实际，做好协调合作社领导与合作社社员、合作社与农户之间的关系的工作，在制定专项扶贫资金和村集体经济的收入分配方案等方面，都发挥着至关重要的作用。

基层党支部在扶贫产业上的引领作用，既带动了村集体经济的发展，又涌现出了一大批致富典型，如响水镇合口村陈武这样的党员致富能人、六弓乡乡长王江静这样的产业带头人。这些致富带头人往往同时也被吸纳加入基层党组织，成为带领农民脱贫致富的中坚力量。

案例1　毛真村基层党建促脱贫

响水镇毛真村是一个具有400多年历史的苗族古村落，神玉岛旅游区位于毛真村旁，是保亭县具有民族特色和影响力的乡村旅游景区。由于毛真村为贫困村，神玉岛开发建设之初，毛真村党支部即与神玉岛文化旅游控股股份有限公司主动协商，请求后者支持毛真村的扶贫工作，而毛真村则通过组建自身具有民族特色的歌舞表演队，以及其他具有民族风情的旅游资源，支持神玉岛的建设开发。

在此过程中，神玉岛文化旅游控股股份有限公司结合景区建设项目规划，累计在毛真村投入资金1000万元，为毛真村修建美丽乡村道路两条，全长2.7千米，宽6米，并安装了9盏太阳能路灯。同时帮助吸纳毛真村84个劳动力就业，其中来自贫困户的有16人。而由毛真村村民组建的苗族歌舞表演队，则直接为神玉岛旅游服务，成为神玉岛的亮点服务项目之一。

2018年6月29日，神玉岛正式成立临时党小组，与毛真村进一步形成基层党组织之间的紧密合作关系，成为脱贫攻坚战中基层党组织扶贫的代表。

第六节 经验与启示

脱贫攻坚战是和平时期的战斗任务，打赢战斗的关键包括整合各方面资源，其中最关键的是仰赖于强力高效的领导与组织体系。回顾保亭县脱贫攻坚战的战斗历程，党建引领、压实责任、严格落实是重要的经验和启示。

首先，党建引领、筑牢基层。党是领导一切的核心，保亭县脱贫攻坚战的实践证明深刻学习和领会党中央关于脱贫攻坚的政治意涵和政策精神，并立足于全县各级党组织、依靠广大党员干部这一核心力量，组织和动员广大人民群众全力投入是至关重要的。贫困户是脱贫攻坚战的最终服务对象，农村基层党组织则是最直接和贫困户打交道的党的末端组织体系，基层党组织的组织动员能力、整合协调能力、对贫困户的引领和带动能力，直接决定脱贫攻坚具体行动的成效。保亭县在开展脱贫攻坚战之初，就敏锐地抓住了基层党建这一“牛鼻子”，通过强有力的党建引领，筑牢基层，为打赢脱贫攻坚战提供了重要保障。

其次，压实责任、创新机制。扶贫工作是系统工程，涉及方方面面，随时面对各种复杂的或新出现的问题。这不仅是对领导和组织体制的考验，而且是对工作机制和扶贫干部工作能力的考验。从保亭县的扶贫实践看，其核心举措就是在扶贫实践中压实责任，并因地制宜、实事求是地创新工作机制和方式方法。首先是建立了“纵向到底、横向到边”的作战指挥体系和 18 个专项工作组，涵盖了扶贫工作的所有主要领域。并且该组织架构和工作机制并不是一成不变的，而是根据扶贫工作的进展情况，根据需要随时进行优化和调整。与以往的运动式临时指挥部不同，扶贫体制及其工作机制是建立在现有国家和地方治理体系基础上的协调与整合，既保证了该体系和机制的稳定性，又确保了其专业性和制度性。这套领导体系和工作机制，一方面极大地提高了权威性和协调整合能力，极大地提高了扶贫实践中的效率；另一方面又可清晰明确地细化了任务分工，压实责任到具体部门和个人，最大限度减少了推诿责任的空间。

最后，严格落实、整合人才。工作是人干出来的，打赢脱贫攻坚战的关键在人。扶贫工作不仅是政府的事，而且是整个社会的责任，直接和间接关系到每一个社会个体。因此，把需要的人才选对、用对、用好，是扶贫工作的关键。在保亭县的扶贫实践中，也始终把整合人才和严格落实工作放在核心位置，包括选派优秀干部到扶贫一线锻炼，精准配备驻村第一书记和驻村工作队，做好帮扶责任人的协调安排，基层党组织建设和农村党员发展、农村市场精英和社会精英的沟通与合作，以及对所有参与扶贫干部和有贡献的民间精英的技能培训和能力建设等。严格落实各项扶贫政策方针和具体措施，是把扶贫人才用对和用好的基本体现。保亭县一方面通过建立各项激励和约束机制，确保扶贫干部能够真正沉下去干好工作，另一方面对所有参与和支持扶贫工作的市场和社会精英提供政策扶持和激励，确保体制内外的优秀人才能够形成合力。

第三章

志智双扶：克服阻碍发展的主观障碍

习近平总书记多次强调：扶贫工作中，要调动贫困群众的积极性、主动性、创造性，培育发展生产和务工经商的基本技能，激发脱贫致富的内在活力，提高自我发展能力。保亭县的农村贫困本质上不是生存型贫困，而是发展型贫困，因此调动贫困户的内生动力，是脱贫攻坚的首要步骤。

第一节　思想引领与示范带动：激发内生动力

贫困群众是扶贫攻坚的对象，更是脱贫致富的主体。党和政府有责任有义务帮助贫困群众脱贫致富，但绝不能大包大揽。应从思想引领和带动示范的角度，使贫困户从“要我脱贫”转变为“我要脱贫”。

一、三信三爱：完善基层治理

农村基层党员是脱贫攻坚的重要带动和示范力量，保亭县为了激发党员的思想引领与带头示范作用，积极探索党建促扶贫新模式，建立了“信党信法信组织，爱村爱邻爱亲人”（简称“三信三爱”）的党建活动平台，通过党建平台调动农村党员积极投身脱贫攻坚。

首先，构建党员联系和服务群众的“树型模式”。所有的村党小组党员根据自身实际情况联系群众，收集群众意见建议，解决群众困难，代办群众事务，逐步构建起“党委抓支部、支部带小组、小组管党员、党员联农户”的农村基层治理“树型模式”工作格局。

其次，构建乡村治理四项制度。（1）建立“党群议事日”制度，有效引导群众积极建言、主动参与村里事务决策和公益事业建设，实现村集体大事从“队长说了算”到“村民说了算”的转变。（2）建立“美丽村庄日”制度，要求各村通过制定村规民约，引导村民共同参与农村环境卫生整治。（3）建立“美丽村民日”制度，开展“知礼仪、树爱心、重孝道”专题教育和争当“美丽村民、美丽家庭、孝道之家、优秀党员”等评比活动，激发和增强村民相互帮助、相互关爱的意识，培育乡村“知礼仪、讲诚信、重孝道”的乡贤文化。（4）建立“村民学习日”制度，组织专人宣讲有关“三农”方面的法律法规和惠农政策。

另外，实施“六事”工作法。在村小组层面，实施党员问事、党小组理事、党群商事、农户议事、党员办事、群众评事这六个步骤。（1）党员问事。按照“树型模式”联户制度要求，每名党员每个月都要走访自己的联系户一次，收集联系户有关生产、生活困难以及对本村公共事务的意见和建议。将收集来的意见填写到问事本上，确保件件有着落。（2）党小组理事。村党小组对党员问事反映上来的问题，进行汇总梳理后，按照办事权限进行分类处理。（3）党群商事。对涉及全村公共事务的建议方案，由党员分别听取联系户意见，并共同酝酿协商，以取得共识，为顺利召开村民会议打下良好的群众基础。（4）农户议事。由第一党小组组长主持会议，对每个议题的背景、问题、下一步打算进行详细说明，逐个进行表决，只有达到三分之二以上农户代表同意，才能形成决议。会议结束后，要在村公告栏公开议事结果，有效保障村民的民主决策权和监督权。（5）党员办事。对党群议事会形成的决议，由村小组“三员”或者党员牵头进行办理，办理结果及时公开。（6）群众评事。主要采取两种方式进行，一是党员在问事过程中，对“党群议事会”有关问题办理情况进行反馈，并征求群众评价意见；二是在每次党群议事会上，组织群众对上述办事过程、办事结果进行评价，使整个“六事”工作法从向群众问事开始，到请群众评价结束，形成一个闭环系统。

农村党建工作必须接地气，农民才会信。从实际工作中看，“六事”工作法贯穿了“三信三爱”活动各个环节，无论是党员联户“树型模式”还是“四项”治理制度，都是靠“六事”工作法这根主线串在一起的，使之相互衔接、相互补充，并成为良性互动的有机整体。“三信三爱”活动为群众打开了有话就说的议事大门，也为农村党员干部搭建了做实事的服务平台，更为县乡政府收集民情民意“精准施政”打开了基层通道。

最后，借助“三信三爱”活动平台初显成效的有利时机，保亭县注重选优配强村干部，着力培养和选拔一批年纪轻、文化高、思想解放、有开拓进取精神的优秀党员担任村两委干部，巩固以乡镇党委为核心、村党支部为主体、村党小组为基础的农村基层党组织架构，将基层党组织建设与人才队伍建设相结合，为打赢脱贫攻坚战提供了强有力的组织保障。

二、惠农超市：从扶到奖

“等靠要”思想是成功脱贫和可持续脱贫的大敌，而从给予到奖励的思路转变，是保亭县扶贫实践中的重要特征。通过政府主导、社会捐助、农户参与的方式创建脱贫攻坚惠农超市，农户以表现换积分、以积分换物资，既充分发挥帮扶的激励和纽带作用，又调动贫困群众的积极参与，形成“多劳多得”的氛围，解决了贫困户和非贫困户的攀比问题。

首先，实行积分管理制度。采取“整合捐助物资、超市化运作、评比积分”的工作模式，服务对象为贫困户和普通农户。由各乡镇党委政府牵头，驻村干部和村干部组成积分评比工作组，对贫困户的评分标准涉及对生产收入、扶贫手册的了解等 9 个方面 25 项内容；非贫困户主要从是否参与、帮助贫困户进行生产活动等 7 个方面 17 项内容进行打分，每个指标体系都设定了相应的积分，群众可凭积分卡进行消费。积分评分小组每周、每月都会按照积分标准为群众进行积分，群众通过积分再兑换食用油、牙膏、调味品等生活物资。

其次，加强扶贫宣传工作，让更多群众从中获益。为提高全县群众对扶贫相关政策和“脱贫攻坚惠农超市”项目的知晓率，保亭县通过发放惠民政策宣传单、组织观看脱贫攻坚致富电视夜校节目等形式，让群众充分了解运营模式、惠农政策，以及项目的重要性，让实惠真正落实到千家万户。

> 毛感村委会保兴村贫困户黄武，从前整日游手好闲、不思进取，自从开展评比换积分活动以来，黄武不仅积极参与脱贫攻坚致富电视夜校的学习和讨论，而且积极参加村集体卫生扫除活动，精神面貌焕然一新。非贫困户朱丽妹也不再抱怨了，因为她也能够和贫困户一样参与积分兑换物资，也同贫困户一样享受到了惠农超市的优惠政策，与村里的贫困户的关系也更和睦了。
>
> 加茂镇贫困户王进雄和沈文彩以前很少参加村集体活动，在惠农超市的激励作用下，积极参与脱贫致富电视夜校及村集体活动，通过自己的不断努力在积分上分别累积了 125 分和 90 分，并换回了家庭需要的生活物资。此后，他们参加扶贫工作的积极性和主动性都有了大幅度提升。(保亭县扶贫办访谈记录)

脱贫攻坚惠农超市以“传递爱心、扶贫济困”为宗旨，广泛动员全县有能力、有意愿的民办企业、社会组织、爱心人士参与捐资捐助，多方面、多渠道筹措超市物资，得到了社会力量的积极响应。(1) 组织企业捐赠。2017 年 12 月 26 日，首家脱贫攻坚惠农超市在加茂镇正式挂牌运营后，兰亭仙境（海南）公司通过出资修建场所、聘请贫困户担任管理人员的方式，捐资 10 万元率先在三道镇三弓村村委会开办了第一家村级脱贫攻坚惠农超市；山东中晨房地产开发有限公司为彰显企业担当，计划每年捐款 200 万元助力保亭县扶贫事业，连续捐赠 5 年，所捐善款全部用于脱贫攻坚惠农超市物资采购。（2）鼓励各界人士参与。如 2018 年 3 月，爱心人士黄乐豪、林璐璐夫妇举办慈善婚礼，将婚礼现场所收的 3.6 万元礼金全部捐献出来为脱贫攻坚惠农超市提供物资保障，保亭县为这对新人颁发了捐赠荣誉证书。（3）打造扶贫公益品牌。“以积分换物资”的脱贫攻坚惠农超市，在保亭县已经成为大众所熟知的扶贫公益品牌。以品牌促影响，以影响促参与。越来越多的组织及个人对此有了认可，有了信赖，也有了支持。截至 2019 年 6 月 30 日，脱贫攻坚惠农超市共接受社会捐助物资 323 万余元，参与积分兑换的贫困户达 10619 户，非贫困户达 5148 户，有效构建了政府主导、社会参与、百姓受益的新型社会帮扶体系。

规范的管理是扶贫超市健康运营的关键。首先，制定相关制度，确保运营有条不紊。保亭县先后制定了《脱贫攻坚惠农超市实施方案》《扶贫捐赠资助管理办法》等规章制度，明确专人管理，严格按照有关规定管理超市。乡镇（村）负责人负责每月对超市物资进行一次盘点，做到账目清楚、账物相符。将每周五确定为集中开放兑换日（设在村委会，一般在脱贫致富电视夜校节目播出前后开放），并做到门牌、制度牌规范，物资摆放整齐，有相应积分标识、台账记录规范等。其次，实行标准化运营，提升运营效率。脱贫攻坚惠农超市营业面积从 30 多平方米到 100 平方米不等，但在管理上统一标准，每个都统一门店形象、积分兑换流程、兑换标准等。最后，提高覆盖率，力争惠及更多贫困群众。自 2017 年底首家脱贫攻坚惠农超市正式挂牌运营以来，截至目前，全县已开设 9 家脱贫攻坚惠农超市，实现了乡镇全覆盖。

第二节 知识学习与技能培训：提高脱贫本领

“志智双扶”的基础是“智”，让贫困户掌握一技之长，靠自己的技术和辛勤劳动脱贫致富，实现“培训一人，输出一人，脱贫一户”的目标这也是保亭县扶贫实践的重要特色。

一、电视夜校富脑袋

2016年，海南省开始推出脱贫致富电视夜校，旨在通过夜校整合广播电视、远程教育站点、互联网、移动终端等各种媒体资源，借助媒体快捷、直观、群众喜闻乐见、教育面广等传播优势，全方位提供扶贫政策、种养技术、产销信息、就业需求、诚信文化、感恩教育等各种培训内容，普及扶贫政策。

保亭县将电视夜校活动的开展纳入战斗体系中，并明确了各自的职责要求。各乡镇战斗大队是落实脱贫致富电视夜校工作的主要责任主体，负责全乡镇各电视夜校教学点的组织管理工作。专职副大队长、乡镇党委副书记（脱贫致富电视夜校分校校长）是乡镇脱贫致富电视夜校管理的主要负责人，负责统筹和督促指导所在乡镇脱贫致富电视夜校的各项工作。中队长是所驻村电视夜校组织管理第一负责人，负责安排驻村第一书记、驻点工作队以及村两委干部等人，进行夜校教学班的组织、管理以及讨论等环节的工作。包村小队长以及帮扶责任人主要负责通知动员帮扶贫困户按时参加脱贫致富电视夜校的学习。第一书记负责课堂纪律管理和课后讨论环节的工作。教学班管理员负责落实贫困户的考勤签到登记、“钉钉”签到、上传照片和日志撰写等工作。

2018 年 5 月，保亭县委组织部将保亭县 150 名夜校管理员及 1500 多名帮扶责任人录入海南省委组织部“钉钉”管理系统，并对乡镇管理员开展“钉钉”软件操作培训。培训由各乡镇分别组织辖区内所有帮扶责任人、驻村工作队队员进行，保证所有应签到人员熟悉“钉钉”软件操作，签到率均达到 95%以上。

各乡镇建立了相应的参学人员花名册和帮扶责任人花名册，将贫困户中 18 岁以上、60 岁以下的劳动力都纳入了脱贫致富电视夜校参学人员中管理，确保不漏一人。同时在教学开课期间，驻村第一书记要管理好课堂组织纪律，严格禁止教学班管理员和帮扶干部代签到、代听课等行为，严格禁止学员课堂上聊天、玩手机、打瞌睡、随意走动等不良现象，对无故不参加脱贫致富电视夜校学习讨论的，要让帮扶责任人对其进行专门的思想教育引导。观看完夜校教学视频之后还设立课后讨论环节，中队长及驻村第一书记要提前选好讨论主题，主持好交流讨论，并做好相关记录。

电视夜校每一个学年分为 4 个阶段，每 3 个月为一个阶段，属于一个教学计划。主要内容分为扶贫政策类、产业发展类、思想教育类、扶贫案例以及其他有关内容，涵盖了脱贫致富的全部信息。（1）扶贫政策类课程主要是党和政府的扶志政策和措施，特别是“两不愁三保障”政策、“五个一批”、“十大工程”政策措施；此外，还包括建档立卡贫困户、贫困户识别和管理、产业扶贫政策、劳动力转移政策、土地征收流转入股政策、农村危旧房改造政策等。（2）产业发展类课程主要为贫困群众讲述实用种养殖技术，特色产业的推广、农业科普知识，以及“互联网+”、旅游、光伏、金融等产业发展信息和技能。（3）思想教育类课程主要是关于诚信、孝道、感恩、品德、法制等方面的教育，旨在改变贫困群众陈旧思想观念和“等靠要”思想，激发其内生动力。（4）扶贫案例类课程，主要让扶贫企业、农民专业合作社、致富带头人、脱贫典型、优秀驻村干部

（第一书记）等现身说法，让他们分享自己的致富经验技巧。通过这些人现身说法起到示范带头效应，拓宽贫困农户增收脱贫路子，激发致富带头人、驻村干部（第一书记）等的荣誉感和责任感。（5）其他课程主要涉及就业信息、产销信息、市场预测、农民工返乡创业等。目的是通过各种信息的及时发布，解决贫困群众在各种信息获取上的不充分，拓宽贫困户就业渠道，解决贫困户的产业发展和转型问题。

脱贫致富电视夜校最重要的一环就是群众的参与，组织体系的保障、丰富的课程内容是基础。贫困群众并不是被动地参与听课，每次课程结束后都有驻村第一书记邀请贫困群众发表自己的感想，分享自己在脱贫攻坚道路上的经验想法。贫困群众参加电视夜校也会得到相应的积分，凭积分可以再免费兑换生产生活用品。电视夜校是一个平台，让群众重新聚集在一起，获取信息、学习技能、集思广益、相互分享。截至 2019 年 9 月，脱贫致富电视夜校已经持续开展了 153 期，群众的广泛参与和良好口碑是电视夜校持续开展的原因和动力。

案例 2　海南省脱贫致富电视夜校优秀学员王进程

2016 年以前，王进程每天无所事事，家里虽然有一些土地，但他要么认为“地也不大，而且很分散，即使种些水稻瓜菜也不值几个钱”，要么认为“饭都快吃不起了，哪里有钱买种子、买肥料”。他以这些理由自我麻痹，土地因此无人打理长满了杂草，王进程却像个局外人一样无动于衷。

王进程的帮扶责任人、保亭县行政学校副校长王周万分析认为，王进程身体无病、尚且年轻，只是因为欠缺内生发展动力，不想干、不敢干。所以，只要能够改变他的思想观念，王进程肯定能摘掉贫困户的帽子。有了这样的判断，王周万就经常带着王进程参加各种各样的培训，让他能够向行业专家、先进典型学习到有用的知识。起初，王进程对这样的方式并不能完全接受，专家讲的听不懂，典型的故事太遥远，但在王周万的陪伴指导下，这个大山深处的农民渐渐打开了那紧闭多年的心扉。

除了培训以外，王进程几乎一期不落地观看了海南省脱贫致富电视夜校节目。每周一傍晚，王进程总是会骑着摩托车带上妻子周碧青来到毛介村村委会，同其他贫困户和帮扶责任人一起学习。节目播出后，王进程还经常与他人分享观后感，在讨论中巩固学习到的知识与技术。“夜校的节目中有很多贫困户的故事，他们有的比我条件还要差，但通过自己的努力他们都生活得越来越好。”观看了一个又一个贫困户的奋斗故事，王进程深刻意识到，只要自己肯干，一定也会改变现状，从而过上梦寐以求的好日子。

王进程有了内生动力，王周万就适时推出了为他量身定制的帮扶方案——改建危房、种槟榔、养五脚猪、加入石龟养殖合作社。曾经无所事事的王进程变成了大忙人，他不仅把荒废的土地重新利用起来，而且也悉心照料起屋前屋后的槟榔树。2017 年，依靠卖五脚猪、卖槟榔等，王进程就收入了 4 万多元，他于当年年底主动提出脱贫。脱贫后的王进程更加忙了。不仅自己的产业需要打理，他和妻子周碧青也加入帮扶队伍，用自家的例子向邻居介绍经验，发动大家一起种植槟榔、养殖五脚猪等。“我就是一个活生生的例子，只要努力，只要肯干，就一定会过上好日子。”王进程笑着说道。（保亭县扶贫办供稿）

二、技术培训学技能

保亭县贫困户重要的致贫成因之一是缺技术。保亭县以农业科技下乡、专家团队宣讲等活动为载体，调动各级农业专家、技术服务人员，按照“实际、实效、实用”的原则，根据职能部门工作特点和农村劳动力意愿，有针对性地开展包括黎锦制作、家政服务、烹饪技术、建筑装修、电商人才、旅游管理、农机驾驶员、挖掘机操作工、农村实用技术等内容的培训。

首先，合理规划资金，多种培训同步开展。保亭县同时利用上级拨付资金及县级配套资金，加强对实用技术培训项目资金的专项管理。如2018年利用上级拨付的628万元分别举办了黎锦制作、中式烹饪、面点、建筑装修、家政服务等职业技能培训，共培训27期1620人，培训资金243万元；举办南药（益智）、果木栽培、黄秋葵和瓜菜种植养殖管理培训，共培训7期350人，培训资金55万元；举办农村实用技术培训，培训资金330万元。利用县级财政资金201.36万元，举办农机驾驶员培训、农村用电安全知识宣传员（就业扶贫公益岗）培训、农民合作社社员养殖技术培训，热带水果、橡胶、槟榔种植管理培训，合作社建设、运作、财务理论培训，水稻病虫害、沼气综合利用等技术培训，电子商务基础应用、淘宝运营培训，大学生、农村致富带头人创业培训等。

其次，贫困户和非贫困户齐吸纳，共同带动生产发展。保亭县在开展实用技能技术培训时尽可能将非贫困户同等纳入，利用非贫困户的学习能力强、模范带头和辐射带动作用，带动贫困户的发展。如2017年举行农村劳动力职业技能培训38期，培训劳动力2358人（其中建档立卡户731人次），整村推进实用技术培训20期，培训劳动力1712人次（其中建档立卡户662人次）。

最后，积极开展新型职业农民培训，做好乡村振兴衔接。保亭县利用中央补助资金用于农业技术推广与服务，开展专业技能型职业农民培训。专业技能型职业农民培训以在新型农业经营主体中较为稳定地从事劳作的农业劳动力、具有一定生产经验和专业技能的农民为培训对象；专业服务型职业农民培训以在社会化服务组织中或个体直接从事农业产业服务的农业社会化服务人员为培训对象，由培训机构根据当地产业需求开展培训服务。培训内容主要为种养技术、农产品加工及电子商务。2020年全县培训100人，培训对象全部为建档立卡贫困户。在脱贫攻坚战最高潮时，根据实际需求，全县年度培训人数最高达500余人。培育新型职业农民的做法起到了将脱贫攻坚和乡村振兴有效衔接的作用，贫困户在经过职业农民的培训后，积极转变了身份，从困难户转变为乡村振兴的主要力量，也为下一步的乡村振兴工作起到了一定积极作用。

三、就业扶贫富口袋

实现农业剩余劳动力就业，是可持续脱贫的关键。保亭县大力开展各种形式的就业扶贫，配合实用劳动技能培训，让有意愿就业的贫困户都能稳定就业，以就业促脱贫。

首先，做好劳务输出工作。保亭县落实各项扶持政策，鼓励贫困家庭劳动力就近就地转移就业，同时加大对劳务输出机构的补贴。公共就业服务机构、职业中介机构为贫困家庭劳动力和其他符合条件的人员举办免费专场招聘会的，给予一次性奖励补贴8000元；职业中介机构每免费成功介绍1名贫困家庭劳动力就业的，给予职业中介机构职业介绍补贴300元，以上所需资金从就业补助资金中列支。

其次，奖励务工补贴，带动贫困户就业热情。为了提高建档立卡贫困家庭劳动力外出务工的积极性，保亭县对积极就业的贫困家庭进行一次性的劳务补助，只要是外出务工或者是在本村打零工的建档立卡贫困户，都可以领取务工补助。奖励标准为：年度内累计务工时间达3个月以上、6个月以下的给予一次性就业奖励1000元；年度内累计务工时间达6个月以上的给予一次性就业奖励2000元。对务工家庭提供补贴的方式大大带动了贫困户的就业热情，起到了一定的杠杆作用，用少数的资金就能让贫困户家庭参与到劳动就业中去。

再次，开发公益性岗位，实施就业援助。为了让有一定劳动能力的贫困家庭也能参与就业，保亭县大力开发就业扶贫岗位。公益性岗位补助标准为每月700元，将贫困家庭中的“4050”人员（即处于劳动年龄段，且女性40岁以上、男性50岁以上的人员）及有劳动能力的残疾人员纳入公益性岗位对象范围。统筹由政府购买服务的各类就业扶贫岗位，对“零就业”贫困家庭劳动力优先安置，吸纳贫困家庭劳动力参与保洁、护林、护路、管水、扶残助残、养老护理等岗位，确保每个贫困家庭有劳动能力并有就业意愿的劳动力至少有1人就业。各乡镇、县直机关单位新增的保安、保洁、绿化、停车看管等后勤服务性岗位，优先拿出50%的比例吸纳贫困家庭劳动力就业。按照“谁开发，谁管理”原则，加强就业扶贫岗位的后续管理，防止虚设岗位、变相发钱。

最后，实施社会保险补贴和稳岗补贴政策，稳定就业。为了稳定就业情况，保亭县对用人单位提供社会保险补贴。各类用人单位（含公益性岗位）招用贫困家庭中的“4050”人员及有劳动能力的残疾人员，与其签订1年以上劳动合同并缴纳各项社会保险费的，给予社会保险补贴，资金从就业补助资金中列支。社会保险补贴标准是用人单位为招用的贫困家庭劳动力实际缴纳的养老、医疗和失业保险费用金额，补贴期限不超过3年。同时落实国务院关于失业保险基金支持企业稳定岗位补贴政策，对所有依法参保缴费、不裁员或少裁员的企业给予稳定岗位补贴，鼓励企业吸纳和稳定贫困家庭劳动力就业。

第三节 文化建设与风气革新：消除歪风陋习

扶贫要先扶志，打赢脱贫攻坚战还需良好的社会氛围，而良好的社会氛围离不开文化建设。习近平总书记曾表示：“扶贫既要富口袋，也要富脑袋。要坚持以促进人的全面发展的理念指导扶贫开发，丰富贫困地区文化活动，加强贫困地区社会建设，提升贫困群众教育、文化、健康水平和综合素质，振奋贫困地区和贫困群众精神风貌。”保亭县作为民族地区，有着丰富的民族文化，在文化建设方面一直走在海南省的前列，保亭县打赢脱贫攻坚战离不开乡村文化建设。

一、文化脱贫先行

保亭县是热带少数民族自治县，又是以旅游为核心产业的山区县，良好的精神风貌和民族文化传承，是保亭县的招牌，更是保亭县持续发展的底蕴。早在精准扶贫早期，保亭县就将文化脱贫上升到关系脱贫攻坚全局的高度，专门制定《关于印发保亭黎族苗族自治县文化脱贫工作方案》，大力推进公共文化服务体系建设。通过对全县贫困地区全面开展文化扶贫，加强文化基础设施建设，实施文化惠民扶贫项目，提高农村人口文化生活和精神文明水平，实现保亭县贫困地区与全国同步建成现代公共文化服务体系。

围绕文化脱贫，保亭县实施并加大惠民扶贫工作力度，加大对贫困村庄的广播电视设施设备建设维护力度，加大文化扶贫事业扶持力度，加强对乡镇综合文化站、农村文体活动室的管理与监督，确保将文化扶贫工作落到实处。为了准确落实保亭县文化脱贫工作，保亭县将文化脱贫工作责任落实到人，加强组织领导，各个单位和乡镇都要做到主要领导亲自抓，明确目标要求和组织专门力量去逐项分解任务以落实责任细化措施，确保任务逐项完成。同时做到责任层层落实，每个乡镇政府都要发动组织文化队伍的骨干力量去配合县相关部门开展文化扶贫工作。

在文化脱贫方面也建立了专项的考核机制，加强督促检查，及时通报和公布相关情况，加强了文化脱贫工作中的考核测评，对公众满意度较差的要进行通报和批评，及时做好总结，以及对好的经验和做法要做到及时推广。

二、阅读乡村建设

保亭县是第二批国家公共文化服务体系示范建设城市中唯一的国定贫困县，这也为保亭县建设和完善城乡图书阅览体系、开展文化脱贫行动带来了契机。自 2013 年保亭县启动国家公共服务体系示范区创建工作以来，其严格按照中央有关公共文化服务体系的决策部署开展各项工作，层层传导扎实推进国家公共文化服务体系示范区建立工作。其中，在全县范围内建设图书馆或图书室，成为文化脱贫行动的重要举措之一。

保亭县构建了以县图书馆为总馆，乡镇文化站为分馆，村级（社区）文化室（农家书屋）为流通服务点，图书流动服务车为补充的公共图书馆体系。在乡镇分馆的建设上，保亭县提出明确要求，分馆馆舍建筑面积不少于 100 平方米，具有图书外借、报刊阅览、电子阅览、文化信息资源共享工程服务等功能，藏书 1 万册以上，报刊不少于 10 种，电脑不少于 12 台（含工作电脑 2 台），计算机网络宽带不低于 4 兆，阅览座位不少于 30 个，配备空调、服务器、交换机、路由器等设备，专职职工不少于 3 人。在村图书室方面，以村文化室为平台，文化室面积不少于 30 平方米，藏书不少于 2000 册，电脑不少于 3 台（含工作电脑 1 台），阅读座位不少于 10 个，配备电风扇、交换机、路由器等设备，工作人员不少于 1 人。

全县形成一个统一整体，图书业务管理集中于总馆，由总馆实施统一采购、统一编目、统一配送，让资源与服务流动起来，实现资源共享、服务共享。为加强管理，促进服务质量，制定出台《构建城乡一体化公共图书馆服务体系实施方案》《保亭县基本公共文化服务保障标准》《保亭县图书馆分馆建设管理办法》《保亭县乡镇公共文化服务工作考核指标》《保亭县乡镇公共文化服务工作绩效考核办法》等规范性的方案文件，并在政府的主导下将其纳入乡（镇）、村基层干部考核内容，以绩效考核“杠杆”充分调动了基层干部创建积极性和主观能动性。

目前，保亭县图书馆总馆每周开放达 57 小时，分馆每周开放 40 小时，有效地保证了读者使用图书馆的时间。“零”门槛进馆，图书开架率达 100%，外借室的图书流通率达 80%，特别是乡镇 9 个分馆和 60 个村级文化服务点实现网络全覆盖后，电子阅览室开通绿色免费上网，受到群众广泛好评。

覆盖全县所有农村的图书室和阅览室系统的建设和使用，对开展文化脱贫、助力提高贫困户的知识水平和思想水平，发挥了基础性的托底作用。

三、文化下乡助脱贫

保亭县以乡镇文体活动室配套、综合文化示范区建设、特色农家书屋创建等文化项目为抓手，加大文化惠民扶贫工作力度，开展流动图书下乡、文艺下乡、电影下乡，举办以“精准扶贫”为主题的文艺专题晚会等活动。

首先，综合文化站和文体活动室建设。保亭县在文化方面于 2016 年至 2020 年总共投入资金 2789 万余元，主要用于全县 9 个乡镇综合文化站和 60 个村级文体活动室的音响、电脑及桌椅等设备配置维修，配齐网络、图书、广播设施等硬件和软件，保亭县还投入 243 万元作为各乡镇综合文化站、文化室免费开放资金。保亭县先后为全县 60 个村级文体活动室的篮球场、篮球架以及篮球场灯光等进行建设、维修和升级改造；为全县 60 个村建设农民体育健身工程，包括体育健身场地建设、健身器材购置等。

其次，创建特色农家书屋。保亭县专门创建 5 家特色农家书屋，分别是具有音乐书籍特色的什玲镇水尾村委会特色农家书屋、具有学生课外辅导书籍特色的新政镇毛文村委会特色农家书屋、具有瓜菜种植技术书籍特色的南林乡南林村委会特色农家书屋、具有乡村旅游知识书籍特色的三道镇三弓村委会特色农家书屋、具有果树种植技术书籍特色的加茂镇半弓村委会特色农家书屋。

再次，加强活动室人员配备，确保文化扶贫工作落到实处。为了确保文化扶贫工作能落到实处，保亭县加强了对乡镇综合文化站、农村文体活动室的管理与监督，县旅游和文化广电体育局成立了四个检查组分别深入到9个乡镇60个村委会，对全县农村基层文化进行检查考核，考核工作以现场检查、查看资料等形式进行，对存在的问题及原因进行了全方位的了解，并召开了小组评议会，对所遇到的问题进行深入探讨，结合各村实际情况，拟定长期有效的发展策略，以充分发挥乡镇文化站、村文化室的重要作用。同时投入131.04万元为每个村聘用村级文化协管员，投入243万元用于各乡镇综合文化建设，确保乡镇村级文化设施有队伍管理、有经费运营，充分发挥文化设施脱贫阵地作用。

最后，开展多种形式的文艺下乡活动。截至2020年底，已组织开展送电影下乡活动5963场，开展送文化惠民演出570场次，组织县图书馆开展流动图书送书下乡活动165场。开展以“送琼剧下乡”为主题的巡回演出活动20场。其中，每年将脱贫攻坚的故事创作成小品，到各个乡村去进行演出，例如《懒汉脱贫记》等；同时用快板的形式宣传扶贫政策，以接地气的方式向群众进行文化传播，寓教于乐、通俗易懂，激发了群众内生动力。

四、移风易俗促脱贫

因为气候和自然资源优势，保亭县本地人戏称他们主要是因为“懒”才贫困的，而“懒”的重要表现形式就是各种陈风陋俗，如喝大酒。为此，保亭县在脱贫攻坚战的开始阶段，就将移风易俗作为最基础的工作来看待，并在实践中落实，诸如道德“红黑榜”、六治、红白理事会等措施。

首先，道德“红黑榜”。保亭县动用驻村工作队和帮扶责任人，对好吃懒做、经常酗酒的贫困群众进行积极的思想教育，同时充分发挥村规民约的激励约束措施。每个贫困村定期开展道德“红黑榜”的评比活动，对勤劳致富及身残志坚的贫困群众，列入道德“红榜”；对好逸恶劳、失信不孝、懒散等要、自私缠闹的贫困群众，列入道德“黑榜”，并在村委会和村小组公示栏进行公示和曝光。与此同时，在奖惩上将道德“红黑榜”与惠农超市、电视夜校相结合。入选“红榜”的村民给予一定的惠农超市积分，并结合实际需要在电视夜校时间对贫困户进行表扬和宣传，以身边事感化身边人。对于入选“黑榜”的村民，取消其评选文明家庭、文明户的资格，对不赡养老人，特别是虐待、遗弃老人的移交司法机关处理；对于好吃懒做、酗酒闹事，“等靠要”民政救济，以享受低保、贫困户政策为荣，多次教育无果的，不再给予优惠的政策，并取消其积分，以此使贫困户的陋习、恶习得到改正。

表 11　保亭县合口村道德“红黑榜”执行标准

列入道德“红榜”的行为	列入道德“黑榜”的行为
1. 自觉践行社会主义核心价值观，注重“四德”建设，积极遵守村规民约 2. 认真践行习近平总书记“幸福是奋斗出来的”指示精神，发家致富欲望强烈，不怕苦不怕累，能积极通过自身勤奋劳动增加家庭收入、改善家庭生活，带头作用明显 3. 身残志坚，不等不靠不要 4. 孝顺贤惠，能尽职尽责养老抚小 5. 睦邻友好，团结村民 6. 爱护家庭及村庄环境卫生，积极参与村庄集体事业 7. 积极响应村红白理事会号召，自觉树立婚丧、嫁娶文明新风 8. 积极发挥自身资源优势，热心帮助本村或周边村庄适龄男青年介绍对象并完成合法婚姻手续的 9. 其他脱贫致富内生动力强的行为	1. 违法乱纪，不注重“四德”建设，不遵守村规民约 2. 好吃懒做，生活散漫，“等靠要”思想严重 3. 好逸恶劳，自私缠闹，爱无事生非 4. 不尽职尽责赡养老人、抚育小孩 5. 危房改造完成后，旧房不拆，自己住新房，年老或残疾家庭成员住旧房 6. 身强力壮却不参加劳动、不外出务工 7. 饮酒无节制，“小酒”从早喝到晚，喝醉酒就骂人、打人、闹事，甚至造成妻离子散的 8. 个人或家庭积蓄不用于扩大生产、改善生活，却热衷购买“私彩”，甚至借钱也要买，整天希望“天上掉馅饼” 9. 婚丧嫁娶大操大办，热衷讲排场、比阔气 10. 个人或家庭卫生习惯差，不积极参与村庄环境卫生整治活动 11. 其他在脱贫攻坚工作中表现出来的内生动力不强的行为

其次，“六治”行动。六治即“治懒、治酒、治闹、治等、治陋、治脏”，通过学习教育、宣传政策、树立典型、奖优罚劣等整治方式，对贫困群众中存在的好吃懒做、好逸恶劳、饮酒无节制、自私缠闹、“等靠要”思想严重、失信不孝、不讲卫生、不爱护村庄环境等不良行为和习惯进行治理。对于这些行为和现象，扶贫干部除了依法依规治理处置外，还应利用各种方式进行宣传和教育，并广泛开展各种形式的文体活动转移农户的注意力，实现潜移默化的改变。如新政镇石让村，为改善村民白天干活晚上喝酒的恶习，驻村第一书记羊波邀请退休老干部符大文编写了一首精准扶贫歌《精准扶贫新政》，每周夜校课程结束以后组织贫困户一起学唱歌，并组织妇女排练广场舞。重要节假日，村干部自己搭建舞台，给村民们组织文艺晚会，这极大地丰富了广大村民的文艺生活。

最后，红白理事会。通过“红白理事会”革除陋习，树立新风。各个乡镇不断强化村小组“红白理事会”作用的发挥，通过红白理事会减轻农民的潜在负担，全面推进移风易俗，使红白喜事中存在的低俗、铺张浪费和群众反映较为强烈的热点难点问题得到进一步解决，破除封建迷信，摒弃陈规陋习，逐步实现移风易俗经常化、婚丧事务规范化、民间习俗文明化，形成全县崇尚文明、节俭、科学的良好风尚，促进全县社会风气的根本好转，提升全县精神文明建设水平。

第四节　经验与启示

党的十九大报告明确提出，扶贫开发要将扶志与扶智有机结合。保亭县在“志智双扶”方面开展了大量有益的实践。“志”和“智”是相互联系、互为因果、互相强化的有机统一体，志向不足则无主动求智之心，缺乏内省欲望，对自身贫困现状以及扶贫开发的本质认识不到位；智力不足是导致志向不高的主因之一，即文化水平偏低导致农户习惯安于现状，缺乏可以改善自身条件的知识文化技能。构建扶贫开发长效机制，首先要强志和提智，实现志智协同，最终实现人的全面发展。

首先，联动宣传扶志。保亭县创新各种宣传方式和手段，坚持推动农民观看脱贫致富电视夜校，充分利用广播、电视、微信等宣传载体，开辟扶贫故事专栏，开展扶贫攻坚专题报道，扩大脱贫政策和精神扶贫新观念的宣传范围。开展文艺宣传，组织文艺工作者深入贫困村，将医疗、教育、住房等扶贫政策创作成小品、快板、三句半、情景剧等文艺作品，激发脱贫动力；深入挖掘脱贫攻坚典型，宣传榜样的力量，开展“创业脱贫致富之星”“最美脱贫致富带头人”“最美脱贫攻坚帮扶人”“最美脱贫攻坚爱心企业”评比表彰活动，深入挖掘、发现精准扶贫、精准脱贫工作中的鲜活经验和先进典型，通过榜样的力量，引导干部群众树立正确的思想观念，鼓励贫困户自强不息、不等不靠，靠自己的勤劳和才智脱贫致富。

其次，技术保障提智。授人以鱼，不如授人以渔，科学技术是脱贫致富的关键。保亭县配合科技扶贫、产业扶贫，加强农民实用技术培训，有针对性地开展产前、产中、产后的培训，减少盲目性、大众化培训，使贫困人口掌握一定的实用技术；利用脱贫致富电视夜校作为平台，注重培养“土专家”“田秀才”等乡土科技人才以及科技示范户，把乡土人才作为传授实用技能的载体，主动宣传讲解脱贫致富相关技术，并引导以户带户，增强辐射带动作用。

最后，协同敦风化俗。环境对人的影响是潜移默化的，营造良好的社会氛围对于扶志扶智的协同推进有重要作用。保亭县设置道德“红黑榜”，实行自我约束：对自力更生、自强不息、如期脱贫的贫困家庭进行荣誉激励，在建立的“红榜”中公开表彰；将已达脱贫条件却不愿脱贫，有劳动能力却不自力更生的人和事以“黑榜”进行曝光。修订完善村规民约，实行“条款约束”：有针对性地进行“六治”专项行动。开展移风易俗整治行动，实行“制度约束”：印发《开展移风易俗树立文明乡风专项整治行动的实施方案》，明确红白喜事范畴、办席标准等，从制度上约束“大操大办”行为。

第四章

公共服务：打破阻碍发展的客观瓶颈

第一节 交通通信：走出封闭与连接市场的桥梁

保亭县位于海南省中南部山区，道路交通和能源通信一直是制约保亭县人民脱贫致富的“卡脖子”因素。大力改善全县城乡道路交通基础设施状况、电力通信等基础设施网络建设，是保亭县脱贫攻坚战的重头戏，也是扶贫资金的重点投入领域。

一、交通扶贫：打通致富路

要想富，先修路。保亭县专门制定了《保亭黎族苗族自治县交通行业扶贫三年行动计划》，构建“外通内联、村村通畅”的安全、便捷的交通运输网络，促进了城乡交通基本公共服务均等化，助推了群众脱贫致富，也为加快全县脱贫、创建全域旅游提供了基础支持。通过三年的努力，全县实现了农村公路具备条件的自然村100%通硬化路，具备条件的行政村全部通班车，全面改造农村公路现有危桥，100%解决了农村公路安全防护问题。

1. 交通扶贫“六大工程”

保亭县交通扶贫“六大工程”指的是：自然村通硬化路工程、

窄路面拓宽工程、县道改造工程、生命安全防护工程、农村公路桥梁建设和危桥改造工程、旅游资源路工程。自2016年开展精准扶贫以来，保亭县综合使用多渠道扶贫资金，开工建设农村公路“六大工程”项目共82个，建设公路里程264.04千米，桥梁18座765.04延米。截至2020年底，累计完成建设81个项目，累计完成建设公路里程256.62千米，桥梁18座765.04延米。通过交通扶贫“六大工程”的建设，实现了所有自然村通硬化路、行政村通客车，改造了公路危桥，直接改善了贫困村的村容村貌和农户的生产生活条件，改善了贫困地区发展旅游、物流等产业交通条件，形成了农村公路连通到点，实现了农村交通“外通内联、村村通畅”的安全便捷交通运输网络建设。

农村道路交通网络的建设，对脱贫攻坚起到重要的基础性支撑作用。首先，贫困地区的交通项目建设能给贫困户带来“以工代赈”的就业机会，直接增加了贫困人口的收入。其次，交通运输设施的改善直接提高了农户的农副产品到达市场的通达性，为产品顺利进入市场提供了基础条件。再次，新增的交通线缩短了贫困户的农副产品到达市场的交通距离，降低了产品的运输成本，扩大了市场范围，刺激了贫困地区相关产业市场的需求，带动了相关产业的发展。最后，便捷的交通减少了贫困人口的出行成本和消费成本，促进了贫困地区与外界的信息交流，给予了贫困地区贫困人口更多外出务工的机会。

道路交通基础设施建设时间紧、任务重，项目推进过程中遇到了许多困难和挑战，如征拆工作、三线迁改（光缆、电缆、供水管网）问题、原材料供应紧张问题等。保亭县充分发挥脱贫攻坚战斗指挥部的协调整合能力，以发改委作为牵头单位、交通局作为责任单位的项目推进工作，得到县委县政府和交通扶贫专项工作组的全力支持与配合。

2. 农村公路养护管理

加强农村公路养护管理，充分发挥农村公路建设效益，是消除制约农村发展的交通瓶颈、使农村公路更好地服务于经济建设和脱贫攻坚的重要工作。为此，保亭县制定了《农村公路养护管理工作方案》，健全了统一领导、分级管理的农村公路养护管理的长效机制，实现了农村公路养护管理的正常化和规范化。

第一，实行专业养护和合同养护相结合的模式。通乡镇公路且车流量较大的重要乡道、村道，由县地方公路管理站成立专业养护队进行常年养护；里程较短的一般乡道和村道由乡镇政府及村委会实行合同式养护，县交通运输局按省交通厅规定给予补助，不足部分由乡镇政府或村委会自筹资金解决。乡镇政府、村委会必须建立健全农村公路管理岗位。乡镇农村公路管理工作人员，由现有工作人员兼任，村委会农村公路养护管理人员由村委会干部兼职。

> 交通扶贫项目有一个质量安全监管机制，我们根据省里的要求，组建了质量安全监督站，也有监理公司，第三方监测，但是我们作为行业主管部门，目前最大的困惑就是既做裁判员，又做运动员。针对这个问题，我们创新管理模式，把“六大工程”打包，通过购买服务的方式，引入代建机制，我们做业主，通过这个方式解决政府项目管理、体制管理不畅的问题。另外我们交通局人员比较少，采取这种购买服务的方式也能解决这个问题，提升我们的项目管理水平。
>
> 贫困村的公路按照“四好农村公路”建设，建管护运，建好了，还要养护好。现在推行了路长制，也就是把路的养护落实到县乡村三级。县里面是县长当总路长，目前有8条县道，分别安排配套班子的领导当县级路长；乡镇一级的路长由乡镇主要领导担任，村一级的路长由村委会主任担任，通过这种三级管护体制进一步精化细化管理。我们县目前的道路管养是在交通局下设地方公路管理站、下设道班，每条路线都有一个道班，根据它的里程来配置相应的管养工程。目前这个管理还是很专业化的，机

构设置也比较到位、比较成熟。另外，我们还聘用贫困户做护路员，工资每个月大概七八百块钱，也就是公益岗位。（保亭县交通局访谈，2019 年 9 月 3 日）

第二，多渠道筹资投劳体制。建立以政府为主、农村基层组织为辅、社会各界共同参与的多渠道筹资投劳体制，农村公路养护资金的筹集与管理遵循多方筹措、分级管理、专户存储、专款专用的原则。资金主要来源于省交通厅拨付的农村公路养护补助金、县财政列支的养护资金以及乡镇政府、村委会筹集的农村公路养护资金，也鼓励集体或个人依法利用冠名权、路边资源开发权、绿化权等形式筹措农村公路养护资金。

保亭县从实际出发，坚持“统一领导，分级负责，以县为主，乡村配合”的原则，构建稳定的养护资金保障制度，促进全县农村公路持续健康发展。加强路政管理、维护路产路权，为全面完成农村公路养护生产任务和建设起到了保驾护航的积极作用。

经费主要分两块，一块是省补资金，我们总共投入 5.45 亿元，其中省补 1.66 亿元，剩下的县里面配套，差不多 3.8 亿元左右，县里挺难的。养护经费，省里也有补助资金，但是比较少。乡道每公里每年才 7000 元，村道每公里每年 2000 元。所以目前管养还是处于临时购买服务的方式，就是有坏的就组织一次检修，或者一个季度或者半年组织一次检修。（保亭县交通局访谈，2019 年 9 月 3 日）

二、电力扶贫：照亮致富路

脱贫攻坚，电力先行。保亭县投入大量扶贫资源，开展全县范围的电网基础改造、树障清理和居民安全用电排查，提高贫困地区电网供电能力，提高用电办理效率，强化扶贫项目电力保障和优质服务。实现了全县所有村100%通电（动力电），所有贫困户100%用电。

首先，电网升级改造。保亭县根据贫困地区差异性，充分利用中央投资农网改造资金及电网改造自筹资金，将主网与配网相协调，加快强化贫困地区电网，对保亭地区电网线路及台区进行合理化新建和优化改造，通过缩短供电半径、新增台区布点等方式，滚动治理低电压集中过载问题。2016年至2020年共投入资金3.62亿元，包括新建和扩建变电站、新建和改建线路、新建和改造变压器等。项目改造完成后，显著提高了用户的用电质量和用电安全，实现了全县自然村用电全覆盖，基本解决电网供电安全隐患、电网供电可靠性低、电压稳定性差等供电“卡脖子”问题。

我们通过服务平台，每天进行责任走访，收集客户诉求，反映最多的就是频繁停电，也有低电压问题，这也是2016年农村电网整治的重点项目。从去年开始，基本上没有低电压或电压不稳的投诉。从2016年到2019年，我们总共投入1.6亿元，2019年我们计划投资309万元，对11个贫困村再一次升级改造。我们已经达到了预期目标，就是村村通、户户通。（保亭县供电局访谈，2019年9月3日）

其次，绿色通道“靠前服务”贫困户。电力部门通过与县扶贫办协调，以政府提供的贫困户、低保户、五保户名单为基础，建立贫困户用电档案，及时准确掌握贫困户的用电信息及用电需求，每人每月减免10千瓦时电量的电费，并定期对贫困户用电线路及设备进行检查和维修，全力做好贫困户的用电保障。同时，坚持靠前服务，开辟贫困户用电办理绿色通道，主动与各乡镇政府联系，及时掌握政府危房改造项目施工进度，提前做好全县所有贫困户危房改造后新房的电表和用电线路迁移和新装工作，解决了危房改造贫困户的用电问题，提前做好用电服务工作。

> 我们制定了专门的涵盖五保户、贫困户和低保户的用电客户档案，现在一共有6681户。我们跟扶贫办和民政局及时进行档案信息核对，对五保户和低保户执行每月10度电免费的用电政策。还有，我们跟危房改造、各行业扶贫的职能部门沟通，及时提供必要的线路改造和用电服务。比如他原来的房子线路在这，现在搞新房子，占到了我的线路，我们就得紧急改造；我们开设绿色通道，只要是贫困户危房改造好了，贫困户不用自己找我们，村委会会跟我们供电所讲，我们会在最短时间内上门给他安装新的电表。（保亭县供电局访谈，2019年9月3日）

最后，精简并网“购售”光伏发电。光伏发电及政策补贴扶贫是精准脱贫的新途径，可帮助贫困地区和贫困人员增加“造血”功能、促进持续稳定增收。保亭县电网公司精简光伏项目报装流程，在接入线路规划意见报批、并网调度协议、购售电合同签订等方面给予及时指导，缩短项目审批及并网接入时限，加快光伏扶贫项目的并网手续办理，促进项目提前投运产生收益。保亭县光伏扶贫项目收益分配兼顾“造血”与“输血”，突出电站资产到村，扶贫收益到村，收益主要用于壮大村集体经济、扶持贫困户产业发展，同时将光伏电站看护等公益性岗位安排给贫困户，增加其工资性收入。

> 光伏电站不属于我们，但光伏这一块的服务我们是随时跟进的。到去年为止，保亭县光伏并网项目一共122个，总装容量是2084.16千瓦时，其中分布式光伏是98个，村里搞的各家各户房顶上的村级集中式光伏是27个。这些并网项目中，纳入国家光伏扶贫目录项目的是22个，他一度电卖给我是四毛八，国家另外还补助四毛八给他，投运到现在发行上网电量是189万千瓦

时，涵盖补贴的结算电费一共是 107.7 万元。（保亭县供电局访谈，2019 年 9 月 3 日）

三、通信扶贫：联通致富路

保亭县许多贫困村山高路远、信息闭塞，部分贫困村因为通信不畅甚至与外界几乎处于隔绝状态。通信不畅，不仅阻碍了贫困户对外界的了解，而且严重阻碍了农民对市场信息的了解和掌握，划下了农副产品进入市场的信息鸿沟。在全国互联网经济高度发达、农村电子商务大行其道的今天，以互联网为代表的现代通信服务已经和交通、电力等基础设施一样，成为农村社会经济发展必需的基础性公共服务。为此，信息扶贫农村信息化发展已经纳入国家发展战略。

第一，加大资金投入，建设惠民光网基础设施。保亭县将光网建设作为“五网”基础设施建设的重要组成内容，明确要求全县所有自然村实现光纤基本全覆盖。截至 2020 年 12 月 31 日，城镇 4G 网络信号全县覆盖率达到 100%，全县重点公共场所包括县政务服务中心、县图书馆、县文化馆、县旅游咨询服务中心以及酒店景区等多地区已全面覆盖免费 WIFI 网络。全县 435 个自然村（20 户以上）和 229 个农垦居民小组实现光纤全覆盖，光纤覆盖率为 100%。全县 435 个自然村（20 户以上）4G 网络覆盖率为 99.32%，229 个农垦居民小组的 4G 网络覆盖率为 100%。

第二，牵头电商扶贫，促进农户增收。保亭县按照“政府推动、市场运作、统筹规划、因地制宜”的原则，坚持政府推动与市场运作相结合，充分发挥现有市场资源和第三方平台作用，实现优势资源的对接与整合，在全县 32 个贫困村建设电子商务服务站，方便贫困村群众上网购买商品，带动贫困村产品和服务的网络销售。在开展电商扶贫方面，主要措施包括：

（1）加大培训力度。对建档立卡贫困户、农村青年、返乡大学生、返乡农民工、农村妇女、残疾人等加强培训，加强网络创业就业孵化指导，如网上出售特色农产品、网购各类工业品等，直接间接带动全县3400多人就业。

（2）大力培育特色产品和服务。努力扩大贫困地区农特产品、旅游产品和服务的网络销售规模，比如利用红毛丹采摘季开展专门推广服务，推进保亭县特色产品商城及线下O2O实体店项目的推广和运营，推进“互联网+小镇”的特色发展模式。

（3）开展线上线下相结合的品牌宣传推广活动。通过电视台、知名电商网站、微商、微信公众号、微博、网络直播、“嬉水节”活动等多平台开展特色农产品线上团购促销、预约线下采摘等全产业链、全网络营销活动，并利用中国社会扶贫网和海南省社会扶贫网供需对接平台发布农特产品销售需求信息，拓宽农产品销售渠道。

（4）对于建档立卡贫困户从事网络电商的，免费提供产品设计、包装、仓储、销售、配送等一站式服务，打通农村电商应用“最后一公里”；积极与深度贫困村进行对口帮扶，鼓励电商、物流、商贸、金融、邮政等各类社会资源加强合作，助力全县精准脱贫工作。

案例3　保亭县新政镇新建村电商扶贫案例

新建村地处深山，距离新政镇政府19公里，只有一条环山公路与外界连通，村里没有公交车可到，村民要到距村口3公里以外的地方搭乘。新建村是一个黎苗村落，有村民173户776人，五年前村庄道路泥泞、污水横流，卫生状况惨不忍睹；村民收入主要靠橡胶和槟榔获得，年人均纯收入不足2000元。但就是这样一个典型贫困村，却成为保亭县第一个做电商的行政村，率先开了保亭县第一家农民网店，并掀起了保亭县农村电商热潮。

新建村的发展要从抓党建说起。曾经的新建村开会没几个人，党员大会能出席的不过半数，常常无法正常召开，群众听到队长放广播开会、打扫卫生等都无动于衷，村务决策不征求意见，财务不公开不透明，新建村被保亭县确定为软弱涣散支部、后进支部、贫困村。开展脱贫攻坚后，新一届村两委班子发挥党员、致富能手带头作用，全身心带领村民脱贫致富，目前村里用上了自来水、电，硬化了道路，建了水渠、桥、舞台、篮球场、农家书屋，进行了危房改造，配备了健身器械，开展了卫生整治，村庄面貌得到了极大改观。

2014 年，新建村来了一位大学生村官陈斌馨，她从对这个村一无所知，到可以对这个村介绍出一二三，成长很快。陈斌馨帮村里完善了值班制度，教村干部做会议记录，指导村委会按时公开党务村务财务，落实好“三会一课”，用好“四议两公开”，做好村小组会议三分之二表决等。她配合村两委新班子把基层党建工作抓起来，凝聚了党员干部的思想，把党员群众团结起来，2016 年新建村摘掉了后进支部的帽子，被评为海南省先进基层党组织、保亭县先进基层党组织，成了全县学习的典范。

新建村地处山区，有许多特色产品，山中特有的深山土蜂蜜、百花蜜、荔枝蜜，还有传统工艺酿造的苗家糯米酒等都很受欢迎。2015 年，当时没有电脑、没有网络、没有场地，陈斌馨就用一部手机帮村民开了一家名叫“农民自己的网店”的微店，从卖蜂蜜做起，到卖苗家糯米酒，再到现在所卖产品扩充到二十多种。为了让产品更有特色，提升产品的竞争力，学市场营销的她就想到了做品牌，当时没有网店运营资金的她就找到支部书记高政忠的养蜂合作社，由合作社出资设计商标，在工商局注册了“风鼓岭”商标，风鼓岭是村里一座山峰的名字。为了注册商标，她多次咨询有关单位，来回花了许多工夫才把手续办好，如今商标已投入使用。

有了商标，还不能做好电商，还得有包装、物流。虽然当时村里没有无线网络，但是她通过手机移动数据在淘宝网上设计了产品标签，购买了包装设备和材料。为了节约成本，她货比三家，总结经验，最终完成了蜂蜜标签印制、封口，克服了快递运输过程中遇到的各种困难。起初寄蜂蜜，用塑料瓶装，内盖加外盖密封，但寄到后蜂蜜有流出来的现象，于是陈斌馨就改进了包装，从网上采购封口机、铝箔垫片、泡沫和纸盒等，用新包装解决了蜂蜜容易漏出的问题。为了丰富产品种类，深入发掘村里特色产品，她发现村里有种甘甜醇厚的酒——苗家糯米酒，为这种酒在网上进行设计、包装。由于这种酒会发酵，开盖会有气，因此她不断改进包装，为这种酒取名为会生气的“气泡酒”。

以蜂蜜和苗家糯米酒为主打产品，她开始通过微博、QQ、微信朋友圈、微信公众号、一亩田、惠农网、天涯社区等平台发布消息进行宣传。仅 2016 年春节前夕在网上卖蜂蜜、苗家糯米酒的销售额就将近一万元，尤其是这种糯米酒年前卖到供不应求。因为这是村里妇女主任的手艺，其他人做不出这种口感的酒，面对客户的大量需求只好做预售。

产品有了稳定的货源，有了初步的包装和物流。同时，令人欣喜的是，2016 年 6 月光纤入村了，2016 年 7 月新建村互联网服务站成立了，位于村委会旁。2016 年 8 月，新建村注册了公司，新建村电商供产销体系逐步完善，形成了“互联网+公司+合作社+农户”的发展模式。2016 年通过合作社带动，电商服务站帮合作社销售产品，间接帮助入社的建档立卡贫困户 3 户 11 人实现了脱贫，网店销售额达十多万元。

其他产品也参照这样的方式逐步进入了微店。新建村农村电商就是这样从一部手机、一家微店做起，之所以新建村农村电商服务站能够建成，得益于当地党委政府的支持、村干部企业家的思维、党建工作的引领、“合作社+贫困户”的模式。2017 年，新建村在巩固主打的养蜂、苗家糯米酒产品的基础上，发展降真香工艺品加工业，目前全村 25 户 107 人已加入合作社发展各类特色产业，电商服务站正培养另一位本村管理员，入户宣传服务站功能，全面发挥电商服务站作用，让电商成果惠及全村。

第二节　人居环境：美丽乡村建设的基本保障

村庄是农民生产生活的地理空间和社会空间，脱贫攻坚不仅要让贫困户在收入上、心理上、健康上、能力上脱贫致富，而且要实现人居环境质量的脱贫致富。安全的饮水、舒适的住房、干净的厕所、整洁的环境是有尊严和体面生活的基本条件，也是美丽乡村的基本要求。

一、饮水安全：保障生命之源

保亭县位于热带，年降水量较大，但集中在雨季，部分农村在旱季时面临工程性干旱，困难群众的饮水安全始终是制约农村发展和农民脱贫致富的重要因素之一。保亭县以建档立卡贫困户、贫困村为重点，以解决饮水安全问题为抓手，分类施策，采取改造、配套、升级等方式，增强供水能力，建立供水设施长效管护机制，全力提升饮水安全保障，提高贫困地区群众生活质量。2016 年至 2020 年共投入 13902.81 万元，实施了 216 个村小组的农村饮水安全工程，受益人口达 4.89 万人，其中贫困人口达 1.24 万人，实现了所有贫困村农村饮水安全工程全覆盖。

第一，农村饮水安全工程建设。保亭县农村供水一直以来都面临山区农村无法建设集中式供水厂、部分农村无法保障旱季持续供水等棘手问题。经过“十一五”开始的连续十几年的大力投入，集中建设了一大批引山泉工程、人工井工程、大口井（机井）及管网配套工程、管网延伸工程、分散式供水井工程等，基本解决了保亭县所有村庄的安全用水问题，消除了极少量村民面临的氟超标等饮水不安全问题，降低了因饮水安全问题导致的肠胃疾病及其他相关疾病的发病率。开展脱贫攻坚之后，农村饮水安全是重要工作领域。为此，保亭县在2016年至2020年间，再次投入13902.81万元，建设180宗饮水工程，惠及216个村小组，总受益人口4.89万人，解决了3169户1.24万贫困人口的饮水安全问题。至此，全县所有农村人口，包括建档立卡贫困人口的饮水安全得到了有效保障。

表12　保亭县饮水安全工程建设情况表

时期	覆盖村庄（单位：个）	受益人数（单位：万人）	饮水安全工程量（单位：宗）	投入资金（单位：万元）
“十一五”期间	124	2.28	41	1350.64
“十二五”期间	105	2.19	77	2378.7
“十三五”期间	216	4.89	180	13902.81

第二，饮水安全工程管理与维护。农村饮水安全工程的运行维护是一项专业性较强的工作，包括取水点的泥沙及漂浮物清理、过滤设施的清洗消毒、引水和供水管网的日常巡查和维修、供水计量和收费等。

（1）工程运行维护专业化。根据《保亭县农村饮水安全工程运行管理办法》，保亭县对不同的饮水安全工程采取不同的管护方式：对集镇供水工程（含管网延伸），受益乡镇政府组织建立供水站或公司，也可通过租赁、承包和经营权转让等多种形式进行运行管理和维护；对单村供水工程（含管网延伸），在县水务部门和乡镇政府的指导下，由受益村庄村委会和村民代表大会通过一事一议决定管理方式，确定管护人员；对分散供水工程（家庭混凝土预制井圈井、手压泵井等），经验收后移交给受益户自用自管。

（2）水质监测常态化。水质监测是确保农村安全饮水的关键，是预防传染病、确保农户身体健康的重要手段。保亭县水务部门在抓好农村饮水安全工程建设的同时，做好农村饮用水水质检测消毒和水质监测，做到建设一宗，安装消毒设备一宗，水质达标一宗。与此同时，在配合县卫生部门开展例行水质监测外，在丰水期和枯水期对各乡镇农村供水工程定点采样检测。此外，定期发动广大干部群众对饮水工程的水塔、拦水坝、泵房等设施进行环境大整治，创建农村饮水安全工程运行维护长效机制。

以前农村饮水水质比较差，消毒设施也不健全，水中还有原水细菌及大肠菌群等指标超标现象，而且只有部分设置有消毒设备。由于消毒设备容易损坏，不能及时维修，或者根本不进行消毒，原水直接供应给用水户，农户身体健康受到影响。开展扶贫以来，我们积极购置水质检测设备，安装消毒设备，确保了饮用水的安全，改善了农户的生活和卫生条件，现在家家都能用上放心的自来水了，山泉水也是经过检测消毒后才给农户供应的。（保亭县水务局访谈记录，2019 年 9 月 3 日）

二、危房改造：居者有其屋

耕者有其田、居者有其屋，这是中国千百年来对大同世界最朴素的描述。脱贫攻坚战的最重要一项战斗是要让所有贫困户实现居者有其屋。农村危旧房改造政策在保亭县的实践，生动地诠释了这个朴素的理想变成现实的过程。

其一，完善政策，层层落实。2018 年，保亭县根据国家和海南省的政策精神，结合本县实际，制定了 2018—2020 年的农村危房改造三年行动计划，从指导思想、任务目标、基本原则、重点工作内容以及危房改造中的工作管理等方面进行了详细规划，以帮助“家庭最困难、住房最危险”的困难农户解决好“最基本安全住房”问题。

保亭县是少数民族聚居地，黎族的传统住房为船形屋，房屋结构为土坯房。由于保亭县位于热带，雨季降水量大，且经常遭受台风侵扰，土坯房很容易变成危房，贫困户原有房屋多数都处于不同程度的危房状态，改善住房条件的需求急迫。同时，保亭县民风淳朴，当地居民热情好客，农民建房时会得到亲朋好友和左邻右舍以投工投劳等形式的全力支持，这都为农村危房改造政策的顺利实施提供了便利。农村危房改造一般是省下达危房改造任务量，县一级贯彻落实。从2014年到2020年，保亭县累计完成危旧房改造7645户，累计投入资金4.92亿元，使4276户贫困户直接受益，有效地解决了建档立卡贫困户的住房安全问题。

表13 保亭县2014—2020年危房改造实施情况统计表

年份	改造总户数（户）	建档立卡贫困户（户）	投入资金（万元）
2014	800	—	4597.4
2015	1900	—	13409
2016	1187	911	5835.22
2017	1950	1911	14772.5
2018	1729	1402	10123.96
2019	64	43	339.2
2020	15	9	82.7
总计	7645	4276	49159.98

资料来源：课题组根据调研资料整理所得。

其二，组织先行，责任落实。从2016年开始，保亭县将农村危房改造列入为民办实事项目，加强组织领导。成立了以县长为组长、分管副县长为副组长，各相关单位主要负责人、各乡镇党委书记为成员的领导机构。领导机构在县住建局下设立办公室，县住建局主要负责人兼任危改办主任（现住建局局长兼任危改办主任），负责农村危房改造工作的指导和协调，各乡镇政府为农村危房改造实施主体，明确领导小组职责，确保责任落实到位，保证农村危房改造工作的顺利开展。这种责任到人、明确分工的做法，有效地确保了工作效率与工作质量。

其三，加强培训，宣传政策。农村危旧房改造政策直接关系千家万户的切身利益，首要的问题是加强培训和宣传力度，保障农户知晓、理解危房改造具体政策，以免在具体落实中出现偏差，使农户理解错误并出现违规现象。一是针对危改工作人员的培训学习，如以电视电话会议方式的培训，提高管理水平。二是组织各乡镇从事房屋建筑的泥工、木工、钢筋工、乡镇危改办及村两委成员等，开展农村建筑工匠暨房屋质量安全等相关业务培训。三是通过编印并发放政策宣传材料给农户，使其直接了解所有危旧房改造的必要信息。如将先后编印的三万余份农村危房改造明白卡发放到农户手中，以加强对农户的服务和指导。明白卡内容包括补助对象条件、补助标准、申请程序、报建、风貌管控等环节的有关规定。编印两万余份《农民自建房安全提示》粘贴到各乡镇政府、各村委会及每户农户家中，帮助农户提高建房安全意识。将海南省住建厅印发的《农民自建房质量安全须知》等危房改造政策宣传知识册发放到各村委会、各帮扶责任人及各农村危改房对象手中。编制印发一万多份《保亭县农村危房改造工程质量安全管理指导手册》，加强农村危房改造质量安全管理工作和政策指导。

其四，排查对象，精准识别。农村危房改造的基础工作是精准识别危房改造户的身份，根据政策要求和识别标准，要精准识别并核实居住在CD级危房或无住房的建档立卡贫困户、农村分散供养特困人员（五保户）、低保户、贫困残疾人家庭等四类对象。保亭县对于申请危房改造的农户，按照“先急后缓、分步实施”的原则，首先要严格按照“农户自愿申请，村民会议或村民代表会议民主评议、村委会评议、公示，乡镇审核、公示，县级审批、公示”等程序提交申请，并进行县民政局、扶贫办、残联，以及建设局、专业鉴定公司等部门联审，以完成贫困对象身份识别和危房鉴定。把经评定为 C 级和 D 级危房的四类重点对象列为危房改造对象，属四类重点对象的无房户参照 D 级危房户给予安排解决。

其五，多措并举，精准改造。海南省明确了危房改造面积标准，具体为：1 人户不低于 20 平方米，不高于 30 平方米；2 人户不低于 30 平方米，不高于 40 平方米；3 人户不低于 40 平方米，不高于 60 平方米；3 人以上户人均不低于 13 平方米，不高于 18 平方米；严格执行“逢建必报”，确保面积符合标准。在资金到户安排上实行分类补助，补助资金主要由中央补助资金、省级补助资金、县级配套资金和扶贫资金四部分组成。不同年份的补助标准是动态调整的，2018 年开始规定每户补助资金最高不超过 6 万元，其中 D 级危房拆除重建补助资金不低于 3.5 万元，C 级危房修缮加固补助资金不低于 0.8 万元。在改造方式上，要求对 C 级危房以除险加固为主，对 D 级危房可拆除重建。明确新建房屋应以就地就近建设和农户自建为主，对经济能力和劳动能力极弱的特困农户，由村集体采取多种措施加强帮扶力度。

其六，协同管理，强化质量。危房改造需要住建、质检、国土、环保以及乡镇政府等多部门协同配合，为此，保亭县脱贫攻坚战指挥部专门成立危旧房改造专项工作组，把所有相关部门纳入该工作组，开展协同工作。为了保障房屋建设质量，住建部门安全监管“三到位”，即选址安全监管到位、日常巡查监管到位、竣工验收监管到位。保亭县成立了“一户一档”工作小组，对全县九个乡镇开展农户“一户一档”检查工作，对发现的问题及时反馈乡镇督促其完成整改。为杜绝“简单粉刷墙面”的花架子工程，要求维修加固前对危险构件全部甄别，形成加固改造方案，再逐项除险加固、消除安全隐患。

保亭县对维修加固房屋提出“屋面无渗漏、墙体无裂缝、内外无裸墙、梁柱无隐患、门窗无破损、地面全硬化、四周排水通畅”的标准。针对个别施工队承揽工作任务重、人手不足的问题，现场协调县内大型房地产企业派驻施工队进行援助，确保如期完成危房改造任务并达到质量要求。对于危房改造工作中出现的工程质量问题，督促各乡镇政府开展农村危房改造工程质量自查工程，确保农户所反映的问题及时得到解决。安排专人负责危房改造过程中涉及群众利益的上访上诉问题，及时核查解决，对扶贫工作中反馈的问题提出整改要求，逐项落实整改。

其七，彰显风貌，保持特色。保亭县是以黎族和苗族为主的少数民族聚居区，传统建筑风格具有浓厚的民族文化特色。保亭县明确要求在进行危房改造时要体现出民族地区的文化和建筑风格。早在2015年时，保亭县就组织编制了五套农村危房改造建筑设计标准图集，并无偿提供给农户选择，所有设计图都是按照黎族和苗族的五大方言片区来设计的，上面印有黎族或苗族的图腾。被纳入农村危房改造的农户，可优先选用县危改办提供的住宅设计方案，同时建筑施工单位不得擅自更改。此外，农户也可以根据自己的喜好另行设计，但建议保持民族元素、符合民俗风格特点，杜绝“火柴盒”“麻将条”造型的民房。而且改造后的农村民房设计要符合农民生产生活习惯，体现民俗和地方建筑风格，注重保持田园风光与传统风貌。保亭县在危房改造时，与传统村落保护、美丽乡村建设等相结合，优化居住环境，凸显乡村地域特征、文化特色和时代风貌。

三、厕所革命：体面的生活

小康不小康，厕所算一桩。干净且安全的如厕环境是文明和体面生活的基本要求，也是保持个人健康和公共卫生的基本要求。习近平总书记指出，解决好厕所问题在新农村建设中具有标志性意义，农村开展厕所革命是乡村振兴战略的重要内容。保亭县专门制定了《保亭县“厕所革命”三年行动方案（2018—2020年）》，将改厕工作作为农村重要基础设施进行建设，坚持政府主导、部门参与、属地负责、政策支持、标准规范的原则，通过优化厕所布局、补齐厕所数量、提升厕所档次、规范厕所管理等方式，彻底改变群众“如厕难、难如厕”的问题，切实改善农村人居环境，提高农民生活质量，扎实推进新时代乡村振兴战略和美丽乡村建设。

其一，因地制宜，分批改厕。通过全面摸排走访得知，保亭县没有建设卫生厕所的农户共21385户，截止到2017年底，完成改造15051户。剩余改厕任务则按照“分年度、有节奏”的原则，分三年完成，其中2018年完成1990座，2019年完成2257座，2020年完成2087座。为了减轻农民负担，推动改厕工作顺利实施，政府财政对农村改厕给予资金补助，建档立卡户补助5000元/户，非建档立卡户补助3000元/户。

保亭县是全域旅游县，全县范围内都要按照旅游区的标准配置公共服务，公厕是必不可少的公共服务之一。为此，厕所革命的对象不仅包括农村的家庭厕所，还包括公共厕所，尤其是旅游厕所（旅游景区、公园、乡村旅游点的厕所）、交通设施附属厕所（汽车客运站及加油站的厕所）、乡村公厕、县城区公厕。截止到2020年底，全县的村居及美丽乡村和文明生态村的公共厕所建设全面完成，有效地提升了农村人居环境质量。

保亭县综合考虑村庄区位、农户数量和聚居程度等因素，结合经济条件和管理能力，选择了适宜的污水收集和处理模式。同时加强了农村改厕与乡村振兴、脱贫攻坚、危房改造等专项规划的衔接，因地制宜进行农村厕所下水道管网和污水处理设施的有序建设，使厕所粪污有效处理率或资源化利用率达到97%。

其二，协调配合，保障改厕。保亭县采取了一系列措施保障厕所改革工作的进行，一是加强组织领导，成立了保亭县“厕所革命”领导小组，组长由保亭县副县长担任，副组长由县政协副主席、县城管局局长担任，其他成员为各相关部门局长以及各乡镇长。领导小组负责“厕所革命”工作的组织协调、资金筹措、技术指导、督导检查以及考核验收等工作。二是强化责任落实，加强多个部门协调配合、齐抓共管。“厕所革命”的改造对象包括农户家庭厕所和公共厕所，涉及不同的监管部门和职能单位。县住建局、县规划委、县城管局、县旅游委负责统筹规划，全面明确公厕建设规模和标准要求。县财政局负责政府投资进行新改建厕所和维护管理所需费用；县旅游委负责旅游景区（点）的公共厕所建设、改造及管理。

其三，宣传引导，加快改厕。为了打消农户在改厕过程中出现的“传统习惯不想改、刨墙破土不愿改、担心效果不敢改”等思想顾虑，保亭县通过广播、电视、报刊、网络等媒体报道，以及印发资料、实地观摩等多种宣传方式，给农户讲明改厕的经济效益、健康效益和环保效益，提高了农户的文明意识，引导农户形成良好的卫生习惯，使农户变“要我改”为“我要改”，提升农户对“厕所革命”的认知度和参与度，使农户支持并主动参与农村厕所改造，形成共建优美环境的良好氛围，提高农村生活质量。

案例4　尊重民俗推动厕所革命进程

响水镇合口村村委会夜校现场挤满了准时从各自然村赶来的家中无厕所的群众，电视上正在播放着省委副书记李军同志召开的关于在海南省开展厕所革命的电视会议录像。在场的有些农户脸上洋溢着笑容，因为能够享受到党和政府的好政策，修建自家厕所还能有补贴，改善自身居住环境的同时又减轻了家庭的经济负担。但有些人表情犹豫，对于今年是否修建厕所仍心有顾虑。现场询问是否有在今年12月份前建好厕所的意愿时，部分农户言辞闪烁，只说想建厕所，但今年不建，明年再说。对于这部分群众的不寻常表现，调研队员有所不解，建厕所既方便了自家又能享受到政府补贴，怎么部分农户反而不积极响应？详问之下才了解到，这部分群众是担心今年“风水”“朝向”不对，没有“吉日”，今年动土建厕所会对自己的家庭不利。

了解到“病因”，就能“对症下药”。合口村村风淳朴，大部分村民仍然保留着传统风俗习惯，但凡家中动土开建，都要找“先生”选定良辰吉日和风水朝向再开工。要顺利推进厕所革命工作，必须在充分尊重传统风俗习惯的前提下，打消群众心中的顾虑。推进厕所革命是一件利民的大好事，不能让厕所革命工作耽误在传统风俗习惯上。驻村工作队和村两委及时针对村民的顾虑与村民进行沟通商议后，决定请村中几位德高望重的父老出面，选定全村统一改厕动工的良辰吉时。当日一早，全村陆陆续续响起了改厕开工的鞭炮声。

基层工作不仅繁杂，还会面临各种意料之外的情况，想要顺利推进“厕所革命”，既要讲究科学的工作技巧，也要充分尊重农村的传统风俗习惯。(合口村调研笔记)

其四，强化管护，提升实效。完成厕所改造后，如何确保其真正发挥长效作用是个难题，保亭县也因地制宜地采取了若干措施和行动。一是坚持与农村生态环境整治相结合，坚持顶层设计、统筹谋划，科学实施厕所改造，推动改善农村人居环境和美丽乡村建设融合发展。二是坚持与脱贫攻坚相结合，将改厕与农村贫困户的危房改造相结合，对新建住房全部配套建设卫生厕所，让“厕所革命”的实践成果惠及每一个贫困户。三是坚持与年度绩效考核相结合，将改厕工作纳入乡镇、街道年终绩效考核。明确户用厕所管理维护由村民自行负责，村级公共厕所由村集体明确专人管理，确保农村公厕“专人管理、卫生干净”。四是坚持多元化管护模式，积极探索建、用、管、护等市场化运作的有效途径，有效整合和利用社会化资源，建立社会化管理维护机制，鼓励以购买服务等方式引进专业化企业进行经营管理，确保改造的厕所能够长期正常投入使用。

四、环境整治：舒适的生活

2019年，习近平总书记在江西省赣州市考察调研时提到，要加强乡村人居环境整治和精神文明建设，健全乡村治理体系，使乡村的精神风貌、人居环境、生态环境、社会风气都焕然一新，让乡亲们过上令人羡慕的田园生活。同年，在内蒙古考察时，习近平总书记强调要继续完善农村公共基础设施，改善农村人居环境，重点做好垃圾污水治理、“厕所革命”、村容村貌提升，把乡村建设得更加美丽。干净整洁的村庄环境，意味着生活质量的提升。对于村庄环境的整治，重点还是在生活垃圾的处理以及生活污水的处理上。保亭县为贯彻落实《海南省农村人居环境整治三年行动方案（2018—2020）》，结合本县情况，制定了《保亭县农村人居环境整治三年实施方案（2018—2020）》，旨在全面治理农村环境“脏、乱、差”，改善农村人居环境，提高农村生产生活条件和生态质量，实现全面建成小康社会的目标。

首先，全面整治农村生活垃圾。

自精准扶贫以来，保亭县结合“清洁家园”“美丽村庄日”等活动，深入开展农村生活垃圾专项整治，有效解决垃圾露天堆放、简易填埋等突出问题，基本建立起设施完备、技术成熟、队伍稳定、监管有力、保障可靠的农村垃圾治理长效机制。

一是清除历史积存垃圾，开展农村非正规垃圾堆放点集中整治，彻底清理房前屋后的粪便堆、杂物堆，彻底解决垃圾“围村”和村内“脏乱差”问题。以自然村为单元，广泛发动村民群众，对村组道路路面和沿线的垃圾、枯枝烂叶、废旧薄膜、塑料袋等进行彻底清理；拆除通村道路沿线的残墙断壁，清理道路两侧水沟渠道的生活垃圾和建筑垃圾，集中清理柴草堆、粪土堆、垃圾堆等1700多处。根据 2017 年调查摸排，保亭县共有 8 个非正规垃圾堆放点，目前正处于整治销号阶段。截至 2018 年，保亭县各乡镇共有 1843 个垃圾堆放点（如表 14 所示），满足垃圾定点堆放处理的需求。我县非正规垃圾堆放点治理工作已全部治理完成。其中，响水镇金江农场垃圾场、响水镇毛岸垃圾场、新政镇垃圾场、加茂镇垃圾场、南林乡垃圾场、六弓乡垃圾场、三道镇槟榔谷垃圾场、三道农场垃圾场这 8 座非正规垃圾堆放点采取清运异地处理，包括垃圾开挖、垃圾运输、垃圾坑回填及绿化等工作，已于 2018 年 10 月底全部治理完成，于 2018 年 12 月 12 日完成销号处理。治理完毕的垃圾场进入后期的管理和监督巡查状态，以杜绝出现新的垃圾堆放现象。

表 14　2018 年各乡镇垃圾堆放点统计表

序号	乡镇	堆放点（个）
1	保城镇	219
2	加茂镇	228
3	三道镇	263
4	新政镇	160
5	什玲镇	324
6	响水镇	183
7	毛感乡	158
8	六弓乡	158
9	南林乡	150
合计		1843

二是建立垃圾分类、收集和转运体系。保亭县鼓励开展农村垃圾分类试点，从源头上将生活垃圾按照可堆肥垃圾、不可堆肥垃圾、可回收垃圾、有毒有害垃圾等类别分类，实现对可堆肥生活垃圾资源化利用和终端处理。全面推行“户分类、村收集、镇转运、县处理”的垃圾处理模式。2017 年，保亭县三道镇成为省级农村生活垃圾分

类处理试点项目，获得省财政厅下拨的 255 万元试点资金。该项目打破了村组行政区域界限，统一布局垃圾收集设施，将试点村组调整为涉及 3 个村委会和三道镇共计 41 个村庄 2251 户 10532 人，使垃圾分类试点工作布局更加紧凑，更有利于试点工作的推进和督查。目前已建成一座“5+1”堆肥房，购买户用分类垃圾桶 2300 个。同时，加大宣传力度，三道镇在原来村内的“三信三爱”宣传栏上加入了垃圾分类的宣传内容，让更多民众知晓垃圾分类的重要性。

三是保亭县正逐步建立健全村庄保洁制度，合理配备农村保洁员队伍，负责村道、公共场所卫生保洁和垃圾收集，以减少二次污染。保洁员为公益岗，主要由贫困户担任，全县 467 个村庄均建立了环境卫生清扫保洁收运机制，制定了“村规民约”，配备保洁队伍约 1186 人，负责对公共地段、村道、街道等进行日常清扫、收集、清运，各乡镇共配备 7469 个垃圾桶、308 个果皮箱和 58 辆垃圾运输车等环卫清扫设施，共计 403 个垃圾收集点、210 座垃圾屋，基本达到了农村生活垃圾治理“五有标准”。

四是创建了农村垃圾分类减量和资源化利用试点乡，提升农村垃圾的处理能力，提高资源的利用率。农村生活垃圾分类工作按照《2019 年保亭黎族苗族自治县农村生活垃圾分类和资源化利用示范试点工作方案》文件要求执行。一是完成什玲镇坚固村、什后村、什倡村、南坡村，响水镇番道村、什栋村，新政镇什坡示村、什奋村，三道镇番庭村、番托村、亚拾园村、什道村、什进村，加茂镇南冲村，六弓乡田圮村，南林乡万如村、庆训村，毛感乡南一村、南二村等 8 个乡镇 19 个自然村生活垃圾分类和资源化创建工作。2019 年底已投入 435.2 万元，分别向试点村派发 1774 个 40 升户用垃圾桶、170 个 240 升公用垃圾桶及 17 辆电动三轮四桶车，陆续建成并将响水、新政、毛感、六弓、加茂、南林、八村的 7 座生活垃圾分类房投入使用，均入场安装易腐垃圾一体机设备，并组织各乡镇人员完成实地操作易腐垃圾处理一体机的培训工作。二是通过在农村生活垃圾分类推进中充分调动各方力量，多部门协同，深入指导，严格落实垃圾分类相关内容和标准，不断激发乡镇、村主观能动性，实现垃圾分类长效监管，并向8个乡镇发放垃圾分类宣传折页1700份，宣传海报170张，并要求在镇、村设立垃圾分类专栏，进一步推动农村生活垃圾分类有效开展。三是每月由中心副主任带队，定期组织人员到各乡镇督促检查农村生活垃圾分类工作，不断加大宣传普及力度，使农村生活垃圾分类工作真正落到实处。共开展督查7次，发现问题202条，整改情况采取“回头看”，严格督促各乡镇落实到位。四是印发《2020年保亭黎族苗族自治县农村生活垃圾分类和资源化利用示范试点工作方案》，2020年下半年完成创建保城镇排寨村、山村、什慢村、什罗村，什玲镇南头村，加茂镇北头村，响水镇毛真村、什秀村，新政镇番雅村、毛政村，六弓乡白石村，毛感乡番奋村、番慢村等7个乡镇13个自然村生活垃圾分类和资源化利用工作，确保农村生活垃圾治理工作任务顺利完成。目前，已投入41.5万元，购置1410个40升的家用垃圾分类桶、260个240升的公用垃圾分类桶、13辆四桶电动车等设施设备及一批宣传用品。

五是组织体系的保障，保亭县各乡镇均成立了农村生活垃圾治理领导小组，形成了领导亲自抓、多部门参与、目标明确、责任清晰的组织领导体系，也形成了“周抽查、月检查、季评比、年终考评”的有效监管机制。

其次，农村生活污水治理。

为深入贯彻落实中共中央办公厅、国务院办公厅印发的《农村人居环境综合整治三年行动方案》《海南省农村生活污水治理三年行动方案（2018—2020年）》以及《海南省农村人居环境整治三年行动方案（2018—2020年）》等文件要求，保亭县制定了《保亭黎族苗族自治县农村生活污水治理三年行动实施方案（2018—2020年）》，旨在加大农村生活污水治理力度，改善农村人居环境质量，深入推进生态环境六大专项整治，建设美丽宜居乡村，实现农村环境优美和社会和谐。全县共有467个自然村、250个连队（共60个行政村、7个农场/居），截至2020年12月底，已开工建设项目147个（涉及自然村/队274个），建设完工项目139个（涉及自然村/队257个、行政村33个），目前全县农村生活污水治理设施治理率达30%以上。保亭县通过近年来大力实施农村生活污水治理项目，农村污水横流的问题得到有效解决，人居环境质量也得到大幅提升。

再次，保亭县以房前屋后河塘沟渠、排水沟等为重点，全面清理乱设生活污水直管排道，清理水域生活垃圾，实施清淤疏浚，消除农村黑臭水体，恢复水生态。根据农村不同区位条件、村庄人口聚集程度、污水产生规模，对农村污水治理采取因地制宜的方式进行处理，根据不同的地区特点采取不同的处理技术，做到污染治理和资源利用相结合、工程措施与生态措施相结合、集中和分散相结合的建设模式。

一是对城镇郊区以及距离城镇污水处理厂或市政管网1公里以内的村庄，采用自流方式纳入城镇排水管网；

二是对人口密集、生态敏感、污水排放相对集中且不具备利用条件的村庄，采用政府支持建设化粪池+无动力或微动力集中式处理等生活污水处理方式，实现达标排放；

三是对人口分散、污水集中收集难度大的村庄，采用单户或联户的分散式处理，实现就地回用；

四是对人口较少的村庄，重点推进卫生厕所改造，在杜绝化粪池出水直排的基础上，就地就近实现农田利用。

最后，保亭县在2018年，采用整体计划单个实施的方式推进农村生活污水治理项目，即整体安排计划，逐村单个实施，也是以因地制宜的方式进行。在实施村庄中，贫困村数量占比50%，临近饮用水源保护地的自然村占比20%，美丽乡村占比10%，其他自然村占比10%。保亭县还坚持先建机制、后建工程，合理确定投融资模式和运行管护方式，推进投融资体制机制和建设管护机制创新，探索规模化、专业化、社会化运营机制，确保污水处理设施建成并长期稳定运行。

农村人居环境治理是一项长期工程，非一朝一夕所能完成。特别是在一些少数民族聚居的地方，要将千百年来养成的一些坏习惯在短时间内予以改变是不可能的，要坚持把农村环境治理与乡村产业发展、乡风文明建设、乡村治理、农民收入增加结合起来，统筹推进，合力攻坚。

第三节 农田水利：粮食安全与产业发展的基础

水利是农业的命脉，也是保障粮食安全和推动农业产业发展的基础。习近平总书记指出，要加强以农田水利为重点的农业基础设施建设，大力建设基本农田，保障人均基本口粮田。保亭县是农业大县，粮食作物可实现一年三熟，诸如蔬菜等经济作物可实现全年耕种，一年多熟。但在热带气候下，全年降水分布不均，长达半年的旱季降水量极少。因此，农田水利建设对于保障农业生产至关重要。

一、建设成就

保亭县传统作物为水稻、橡胶、槟榔，近年来种植冬季反季节瓜菜，并广泛开展热带特色水果和花卉等种植业，也取得了一定成绩。这些均需要完善的水利设施。而保亭县地处山区，以山地、坡地、谷地为主要地形，地势复杂，自然降水和引流无法满足农业生产灌溉之需。尽管人民公社时期修建了一些水库和沟渠等水利工程，但由于此后的长期使用和管护不足，工程性缺水成了困扰许多贫困村的难题。

自 2016 年开展精准扶贫以来，保亭县加大了对农田水利基础设施的建设力度，主要工程内容包括河湖塘渠、提水灌溉配套设施、渠系设施、节水设施等的建设和管护。2016 年实施了 26 宗农田水利基础设施工程项目，硬化防渗及恢复渠道 10 千米，新增恢复灌溉面积 1. 11 万亩，年增节水能力 36 万立方米，新增粮食生产能力 13. 2 万千克。2017 年，改善水利渠道设施灌溉能力，打通“最后一公里”，恢复灌溉面积 800 亩，改善灌溉面积 2000 亩。2018 年，配套建筑物 273 宗，受益农田面积约 2800 亩。2018 年，保亭县印发《水利扶贫三年行动计划（2018—2020 年）》，进一步加大水利灌排设施的配套完善力度，建立起用水安全保障体系，要求在 2020 年底实现全县所有耕地获得有效的水利灌溉服务。

通过这些农田水利项目的投资建设，保亭县农田水利基础设施的水平得到了极大提升，截至 2019 年，全县 95%以上农田实现了有效灌溉，成为粮食生产和农业产业发展的有力保障。

二、建设管护措施

其一，坚持严格执行标准，保障工程质量。保亭县严格遵照脱贫攻坚要求，推动农田水利基础设施建设，同时注重发挥水利工程建设对脱贫攻坚和经济发展的支撑保障作用，杜绝形象工程，既不赶时间进度，又不搞拖延耽误。同时，严格履行基本建设程序，全面落实依法依规管理，强化质量监管，确保工程质量。

其二，积极探索水利建设新模式。在 2017 年山塘建设工程中，保亭县水务局采用 EPC 模式。这是海南省水务系统首次采用该模式，大幅度缩短了工程建设进程、节约建设成本，工程结算方式和建设工期相对固定，设计和施工一体化有利于工程进度、质量控制，使建设品质更能得到提高。随后，对此方法进行大力推广，有效改进政府质量监督工作机制。

其三，多方筹措资金，保障资金到位。资金准时到位直接关系着农田水利设施建设的进度。为保障资金到位，保亭县积极争取国家及省厅资金，并多渠道筹措和整合本地配套资金。2016 年，水务局争取各类资金 959.53 万元，在 8 个贫困村实施 19 宗水利设施建设。

其四，加强技术服务，保障工程建设。保亭县把贫困村小农水工程建设作为农田水利工作的优先项，优先选派专业技术人员，加强技术培训，并深入贫困村饮水及小农水工程施工现场，对工程实施情况实行全过程、全方位监督指导，及时帮助解决工程建设中遇到的困难和问题，保障工程的顺利进行。

其五，招聘管护员，保障长效运行。农田水利问题的重要历史教训之一，便是重建设轻管护，尤其是末端渠系的管护不力，往往导致“最后一公里”出现“卡脖子”现象。为此，保亭县专门印发实施《保亭县小型农田水利工程设施管护改革实施方案》，要求除了水利部门定期对农田水利设施工程监管和维护外，还要采取两个措施，一是全面推行河长制，挂牌设立保亭县河长制办公室，现主要领导为总河长，各级政府领导担任相关区域的河长，全面统筹协调各自范围内河道及农田水利设施的管护工作；二是设置水利协管员公益岗位，将岗位优先提供给建档立卡贫困户。2018 年全县招聘了 471 名水利协管员，其中河道协管员 194 名，小型农田水利设施协管员 277 名，均为建档立卡贫困户，每人每月可获得 600 元劳务补贴。

案例 5　公益岗位促脱贫

甘什村位于保亭县三道镇，被群山环抱，田间深深浅浅的绿苗如涟漪般荡漾。村中鸡、鸭、猪、狗等家禽家畜“悠闲”地在小路上“散步”，一派世外桃源般的田园景象。李进平是甘什村委会什密村村民小组中的一名贫困户。从 2018 年初开始，他和村里其他 3 名贫困户一起担任河道协管员，共同负责赤田水库上游的合口河一段 10 公里左右的河流生态管护，每人每个月有

600元收入。他每个月都会来河道巡查两次以上，发现有乱倒的垃圾就及时清理、有污水排放问题就积极向上级汇报。自从当上河道协管员，他对家乡的环境保护有了更强的责任意识，同时也帮助提高了村里其他村民的生态环保自觉性。“现在这段河流比以前干净多了！心里也很有成就感。也因为这份工作，让自己成功脱贫，相信今后的日子会更好。”

第四节　土地整治：助推农业发展的利器

一、土地整治状况

粮食安全是国家安全的最重要一环，为此我国专门制定了基本农田保护制度，并开展大规模的土地整治和高标准农田建设工作。保亭县作为农业大县，土地整治工作历来是农业农村工作的重要内容。通过将农村土地整治与扶贫相结合，使得农田的灌溉条件、农业基础设施得以改善，耕地面积增加，耕地质量等级提升，建成了大片高标准基本农田，有效地推动了农业产业的发展，有助于贫困地区脱贫。

保亭县共有基本农田9.18万亩，为了提升基本农田质量，保亭县多方筹措资金，大力投入，于2015年完成高标准农田建设20400亩，2016年完成6645.5亩，2017年完成13676亩，2018年完成10000亩，并且计划在2020年最终完成全部基本农田的土地整治和高标准农田建设。

为了更好地完成土地整治工作，保亭县在贯彻海南省相关政策原则和精神的基础上，每年出台保亭县高标准农田工作实施方案，按照统筹规划、整合资源、创新机制、大力推进的原则，有限增加耕地数量，并全面提高现有耕地质量。土地整治工作由农综办牵头，具体实施则分别由农综办、国土局和水利局负责。农综办主要关注原有成片耕地的提质改造和标准化农田建设，主要建设内容包括新建田间道路、灌溉和排水沟渠、机耕桥、人行桥、漫水桥、下田坡道、放水口等。国土局主要负责新耕地的开垦和基础设施建设，包括土地平整、田间道路、灌溉渠系和设施等所有内容。水利局则主要负责已有耕地的农田水利设施建设和完善。

表 15　2020 年保亭县高标准农田建设情况

项目名称	建设内容	建设地点	建设规模（万亩）	投资情况（万元）
保亭县 2020 年毛感乡高标准农田建设项目	排灌渠、田间道等	毛感乡	0.44	1100
保亭县 2020 年响水镇高标准农田建设项目	排灌渠、田间道等	响水镇	0.33	1150

二、土地整治助力脱贫

土地整治行动在少量增加新开垦耕地的情况下，更多的是对已有耕地或已抛荒耕地的标准化建设，尤其是田间道路和农田水利设施建设。在保亭县的实践中，土地整治有效地助力脱贫攻坚，主要表现在以下几方面：

其一，有效增加贫困户就业，增加贫困户收入。保亭县在土地整治项目建设过程中，采取积极引导的方式，对于当地农民能够承担的工作，全部招聘当地农户进行务工，其中优先招聘贫困农户。保亭县毛感乡南春村委会南律村小组共有 29 户 103 人，其中贫困户 12 户 44 人。在开展土地整治时，共有 7 户 20 名贫困劳动力在项目中找到务工岗位，同时施工单位还雇用贫困户的工程机械车 6 辆，累计支付务工费 3 万元、工程机械车使用费 6 万元，大大增加了贫困户的经济收入。保亭县毛感乡番曼村开展土地整治项目时，带动全村 18 名贫困劳动力为拖拉机运送混凝土及农用车拉碎石，使贫困劳动力累计获利 296500 元。

其二，改善农业生产条件，提高农产品质量。实施土地整治项目后，项目所在村庄的“田、水、路、林、村”得到了综合整治，农田基础设施得以完善，农业生产条件也得到了改善，耕地质量和土地利用率都得到了提高，农产品的质量也得到了提高。保亭县毛感乡南律村实施土地整治项目后，新增改善灌溉农田面积 43 亩，新增改善排涝农田面积约 127 亩，建成高标准基本农田面积 127 亩，改善了农业生产条件，降低了农业生产成本，提高了农产品产量。在解决作物需水和田间排水难题的同时，还能有效地控制农田水土流失和防止山体滑坡等自然地质灾害。

其三，助推特色农业发展，推进产业扶贫。保亭县位于山区，土地细碎，农户无法发展规模化现代农业。土地整治后，将土地重新规整划分，有利于开展规模种植、发展现代高效农业。六弓乡以种植百香果闻名，保亭指山现代农业发展有限公司 2017 年进入六弓乡发展百香果产业，通过流转农户已经完成土地整治的耕地，创建了 200 亩百香果示范种植园，并吸引了 50 名贫困劳动力在种植园工作。同时，还对接了 121 户贫困户，指导他们种植百香果。与此同时，六弓乡成立了百香果合作社，所有百香果种植户的耕地集中整治后由合作社进行规模化种植，贫困户入股并获得分红。为此，贫困户拥有了三份收入，分别为土地租金、务工收入、合作社分红。除了百香果，保亭县通过土地整治和重新规整后发展的现代特色农业的案例还有许多，如三道镇和南林乡的兰花产业、新政镇的冬季瓜菜产业等。

其四，调剂贫困村建设用地，开展旅游扶贫。保亭县位于山区，受生态保护区的政策红线影响，无法发展工业，主导产业主要是农业和旅游业。但旅游业发展同样需要占用大量土地，而稍微平整的土地要么是基本农田，受到耕地红线保护而无法开发建设，要么是作为村庄、道路和其他公共建筑物等已经被占用。为了尽可能获得产业发展所需建设用地，保亭县根据实际情况，提出在全县范围内根据需要调剂贫困村庄的建设用地，优先用于发展共享农庄、乡村旅游、休闲农业和美丽乡村建设。而贫困村庄建设用地的一个重要来源，就是通过开展土地整治，把之前不适合的土地转变为标准化农田，并替换出部分农田作为建设用地使用。

第五节　社会保障：实现发展与道义的均衡

人的能力有大有小，任何社会群体总有穷富之分。脱贫攻坚旨在帮助每一个贫困者摆脱贫困，并且有自主能力实现可持续脱贫和致富。使贫困人口摆脱贫困并共享改革发展的红利，是促进发展并进一步实现高水平发展的内在要求，也是发展的必然结果，同时也是社会主义制度优越性的核心特征。而社会保障扶贫，使得贫困者实现学有所教、病有所医、老有所养、少有所学、困有所救，则是实现发展与道义均衡的重要桥梁。

一、兜底保障：两项制度衔接机制

习近平总书记指出，贫困人口中完全或部分丧失劳动能力的人，要由社会保障来兜底。在脱贫攻坚实践中，对农村贫困人口实行社保兜底，首先面临农村扶贫政策和农村低保政策这两套标准的衔接问题。农村扶贫标准由国家统一确定，农村低保标准则由各地方根据本地社会经济发展情况确定，两个标准并不完全一致，甚至差异较大。

落实低保与扶贫两项制度衔接，国家的政策精神是要统筹协调农村扶贫标准和农村低保标准，按照国家扶贫标准综合确定各地农村低保的最低指导标准，低保标准低的地区要逐步将标准提高到国家扶贫标准，实现“两线合一”，发挥低保线兜底作用。

在落实两项制度衔接方面，保亭县坚持“应扶尽扶、应保尽保、动态管理、资源统筹”的基本原则，将符合条件的低保对象纳入建档立卡扶贫范围，给予政策扶持，帮助脱贫增收；同时，也将建档立卡贫困户纳入低保范围，保障其基本生活。依据《保亭县脱贫攻坚专项工作实施方案》以及《保亭县社会保障兜底脱贫工作实施方案》，保亭县将完全或部分丧失劳动能力、无法通过帮扶脱贫且人均收入和家庭财产状况符合低保条件的建档立卡贫困户，或因残疾、重病、教育、灾祸导致家庭实际生活水平低于低保标准且家庭财产符合低保条件的建档立卡贫困户，全部纳入低保范围。

截至 2020 年 12 月，全县两项制度衔接兜底保障 767 户 2012 人，其中将低保户纳入贫困户 253 户 655 人，贫困户纳入低保户 514 户 1357 人。2016 年至 2020 年五年累计为农村建档立卡贫困户发放低保金 2634. 19 万元，切实保障无劳动能力或医疗教育刚性支出大的建档立卡贫困户的基本生活，通过社保兜底保障完成脱贫攻坚工作任务。未纳入低保范围的贫困户，除不能领取低保金外，与低保对象同样享受医疗救助、临时救助等社会救助政策，有效统筹资源，实现两项制度的有效衔接。

除发挥社保兜底保障贫困户外，保亭县也加强制度衔接、做到双向纳入，低保对象、特困人员享受“三保障”、产业扶持等惠及贫困户的政策。按照《保亭县农村低保对象、特困人员教育医疗住房保障和产业扶持实施方案》以及《保亭县 2018 年农村最低生活保障制度与扶贫开发政策有效衔接实施方案》，强化农村低保对象、特困人员的“三保障”工作。

教育保障方面，农村低保家庭学生、特困供养学生按贫困户家庭学生同等标准享受各项补助政策。2017—2020 年，保亭县累计向农村低保学生、农村特困人员1798人次发放教育补贴。

医疗保障方面，农村低保对象、特困人员按农村建档立卡贫困人口同等标准享受医疗保障待遇。农村低保对象、特困人员定点医疗机构住院免收押金，享受“先治疗后付费、一站式结算”等优惠服务。提高普通门诊报销比例、慢性病特殊病种门诊报销比例、住院报销比例，低保对象住院费用报销总比例达90%以上，特困人员住院报销总比例达100%。特困人员门诊及住院报销总比例达100%。2020年1—12月，共为农村低保对象、特困人员992人次办理医疗救助，发放救助金41.30万元。

住房保障方面，落实农村低保对象、特困人员在危房评定标准、补助标准、危房改造面积标准、危房改造质量安全标准等方面享受与建档立卡贫困户同等待遇。2016年至2020年，对278户住房未得到保障的农村低保对象、特困人员实施危房改造，保障农村低保对象、特困人员的住房安全。

产业扶持方面，有劳动能力且有脱贫意愿的农村低保对象享受与建档立卡贫困户相同的产业扶持政策。2017年至2020年，保亭县通过产业扶持帮助了部分农村低保对象，如通过种植养殖扶持462人、入股黄牛养殖合作社项目扶持53人、入股百香果产业项目扶持229人。

二、教育扶贫：阻断贫困代际传递

习近平总书记指出，教育是阻断贫困代际传递的治本之策。要使扶贫效果长久可持续，就必须通过教育扶贫提升贫困家庭人力资源素质、助力贫困家庭学生成人成才、提升贫困劳动力就业技能。

保亭县坚持“加快发展，服务全局；全面覆盖，精准发力；上下联动，合力推进；育人为本，技能脱贫”的基本原则，对建档立卡贫困户学生给予政策支持，确保其不会因贫辍学、因学致贫。按照

“全上学、全资助、上好学、促成长”的总体要求，精确瞄准教育最薄弱领域和最贫困群体，靶向发力、多措并举，保证贫困学生能在就学的各个阶段享受到“公平有质量的教育”。截止到2019年，保亭县实现农村学前教育毛入学率96%，农村义务教育阶段100%入学，农村职业教育实现贫困劳动力100%参加职业技能培训，所有符合教育扶贫政策的各阶段贫困学生获得相应政策扶持。

表16　2020年保亭县教育扶贫补助标准表

<table>
<tr><th>序号</th><th>学段</th><th>特惠性补助</th><th>由就读学校、幼儿园
发放的补贴</th><th>合计</th></tr>
<tr><td>1</td><td>学前</td><td>生活费：1000元/年·生</td><td>“三类幼儿”补助（孤儿、残疾幼儿和家庭经济困难幼儿）：1300元/年·生</td><td>2300元/年·生</td></tr>
<tr><td rowspan="2">2</td><td rowspan="2">小学</td><td rowspan="2">伙食费、学习生活用品费和交通费：2800元/年·生</td><td>家庭经济困难寄宿生生活补助：1500元/年·生</td><td>寄宿生：4300元/年·生</td></tr>
<tr><td>建档立卡、农村低保、特困供养、残疾学生四类非寄宿生生活补助：500元/年·生</td><td>非寄宿生：3300元/年·生</td></tr>
<tr><td rowspan="2">3</td><td rowspan="2">初中</td><td rowspan="2">伙食费、学习生活用品费和交通费：3500元/年·生</td><td>家庭经济困难寄宿生生活补助：1500元/年·生</td><td>寄宿生：5000元/年·生</td></tr>
<tr><td>建档立卡、农村低保、特困供养、残疾学生四类非寄宿生生活补助：625元/年·生</td><td>非寄宿生：4125元/年·生</td></tr>
<tr><td>4</td><td>普通高中</td><td>生活费：1000元/年·生</td><td>普通高中国家助学金：2500元/年·生</td><td>3500元/年·生</td></tr>
<tr><td>5</td><td>中等职业教育</td><td>生活费：3500元/年·生</td><td>中职国家助学金（本省）：2000元/年·生</td><td>5500元/年·生</td></tr>
<tr><td>6</td><td>高等教育</td><td colspan="3">享受情况（A. 在大学享受国家助学金　B. 申请并获得生源地助学贷款　C. 得到社会捐助）</td></tr>
</table>

注：2019年春季学期起执行；已获得“雨露计划”资助或“贫困残疾人教育扶持项目”补助资金的不再发放特惠性补助。

保亭县本着着力支持基础教育发展、办好学前教育、均衡发展九年义务教育、基本普及高中阶段教育的原则，制定《保亭县教育脱贫攻坚“十三五”规划方案》，全面保障贫困家庭学生在各教育阶段都能享受到优质的教育资源，确保他们在“全上学”的基础之上“上好学”。

对于贫困家庭而言，教育扶贫的重点不仅是学前教育和义务教育，而且包括非义务教育。为了减轻因教致贫、因学返贫的担忧，使贫困户有更多资源发展产业，同时确保贫困学生不必担心教育成本给家庭带来的负担，专注于学习和成长，保亭县把确保教育扶贫资金作为扶贫资源配置的首要项，坚决全面落实教育帮扶政策。

学前教育方面，保亭县从 2011 年开始对所有年满五周岁的本地户籍学龄前城乡儿童，一律免除就读公办幼儿园一年的学费，减免就读私办幼儿园 400 元的学费。

义务教育阶段，一是完善了以分管教育的副县长为组长的县打赢脱贫攻坚指挥部义务教育保障组和以教育、扶贫、财政、残联、民政为主体的县级教育扶贫协调机制。二是深入开展“控辍保学”专项行动，层层签订“控辍保学”责任书，压实“县政府—乡镇政府—村委会”和“县教育局—学校—老师”的“两条线”抓“控辍保学”的责任体系，明确“控辍”责任人和“保学”责任人，“两条线”互相联动，实行“控辍保学”周报告制，每周监测学生在校情况，确保处于九年义务教育阶段的“贫困家庭”的身体正常、应该上学的适龄儿童全上学。三是加大义务教育硬件投入，持续改善教学环境。保亭县在 2015—2020 年累计投入超过 6.2 亿元，实施“全面改薄项目”和薄弱学校改造项目，对全县中小学校进行维修和改扩建，尤其是新增实验室、功能室、运动场等，极大改善了全县所有义务教育学校的办学条件。

保亭县落实从学前教育到高中阶段教育的各学段全程特惠性扶持政策，2016—2020 年共发放特惠性教育补助 6497.59 万元，累计资助贫困家庭在校学生 3.85 万人次，实现贫困学生资助全覆盖；落实贫困家庭学生关爱体系，开展“万名教师访万家”活动，关心关爱贫困学生成长，让贫困家庭孩子有人生出彩的机会。实施“好校长、好教师”引进工程，面向全国引进优秀校长和教师共15名，累计招聘各级各类教师379人，加强了乡村教师队伍建设，提升了贫困地区教学质量。

职业教育方面，首先是落实职业教育扶贫方案，在中职学校全面推广扶贫励志班，春秋两季免费注册入学；其次是支持县中等职业学校为贫困劳动力免费开展职业培训，具体方式包括送训下乡、集中办班、现场实训等，确保所有有需求的贫困劳动力能得到职业技能培训；最后是资助开展新型职业农民学历提升和技能培训，稳步提升贫困劳动力的自我脱贫本领。

保亭县进一步完善普惠性资助政策，明确学前“三类幼儿”资助，高中阶段国家助学金按最高一档资助标准优先保障贫困家庭学生。高等教育生源地助学贷款实现“愿贷尽贷”。2016—2020年投入“雨露计划”资金221.9万元，为贫困家庭就读中高职学校学生1268人次发放补助，为808名家庭经济困难大学生办理生源地贷款554.595万元。

贫困户黄采家有一儿一女，女儿就读中学，儿子就读小学。精准扶贫前，黄采家农业产业收入低，家庭没有积蓄，教育开支是压在黄采身上的沉重负担。2016年，保亭县落实精准扶贫政策，实现教育扶贫全覆盖，黄采的一对儿女全部享受到了教育扶贫的特惠性补助。2019年，上初中并寄宿的女儿一年可享受到伙食费、学习生活用品费和交通费补助3500元以及家庭经济困难寄宿生生活补助1500元；上小学并寄宿的儿子一年可享受到伙食费、学习生活用品费和交通费补助2800元以及家庭经济困难寄宿生生活补助1500元。2019年可享受到的特惠性教育补助共9300元。黄采说：“有了教育扶贫补助资金，极大减轻了我们的负担，现在生活也轻松了很多。”（合口村调研记录，2019年9月5日）

三、医疗保障：实现医疗服务均等化

身体是革命的本钱，健康是基本的人权。习近平总书记指出，患病是致贫返贫的重要原因，医疗保障是帮助贫困人口脱贫的重要举措。保亭县建档立卡贫困人口中，因病致贫返贫 915 户 3473 人，占建档立卡贫困户的 13.8%。保亭县把落实医疗保障、推进医疗服务均等化作为帮助贫困群众脱贫的重要兜底手段。围绕“有钱看病、有人帮看病”的目标，坚持以兜底保障为重点，以分类救治为抓手，将健康扶贫落实到人、精准到病，稳步推进基本医疗保险和医疗救助全覆盖。

2016—2018 年，全县农村贫困人口医疗保险参保率达 100%，商业健康保险参保率达 100%，大病和慢病专项救治实现应救尽救；医疗服务均等化获得新进展，家庭医生签约实现应签尽签；医疗保障机制落实到位，农村贫困人口住院医疗费用实际报销比为 93%，25 种慢性病门诊医疗费用报销比为 82%。农村特困人员医疗费用实现 100%报销。以上医疗扶贫成绩的取得，主要仰赖于以下几方面的扶贫行动。

其一，构建医保体系，实现医疗兜底。保亭县构建了“四免一降五道保障”的医疗保障机制。（1）“四免”，即农村贫困人口免缴新农合年度个人费用、免缴大病商业补充保险费用、免缴住院押金、免报销起付线门槛；（2）“一降”，即农村贫困人口大病保险起付线降低 50%，由 8000 元降至 4000 元；（3）“五道保障”，即建立新农合、大病保险、大病商业补充保险、民政医疗救助、医疗保障专项资金“五道”保障线。

2016—2020 年，保亭县共投入 1394.41 万元补贴全县农村建档立卡贫困人口参加基本医疗保险费用，实现农村建档立卡贫困人口基本医疗保险全覆盖；投入 420.38 万元为 9.8 万余人购买大病商业补充保险，实现农村建档立卡贫困人口大病商业补充保险全覆盖；通过“四免一降五保障”，农村贫困人口门诊报销 661.17 万元，受益 18.01 万余人次；住院报销 8858.07 万元，受益 1.65 万余人次；大病商业补充保险累计赔付 1598 人次，赔付金额达 416.17 万元；医疗保障专项资金累计投入 733.2 万元，医疗兜底保障 7950 人次。

表 17　健康扶贫政策一览表

项目类别	优惠政策	就医机构	办理方法
新农合	新农合个人参合金由政府代缴		政府代缴
	一般门诊报销比例为 55%	乡镇卫生院及村卫生室	门诊即时结算
	慢性病特殊病种门诊报销 80%	二级以上公立定点医疗机构	门诊即时结算
	县级医院住院报销比例 80%、省二级医院 70%、省三级医院 65%	二级以上公立定点医疗机构	出院即时结算
	农村特困人员住院、慢性病特殊病种门诊、普通门诊费用实际报销 100%	二级以上公立定点医疗机构	出院即时结算
	在公立医院住院报销不设起付线	二级以上公立定点医疗机构	出院即时结算
	住院实行“先诊疗后付费”，住院不交押金	二级以上公立定点医疗机构	出院即时结算
政府兜底	在公立医院住院，经“基本医疗、大病保险、商业健康保险、医疗救助、医疗兜底”五道保障防线保障，实际报销 90%以上	二级以上公立定点医疗机构	出院即时结算
慢性病管理	经市县二级以上医院确诊为 40 种慢性病患者可办理《慢性病证》	二级以上公立定点医疗机构	县社保中心办理
	加强慢性病规范化管理，家庭医生签约服务率达到 100%	镇（乡）村级医疗机构	镇（乡）村级医疗机构办理

续表

项目类别	优惠政策	就医机构	办理方法
30 种大病专项救治	30 种大病——即：儿童先心病、儿童白血病、胃癌、食道癌、结肠癌、直肠癌、终末期肾病、肺癌、肝癌、乳腺癌、宫颈癌、急性心肌梗死、白内障、尘肺、神经母细胞瘤、儿童淋巴瘤、骨肉瘤、血友病、地中海贫血、唇腭裂、尿道下裂、耐多药结核病、脑卒中、慢性阻塞性肺气肿、艾滋病机会性感染、膀胱癌、肾癌、重型精神疾病（严重精神障碍）、风湿性心脏病	县域内大病专项救治定点医疗机构	先诊疗，后付费

其二，专项落实慢性病和大病救治方案。慢性病和大病耗资巨大，给贫困户带来无法承受的经济压力，会立即导致已脱贫户返贫。为此，保亭县专门制定《健康扶贫慢性病分类救治及大病救治工作实施方案》，落实“慢病签约服务管理一批”“大病集中救治一批”的工作，确保慢性病和大病实现应救尽救，最大限度防治这类因病致贫和因病返贫。慢病和大病救助，除了在医院直接完成医疗救助给付外，关键仰赖于家庭医生签约制度。保亭县组建由乡镇卫生院和村卫生室医生组成的家庭医生团队，按照家庭医生签约优先农村贫困人口的原则，到 2020 年底实现了家庭医生与农村贫困人口的全面签约，其中包含了 2365 名贫困慢病患者，以及 30 种专项救治大病贫困患者 1290 人。家庭医生不仅随时为签约慢性病和大病患者提供诊疗服务，而且肩负着协助他们申请并获得慢病和大病救助的任务。

其三，实行“一站式”结算政策。针对群众“看病难”的问题，保亭县采取多种便民医疗服务措施，提高医疗服务便利化程度，特别推出建档立卡贫困户“一站式”结算政策。保亭县在县域内定点医院设立综合服务窗口，与县域内和县域外 39 家医疗机构签订了医疗保障专项资金“一站式”结算协议，农村贫困人口在上述医疗机构住院享受“先诊疗后付费”和“一站式”即时结算服务，入院时无需缴纳押金，结清个人自付部分即可出院。

其四，积极提升基层医疗卫生服务能力。保亭县全力构建“15分钟城市健康服务圈、30分钟乡村健康服务圈”，保障农村贫困人口享有基本医疗、公共卫生、计生服务，实现“大病不出县、小病不出村”。

为实现“大病不出县、小病不出村”，实现“一县一院”目标，落实三级医院对口帮扶，海南省第三人民医院对口帮扶保亭县人民医院。2016—2020年，海南省第三人民医院共派出专家467人次，诊疗患者32887人次，开展住院手术275台次，会诊176人次，培训县医院医务人员346人次。省三院与保亭县人民医院建立了远程医疗协作关系，实现了远程会诊和检查结果互认，共指导保亭县人民医院开展了新技术34项、开展了新项目5项，全面提升了县医院能力水平。为进一步提高保亭县医疗卫生服务水平，2020年制定组建县医疗集团相关实施方案，提出以“强龙头”为保障，以“强基层”为目标，逐步实现“提质量、降费用、强基层、保健康”的医共体改革目标，成立以党政一把手为主要负责人的县医疗集团管理委员会。省三院利用自身技术和管理优势激发县人民医院内生动力，积极开展巡回医疗和对口帮扶促进基层首诊，下沉优质医疗资源到基层，逐步形成内部“责任、利益、服务、管理”共同体。对口支援和医联体建设两项措施，使保亭县基本实现了“大病不出县”的目标。

为实现“小病不出村”的目标，首先是实施“县属乡用”“乡属村用”的人才工作方案。保亭县给全县60个行政村的56个村卫生室配备了62名乡村医生、5名执业助理医师，另外4个行政村拥有乡镇卫生院，还从县乡两级卫生院抽调40名医务人员派驻村卫生室，充实乡村医生队伍。其次是落实保亭县基层医疗卫生机构标准化建设计划，村卫生室均设三室一区，基本医疗设备、常用药物备齐。最后是加快信息化建设，在全县范围推动远程医疗全覆盖。

其五，社会力量也是保亭县落实健康扶贫工作的重要助力。2018年，上海复星集团、海南省卫健委、国家开发银行海南省分行共同在保亭县启动“健康守门人——乡村医生健康扶贫”项目，邀请解放军总医院和海南省第三人民医院专家对保亭县乡村医生进行基本医疗、公共卫生和健康管理培训131人次，并为保亭县60名在岗乡村医生购买了人身意外险（181元/人·年），切实提高了乡村医生诊疗水平、照顾了乡村医生的现实需求。北京联慈健康扶贫基金会在保亭县落地“国奶扶贫”项目，共计向437人次贫困家庭0—3岁婴幼儿免费捐赠国产婴幼儿配方奶粉，保障了贫困家庭婴幼儿的健康成长，有效地减轻了贫困人口的家庭负担。

案例6　高叶生的早产儿

2018年1月的一个早上，和往常一样，保亭县响水镇什月村村民高叶生和家人在一起吃早饭。日子是美好的，一家人其乐融融，她肚子里的小生命还有两个多月就能来到这个世界。但后来，每当高叶生回忆起这段日子时，心中总是五味杂陈。

就在一家人其乐融融地吃早饭的时候，高叶生手里的筷子一下子掉在了地上。她腹痛无比，不断发出痛苦的叫声。家人急忙围上去一看，皆大惊失色，高叶生的羊水竟然破了！她被送到医院之后，经过医院全力诊治，好消息传来，母子平安。但由于儿子早产两个多月，所以还需留院观察治疗45天，共需要花费10多万元。出院单上的天文数字冲淡了小生命到来的喜悦，刚刚脱贫的一家子又有可能一夜返贫。

驻村工作队员许海洋了解了这个情况，他找到了户主黄海清，让他不要担心，先照顾好儿媳高叶生和孙子，钱的事情他会帮着解决。许海洋耐心跟黄海清讲解医疗扶贫相关政策，让其放下心理负担，积极治疗。在高叶生母子出院后，许海洋第一时间就带着黄海清前往什月村委会、响水镇政府和保亭县民政局办理相关事项。经计算，经过民政医疗救助和医疗兜底后，高叶生母子的医疗费用实际报销比将达到90%以上，个人自付的费用最终只需1万元左右。

10多万元的治疗费用，经过五道保障线之后，就变成了1万元左右，减免了90%多。月有阴晴圆缺，人有旦夕祸福，健康扶贫就是让贫困户在“祸”到来之时能够有钱、有人、有信心。

四、就业引导：实现可持续脱贫

劳动创造价值，不劳而获是不可持续的。习近平总书记指出，一个健康向上的民族，就应该鼓励劳动、鼓励就业、鼓励靠自己的努力养活家庭，服务社会，贡献国家。很长一段时间以来，不愿劳动的“等靠要”思想制约着部分贫困户脱贫致富。一个贫困家庭，只要有一个劳动力实现稳定的就业，就能全家摆脱贫困。

保亭县一直坚持“促就业保稳定，促就业谋发展”的原则，大力落实扶贫就业政策。保亭县工业发展先天不足、后天限制颇多，所以，无法通过发展制造业等工业化的道路来创造就业，只能根据自身资源禀赋和比较优势，发展农业、旅游等产业。

其一，多方协同开展劳动力转移就业。保亭县把劳动力转移就业工作作为与产业扶贫同等重要的举措，使其成为扶贫工作的重中之重。劳动部门加大劳务工作目标管理考核，搭建招聘平台，充分发挥民营企业吸纳就业的主渠道作用，主动推进就业岗位对接。保亭县把开展劳动力转移就业工作作为与产业扶贫同等重要的举措，使其成为扶贫工作的重中之重。人社就业部门加大劳务工作目标管理考核，搭建招聘平台，充分发挥民营企业吸纳就业的主渠道作用，主动推进就业岗位对接。2016年以来，县就业部门与县内和三亚多家用工企业建立长期联系机制，通过定期输送或微信群发布求职消息等方式，转移我县富余劳动力。2018 年 7 月，我县与三亚亚特兰蒂斯酒店、国家开发银行海南省分行签订就业精准扶贫合作协议，为我县富余劳动力输出提供良好的渠道。2019 年，在广东省保亭县商会挂牌成立广东省保亭县务工协会，为赴粤务工人员提供就业、生活、法律等方面的保障服务。通过开展“春风行动”、就业援助月、中海油扶贫招聘等专场活动促进劳务输出。2016 年至 2020 年，举办扶贫专场招聘会 63 场，提供岗位 24230 个，参加招聘会的建档立卡贫困劳动力 4616 人次，初步达成就业意向的贫困劳动力 506 人，应聘成功的贫困劳动力 226 人。

其二，实行外出务工就业奖励。保亭县专门制定了贫困劳动力外出务工一次性就业奖励方案，鼓励贫困劳动力外出就业。2016—2020 年，累计实施务工奖补 2. 05 万人次，发放奖补 3467. 8 万元，有效地激励了贫困劳动力外出务工或创业。

其三，提升劳动者素质和就业技能。家有良田万顷，不如薄技在身。保亭县积极开展调查摸底，全面摸清全县贫困户劳动力培训需求和求职意向。与此同时，专门制定了劳务输出及技能培训专项工作方案，把农村劳动力，尤其是贫困劳动力的就业技能培训，作为劳动力转移就业的基础性和前提性工作，确保有培训意愿的贫困劳动力都能得到技能培训。2016—2020 年，参与职业技能和实用技术培训的贫困劳动力达 2. 8435 万人次。

其四，多渠道开发扶贫公益性岗位。公益性岗位主要用于帮助无法离乡、无业可扶、无力脱贫的“三无”贫困劳动力实现就业。2016—2020 年，全县共开发农村保洁员、生态协管员、农业面源污染清理员、河道清理员、护林员等岗位 3591 个，确保有劳动能力的贫困家庭至少有 1 人实现稳定就业。保亭县制定了《公益性岗位工作人员管理暂行办法》，按照“谁开发，谁管理”的原则，加强了就业扶贫岗位的后续管理，防止虚设岗位、变相发钱。

案例 7　盆德全的故事

保亭县新政镇新建村委会新一村村民盆德全是当地名人。一提起他，当地人都能将他的经历说个一二来。盆德全学历不高，早早就外出打工。与别人一样，他打工是为了赚钱；但又与别人不一样，他打工又不止赚到了钱。

2013 年，盆德全在海口新港市场闲逛时看见一大群人围着一些枯树藤样的东西说个不停，打听后他才知道，这叫降真香，每斤少说也能卖几百元，而且货源非常稀少。他总觉得自己在老家的山里见过这种东西。他拿着一根样品回到老家，发动村民上山寻找。村民找到的枯树藤被他拿去鉴定，果然就是降真香。“原来这些枯树藤就是降真香，我们那的山里可多着呢！”盆德全与收购商达成协议，他就做起了降真香原材料的收购生意。

随着他从事降真香原材料收购的时间久了，他发现收购原材料的利润完全不能与贩卖降真香成品的利润相比。2016 年 7 月，盆德全向政府申请扶贫资金 56 万元用于平整土地、修建工房，申请 13 万余元购买打磨机、抛光机等设备，发起成立与香缘降真香加工专业合作社，并吸纳建档立卡贫困户 15 户 70 人加入合作社。

贫困户有优先参与合作社工作的机会，一天工资就有 200 块钱，而且每年还有分红，所以贫困户参与合作社工作的热情很高。一走进合作社，工人热火朝天地忙着加工，降真香独有的香气扑面而来。盆德全社长的手机轻轻振了几下，打开手机一看，又新来了一笔订单。

其五，以创业带就业。产业扶贫是脱贫攻坚的最重要组成部分之一，除了贫困户发展家庭经营，还通过农民合作社、扶贫车间等多种形式开展产业扶贫，通过发展创业直接和间接带动贫困户就业。其中，扶贫车间具有典型性，人社就业部门对吸纳贫困户3人以上的企业、合作社挂牌认定为扶贫车间，对吸纳5人以上的企业、合作社挂牌认定为扶贫基地，自2020年起，对吸纳贫困户劳动力的扶贫车间（基地）进行一次性奖励。截至2020年底，保亭县授牌12个扶贫车间（基地），涉及手工制造、花卉种植、高效农业等产业，共吸纳贫困家庭218户。目前发放2个扶贫基地和2个扶贫车间共12.5万元的就业吸纳一次性奖励。保亭县大力开展贫困户创业典型评选活动，培育创业脱贫致富典型，让典型充分发挥带头人的领导性作用。2018年，保亭县共授予王克山等16名贫困人员“创业脱贫致富之星”称号，并给予他们每人5000元的奖励，鼓励他们再接再厉，带领更多的贫困户脱贫。2020年，保亭县共授予许朝雄等102名贫困人员“脱贫光荣户”称号，并给予他们每人5000元的奖励，鼓励他们再接再厉，带领更多的脱贫户脱贫致富。

表18 保亭县现有扶贫车间情况

乡镇	扶贫车间名称	经营范围	吸纳贫困户数量（户）
加茂镇	海南吾爱生态农业发展有限公司	农作物、蔬菜、水果、苗木的种植及销售等	16
三道镇	海南槟榔谷黎苗文化旅游发展有限公司	旅游资源和旅游项目投资开发等	44
	海南呀诺达圆融旅业股份有限公司	旅游资源和旅游项目投资开发等	14
响水镇	保亭什栋手工皂加工农民专业合作社	手工皂加工	5
新政镇	保亭新政与香缘降真香加工专业合作社	降真香加工及销售	18
	保亭报什千步桥种植农民专业合作社	谷物、豆类、水果收购、种植、加工、销售等	10
	海南洋创新能源科技有限公司	光伏电站、运维与运营管理	75

续表

乡镇	扶贫车间名称	经营范围	吸纳贫困户数量（户）
六弓乡	保亭指山现代农业发展有限公司	果蔬种植、加工等	16
什玲镇	保亭什玲万坡农家肥加工专业合作社	农家肥回收、加工、微生物肥料生产与销售	6
南林乡	保亭南林正方兰花农民专业合作社	兰花、鲜花	3
	保亭县润林果蔬种养专业合作社	兰花、鲜花	6
	保亭南林润农兰花农民专业合作社	兰花、鲜花	5
共计	共10个扶贫车间、2个基地		218

五、救济救助：促进社会公平

老弱病残幼是社会最弱势的群体，也是难以单独依靠自身能力摆脱贫困的群体。对他们的救济救助，不仅是人道主义和社会公平的基本要求，而且是现代文明社会的基本要求。保亭县严格贯彻国家社会保障政策，结合自身实践，创新对社会最弱势群体的救济救助措施。

其一，精准识别救济救助对象。保亭县加强各部门的协调配合，强化乡镇村的作用，充分发挥扶贫干部的力量，对救济救助对象进行走访和调查，利用信息系统进行信息核查，确保精准定位和精准识别，不多一人，不少一人。截至2020年12月，全县共有留守儿童86人、困境儿童201人（城市69人，农村132人）、留守老人4人、重度残疾人（一、二级）2435人、困难残疾人1355人。他们缺乏劳动能力和技能，无法依靠自己的力量增加收入和摆脱贫困，是政策性保障兜底和救济救助的主要群体。

其二，严格落实救济救助政策，确保全部获得政策兜底。依据海南省和保亭县的社会保障和救济救助政策，保亭县按照家庭困境、自身困境、监护困境对困境儿童进行精准识别，并按照不同类别定期发放困境儿童生活补贴，如2019年8月为生活困境儿童发放补贴38780元。落实农村低保及困难残疾人生活补贴、重度残疾人护理补贴等保障制度，2016—2018年，累计发放重度残疾人护理补贴1910.19万元，惠及7.95万人次；累计发放困难残疾人生活补贴224.38万元，惠及3.01万人次。

其三，为贫困人口代缴居民基本养老保险。2018—2020年，保亭县累计投入1110.40万元为55520人次贫困人口代缴社会保险，为全县3576名年满60周岁以上的贫困人口发放养老金2357.30万元。该措施对于缓解农村贫困老人的生计困难提供了重要帮助。

其四，动员社会力量参与关爱弱势群体活动。其中最典型的是各方社会力量对留守儿童的关爱，包括定向捐赠慰问金、发放图书和文具、开展主题教育活动和慰问活动等。如2020年6月1日，县民政局联合县妇联、各乡镇（居）开展“同享一片蓝天·相伴快乐成长”儿童关爱行动，以走访入户的方式慰问20名无人抚养及陷入困境的儿童；2020年6月15—16日，县民政局工作人员与特殊教育专家委员会其他成员共同入户，开展义务教育阶段残疾适龄儿童的送教上门情况评估，共入户评估17名残疾适龄儿童，其中5名为免缓入学的重度残疾儿童。

案例8　身残志坚的黄少燕

黄少燕是保亭黎族苗族自治县三道镇三弓村委会什改村人，今年56岁。每天早上，当其他村民还在梦乡的时候，她和丈夫符忠秋就早早起来开始了忙碌的一天。丈夫负责劈柴烧火，她负责将已经发酵好的酒糟放入蒸锅。随着酒糟渐沸、蒸汽出锅，醇醇的酒香味慢慢弥漫了整个村庄。黄少燕酿酒技术精湛，酿出来的米酒远近闻名，甚至还有县城的居民专门寻上门来买酒。

这个过程说起来似乎很容易，但对黄少燕来说并不容易。丈夫是个孤儿、耳朵听力有问题，她本人则是在年少时右腿高位截肢。因为身体残疾、行动不便，她一天只能酿60斤酒。三弓村支部书记黄大泽说到黄少燕一家时赞不绝口："黄少燕一家很难得，生活确实比普通家庭困难很多，因为夫妇俩身体残疾，劳动能力十分有限，妻子酿酒开小卖部，丈夫租地种了三亩瓜菜，收入有限，但是他们很勤劳。"

2014年，黄少燕一家被纳入了精准扶贫对象；2015年，一家人享受了政府的危房改造政策，现在拥有了一间40平方米的新房子，再也不用担心刮大风下大雨；2016年，政府给予其2000棵益智苗、50只鸡苗、4包肥料，帮助他们一家发展农业产业……黄少燕还积极参加政府组织的技术培训、扶贫夜校课程、座谈会等活动。

除了这些帮扶政策以外，黄少燕一家更是获得了一项特殊的帮扶。由于丈夫听力不好，黄少燕每周都要自己骑着残疾车，赶到七八千米外的镇上拉酿酒的大米、购置小卖部的货物。但在2016年，残疾车坏了，反复维修仍经常半路"掉链子"，给她的生活和生产带来了严重的困扰。可她当时已经欠了亲戚一万多元钱，没法再借钱换新车。她的困扰很快就被帮扶责任人三道镇司法所董永恒知道了，他将黄少燕的情况汇报给三道镇残联，镇残联上报县残联，问题很快就得到了解决。与此同时，根据扶贫政策，黄少燕夫妻俩还获得了政府发放的残疾人生活补贴、产业发展扶持和奖励，并在2017年实现了脱贫。

第六节　经验与启示

每个贫困地区的致贫原因都不同，每个人的致贫原因也差别很大，但无论是贫困县、贫困村还是贫困户，打通公共服务数量和质量欠缺的瓶颈，是走向脱贫致富的基本要求。便捷的交通、稳定的电力、快速的网络、干净的环境、完备的农田水利、适合现代农业技术要求的高质量耕地、完善的社会保障，这些都是打破阻碍发展的客观瓶颈的必然要求。

在保亭县的扶贫实践中，在公共服务领域的扶贫投入是空前的，一方面填补了保亭县在上述领域的历史欠账，另一方面也因地制宜地开展了创新，其主要经验和启示包括以下几点：

其一，做到组织保障、多方协作、质量先行、管护跟上。包括水电路气网等在内的基础设施和公共服务，整个建设和管护过程涉及许多不同职能部门、不同行业领域、不同专业知识和技能人员，需要他们共同参与和协同作战，需要稳定的资金投入、科学的组织和管理、细致的监督与审计、健全的政策和制度，以及高效率的资源配置系统、人员流动和调配系统、信息流动与管理系统、社会秩序维持和宣传系统等。

为此，保亭县按照“省级主导、市县主体、部门保障、社会支持”的原则，在打赢脱贫攻坚战指挥部中专门组建与各项公共服务建设相关的专项工作组，纳入所有相关职能部门和政府机构，明确各自的责任和分工，并制定细致的工作原则和工作方法，为整个公共服务领域相关工作的推进提供强大而高效率的领导和组织保障。如危旧房改造工程，为了解决砂石供应，住建局联合国土局和城投公司设置定点砂石供应点，按政府指导价凭证购买，确保砂石质量和优先供应危旧房改造；为了解决宅基地不够的问题，国土局、住建局、乡镇政府、村两委、驻村工作队、帮扶干部、贫困户等各方联合协商沟通，确定新的宅基地选址并办理手续。

为了确保各类公共设施的建设质量，保亭县严格要求质量监管和问责，创新质量控制机制，引入第三方监管机构、不定期突击质量检查、发现安全隐患严肃整改并问责、暂扣工程尾款至质量监测合格后发放等措施，实现从施工原料质量监管、施工过程质量监管、施工完成后质量评估等全过程质量掌控。

确保公共设施可持续使用的重要做法是克服“重建设、轻管理”的弊端，把后续管护放到比建设更重要的地位。保亭县对于各类公共建设和服务系统的后续管护，一是充分建立各类行之有效的管护制度，明确管护程序、管护责任和管护主体；二是建立专门的管护机构和管护队伍，尤其是通过设立各类公益性岗位，招聘贫困劳动力直接参与管护工作，既解决他们的就业问题，又发挥他们作为受益主体的参与管护工作的积极性和责任感。

其二，充分重视公共设施和公共服务建设的配套性和系统性。为了最大限度地发挥各类基础设施建设、公共服务设施、社会保障措施的扶贫效果，保亭县坚持把所有行动和措施纳入一个整体进行综合考虑和规划的原则，最大限度实现各类建设和措施的相互配套，避免不必要的冲突和重复建设问题。如将水电路气网等基础设施建设与饮水安全、危房改造、“厕所革命”、环境整治等措施结合起来，将厕所改造与污水处理充分配套，将人畜饮水设施和水利设施管护工作与就业扶贫相互协调。此外，在建设各类硬件的同时，还要十分重视各类设施建设的功能完整性，避免出现诸如有卫生厕所但无污水处理设施、有村庄环卫设施但无垃圾清运和处置设施的弊端。

其三，社会保障坚持政策原则与量力而行并行原则。在执行各类社会保障扶贫政策时，保亭县一方面严格贯彻中央和海南省的相关政策精神，确保所有符合政策要求的贫困群体能及时享受各类优惠政策，另一方面在实施和执行过程中，最大限度优化操作程序，以贫困户的体验为核心，减少贫困户获得政策优惠的程序和步骤，提升落实效率。此外，基于保亭县实际情况，避免出现擅自改动优惠政策待遇和标准的行为，避免贫困户出现“等靠要”思想，避免出现非贫困户与贫困户之间的社会福利悬崖效应。

第五章

统筹整合：构建促进发展的资源保障

发展理论中，经济增长与发展的五大基本要素包括土地、劳动力、资本、技术、制度。对于任何发展中国家或发展中地区而言，有效的动员和获得资本，从来都是最重要的工作，也是确保可持续发展的基础和重点。从动员和获得资本的方向看，包括内部资本和外部资本。而贫困地区最缺乏的往往是内部资本，最急需的则是外部资本。为此，习近平总书记在有关脱贫攻坚的诸多论述中，强调要建设保障资金投入的扶贫体系，增加投入是保障，坚持政府投入的主体和主导作用，增加金融资金对脱贫攻坚的投放，吸引社会资金参与脱贫攻坚。

第一节　统筹扶贫及涉农资金

一、财政涉农资金的统筹与整合

习近平总书记强调，各级财政要加大对扶贫开发的支持力度，各项扶持政策要进一步向革命老区、贫困地区倾斜。针对以往财政专项资金投入都要求县级财政配套使用的问题，习近平总书记指出要考虑到贫困县的实际情况，越是贫困的地区，越是拿不出配套资金，导致项目难以落地，无法达到扶贫效果。为此，一方面要加大中央和省级财政扶贫投入，坚持政府投入在扶贫开发中的主体和主导作用。同时，要求国家在贫困地区安排的公益性建设项目，要取消县一级配套资金。另一方面，针对财政扶贫资金或涉农资金往往出自不同部门和不同方向，有限的资金被分割，造成资金使用效率低下，相互之间缺乏配合甚至造成浪费等问题，为此，要给贫困县更多扶贫资金整合使用的自主权，加大扶贫资金的统筹和整合力度，以重点扶贫项目为平台，把专项扶贫资金、相关涉农资金、社会帮扶资金捆绑使用。

基于以上思想和要求，国务院办公厅制定《关于支持贫困县开展统筹整合使用财政涉农资金试点的意见》（国办发〔2016〕22号），同年海南省政府制定《关于支持贫困县开展统筹整合使用财政涉农资金工作的实施意见》（琼府办〔2016〕174号），并先后制定了若干个具体的配套政策，确保财政涉农资金统筹整合使用的方式、监管的方式等得以明确和落实。保亭县作为财政涉农资金的直接使用者，基于中央和海南省的政策原则和要求，结合保亭县实际情况，分年度制定县级财政涉农资金统筹整合使用实施方案。

在政策设计层面，统筹整合使用财政涉农资金的目的在于发挥涉农资金的整体效益、规模效益、政策导向、杠杆作用，提高资金使用精准度和效益。以《保亭县2017年调整财政涉农资金统筹整合使用实施方案》（保开发〔2017〕23号）为例，2017年计划统筹中央资金、省级资金和县级资金共计28533.33万元实施精准扶贫。统筹使用的资金共有25项，包括中央资金13项，省级资金10项，县级资金2项，各类资金分别占统筹整合使用财政涉农资金总额的46.32%、33.71%、19.97%。而统筹和整合使用后的资金，主要投向六大领域，分别为教育扶贫、医疗保障、住房保障、产业发展扶贫、技能培训扶贫以及基础设施建设。由于每年可获得财政专项不同，因此每年可统筹整合的资金类型和数量并不完全相同。如在《保亭黎族苗族自治县2020年统筹整合使用财政涉农资金（调整）实施方案》（保开发〔2020〕26号）中，统筹整合中央财政资金17项、省级财政资金9项、县级财政资金2项。

基于统筹整合使用的原则，在操作上尽量避免了之前单个财政涉农资金因为资金太少且类目要求太细而导致的“撒胡椒面”和“打酱油的钱不能买醋”的困境，在操作上实现了“多个渠道引水、一个龙头放水”的扶贫投入新机制，根据实际需求和主要矛盾，有重点和针对性地使用资金。

比如保亭县2017年统筹整合涉农资金的分配方案中，教育扶贫的资金投入为1146.88万元，而从财政涉农资金来源看，并没有直接涉及教育扶贫的专项资金。教育作为“两不愁三保障”要求的重要内容，且教育扶贫作为阻断贫困代际传递、提高农村人力资源状况的重要手段，重要性毋庸置疑。为此，保亭县统筹整合了2017年省级农业综合开发补助资金、2016年省级农民专业合作组织发展资金、2017年中部地区农业发展资金，作为教育扶贫资金使用，具体包括贫困户的学前教育、小学教育、初中教育、普通高中教育、中职教育以及大学教育的学费、住宿费和生活费补贴。

表19　保亭县2020年统筹整合使用财政涉农资金来源分类统计表

资金来源	资金总额（万元）	比例
中央资金	13278.56	57.85%
省级资金	9577.50	41.72%
县级资金	98.50	0.43%
合计	22954.56	100.00%

表20　保亭县2020年统筹整合使用财政涉农资金汇总表（万元）

序号	财政资金名称	计划统筹资金（万元）	备注
1	财政专项扶贫资金	12039.28	中央资金
2	水利发展资金	860	中央资金
3	农田建设补助资金	378.53	中央资金

续表

序号	财政资金名称	计划统筹资金（万元）	备注
4	农村危房改造补助资金	0.75	中央资金
5	财政专项扶贫资金	9193.75	省级资金
6	水利发展资金	383	省级资金
7	农村危房改造补助资金	0.75	省级资金
8	财政专项扶贫资金	70	县级资金
9	农村危房改造补助资金	28.5	县级资金
	合计	22954.56	

医疗保障是“两不愁三保障”的另一个重要组成部分，但原有的新农合及医疗救济救助体系，对于大病医疗无法有效覆盖和兜底，为此保亭县统筹中部地区农业发展资金，作为贫困户健康扶贫大病医疗兜底资金。

表21　保亭县2020年统筹整合使用财政涉农资金项目表

序号	项目	计划统筹资金（万元）	比例
1	雨露计划	70	0.30%
2	医疗保障	0	0%
3	住房保障	30	0.13%
4	产业发展扶贫	12874.39	56.08%
5	技能培训扶贫	214	0.93%
6	基础设施	9766.17	42.55%
	合计	22954.56	100.00%

在实际操作和执行过程中，由于不同渠道的财政涉农资金并不是同时下拨的，且每年可获得的财政涉农资金类别和资金并不完全相同，因此，保亭县每年的统筹整合使用财政涉农资金实施方案都存在较大差别，且每年会根据可统筹整合资金的数额变化及时调整。以2017年为例，保亭县扶贫开发领导小组对当年的实施方案进行了三

次调整，分别为2017年3月30日第一次发布实施方案；9月30日进行第一次调整，主要增加了教育扶贫资金、产业发展扶贫资金、基础设施建设投入三大项；12月19日进行第二次调整，再次增加了基础设施建设投入资金。

表22　保亭县2017年统筹整合使用财政涉农资金实施方案调整情况汇总表

时间	文件名称	文号	统筹整合资金总额	统筹整合资金使用方向
2017年3月30日	保亭黎族苗族自治县扶贫开发领导小组关于印发《保亭县2017年财政涉农资金统筹整合使用实施方案》的通知	保开发〔2017〕3号	20580.05万元，涉及15项财政涉农资金	教育扶贫508.26万元；医疗保障627.98万元；住房保障12507.95万元；产业发展扶贫5365.80万元；技能培训扶贫63.20万元；基础设施1506.86万元
2017年9月30日	保亭黎族苗族自治县扶贫开发领导小组关于印发《保亭县2017年调整财政涉农资金统筹整合使用实施方案》的通知	保开发〔2017〕23号	28533.32万元，涉及25项财政涉农资金	教育扶贫1146.88万元；医疗保障367.02万元；住房保障12015.65万元；产业发展扶贫9907.68万元；技能培训扶贫68.63万元；基础设施5027.46万元
2017年12月19日	保亭黎族苗族自治县扶贫开发领导小组关于印发《保亭黎族苗族自治县2017年年末调整财政涉农资金统筹整合使用实施方案》的通知	保开发〔2017〕31号	32896.77万元，涉及35项财政涉农资金	教育扶贫1146.88万元；医疗保障扶贫367.02万元；住房保障12015.65万元；产业扶贫10550.68万元；技能培训68.63万元；基础设施8747.91万元

二、项目库制度

在过去很长一段时间内，各种财政涉农转移支付资金在运行和操作层面按照专款专用、地方配套的原则，以项目制的方式运作，由行业部门牵头或具体执行和监管，镇村两级参与和协助。但在具体项目制的具体实践过程中，各级财政涉农资金存在量大、面广、点多、线长的特点，监管难度大，在这方面也经常出现各种因为监管不善而导致的问题，引起社会关注。

> 以前想做什么事情，不管是搞基础设施，还是搞产业，首先想的是到哪里去找钱，看哪个部门有钱，能不能符合哪个专款专用的要求。等好不容易找到钱了，事情往往都耽误了。等千辛万苦走完了各种手续，往往还要面对各种不理解，有人说你不公开，有人说你贪污了。可是，有时候却又是反过来的，突然来了一笔专款专用资金，要求限时花完，就得临时找项目，搞得手忙脚乱，事情也很难做好。（保亭县响水镇政府访谈记录，2019 年 9 月 5 日）

习近平总书记于 2018 年 2 月 12 日在打好精准脱贫攻坚战座谈会上的讲话中强调，要加强资金整合，理顺涉农资金管理体系，确保整合资金围绕脱贫攻坚项目精准使用，提高使用效率和效益。要建立县级脱贫攻坚项目库，加强项目论证和储备，防止资金闲置和损失浪费。要健全公告公示制度，扶贫资金分配结果一律公开，乡村两级扶贫项目安排和资金使用情况一律公告公示，接受群众和社会监督。

为了贯彻习近平总书记的讲话精神，国务院扶贫办于 2018 年 3 月 8 日印发《关于完善县级脱贫攻坚项目库建设的指导意见》（国开办发〔2018〕10 号），海南省打赢脱贫攻坚战指挥部办公室 2018 年 6 月 4 日发布《关于印发〈完善县级脱贫攻坚项目库建设的实施方案〉的通知》（琼脱贫指办〔2018〕31 号）。基于以上文件精神，保亭县 2018 年 7 月 25 日出台《保亭黎族苗族自治县项目库建设管理办法（暂行）》（保开办发〔2018〕72 号），针对全县使用专项扶贫资金、整合涉农资金实施的脱贫攻坚项目，建立项目库。

项目库的建立按照“群众参与、村级申请、乡镇审查、县级审批、省级备案”的程序，对所有进入项目库的项目及其相关信息在保亭县政府信息公开网等平台公开公示。根据实际需要，保亭县把基础设施、产业发展、技术培训、教育补助、医疗补助、金融扶贫和其他相关项目等七大类项目纳入项目库。根据项目性质，既包括新建项目，又包括扩建项目和续建项目。

考虑到可统筹整合使用的财政涉农资金随时会发生变化，且脱贫攻坚实际工作中的实际项目需求也会不断发生变化和出现新需求，保亭县规定了入库项目的动态调整制度。一般每年 3 月、6 月、12 月对项目总库进行集中清理更新，形成“建成一批、淘汰一批、销号一批、充实一批”的良性循环机制。如 2018 年 10 月 21 日，保亭县扶贫办首次发布《保亭县 2018—2020 年县级脱贫攻坚项目库入库项目公示》，当时入库项目 1904 宗，项目金额 63647.03 万元。根据实际情况的变化和现实需求，2018 年 12 月 31 日，保亭县扶贫办发布首次调整后的《保亭县 2018—2020 年县级脱贫攻坚项目库入库项目公告》，调整后的入库项目 2119 宗，项目金额 73962.62 万元。此后，又对入库项目进行了多次定期调整，如 2019 年调整后入库项目 304 宗，项目资金 28307.6 万元，2020 年调整后入库项目 530 宗，项目资金 52630 万元。

在项目的选择和资金投入方向上，以完成“两不愁三保障”目标，以及增加内生发展动力及基础设施和公共服务改善类需求为投资主要方向。以第二轮调整后的项目库为例，所有七大类项目中，项目数量最多的是金融扶贫，占总项目数的 30%，但其所占资金比例只有 2%；而产业发展和基础设施作为脱贫攻坚的重点领域，尽管项目数量并不是最多的，但项目资金所占比例是最高的，这两类项目投资累计达 77%。

项目库制度的建设与运行，是对统筹与整合财政涉农资金的具体落实，对于精准扶贫工作的顺利推进至关重要，能够把全县所有脱贫攻坚项目进行提前规划和安排，最高效率地实现项目与资金的相互对接，把以前“有项目但找不到资金、有资金又找不到项目”的局面转变为“项目等待资金、资金及时使用”的新格局，既加快了项目执行速度，也提高了扶贫资金的使用效率。

> 以前搞扶贫工作，最怕的事情就是突然有钱下来，但临时找不到项目，即便找到合适的项目，要在财政年度之内花完，往往因为时间紧任务重，造成项目紧急上马，加急施工，往往存在设计、质量等各方面的问题和隐患。搞了涉农资金统筹整合使用，并配套建立了项目库制度之后，这些问题基本就没了。凡是进入了项目库的，那我们就会要求各乡镇或行业职能部门提前研究和准备审批材料，只要钱一到，就可以马上开工。（保亭县扶贫办访谈记录，2019 年 9 月 2 日）

三、资金管理及其创新

自从国家全面取消农业税之后，工业反哺农业、城市反哺农村的力度不断加大，以中央财政和省级财政为主的各级财政专项支农涉农资金屡创新高。在极大地缓解社会经济转型期出现的“三农”问题，解决农村贫困问题方面，发挥了重大的历史性作用。但不可否认的是，涉农资金使用和管理中也屡次出现各种问题，如层层截留、重复投入、无效投入，甚至贪污腐败等，导致“支农资金几千亿、农民受益毛毛雨”的情况经常见诸报端，并屡屡被全社会诟病。与此同时，大量财政涉农资金又分散在各个不同部门，并以专项资金的形式分配，导致现实中出现“九龙治水”的困局。

取得脱贫攻坚战的胜利，离不开大量真金白银的投入。而政府公共财政是扶贫资金投入的主体。在统筹整合使用财政涉农资金，集中投入脱贫攻坚的财政投入和使用的政策基础上，为了更好地用好和管好宝贵的财政扶贫专项资金，财政部、农业部、国务院扶贫办等六部委于 2017 年 3 月 13 日联合印发《中央财政专项扶贫资金管理办法》（财农〔2017〕8 号）。核心原则如中央财政专项扶贫资金项目审批权限下放到县级。财政专项扶贫资金要重点围绕培育和壮大贫困地区特色产业、改善小型公益性生产生活设施条件、增强贫困人口自我发展能力和抵御风险能力等方面进行投入。各省要创新资金使用机制，探索推广政府和社会资本合作、政府购买服务、资产收益扶贫等机制，撬动更多金融资本、社会帮扶资金参与脱贫攻坚。

基于以上政策原则，海南省相继发布了多个扶贫资金管理的政策文件，如《海南省财政专项扶贫资金管理暂行办法》(琼府办〔2016〕324 号)、《关于完善扶贫资金项目公告公示制度实施办法》（琼扶办发〔2018〕184 号)、《关于进一步加强扶贫资金管理的意见》（琼府办〔2017〕143 号)、《关于全面加强脱贫攻坚期内各级各类扶贫资金管理的意见》（琼脱贫指〔2018〕32 号)、《关于规范统筹整合涉农资金及财政专项扶贫资金使用管理有关事项的通知》（琼开办发〔2019〕19 号)、《关于做好 2020 年度财政专项扶贫资金使用管理工作的通知》（琼财农〔2020〕54 号)。保亭县在工作实践中，在贯彻上级政策精神的同时，基于自身特色，先后出台了三个修订版本的《保亭县财政专项扶贫资金管理细则》（保府办〔2017〕239 号、保府办〔2018〕44 号、保府办〔2019〕4 号)。

针对扶贫资金使用和管理中出现的各种具体操作问题，海南省及保亭县相继出台了若干相关政策，如为了加快财政资金的使用进度，防止出现因为财政支付影响项目进展的情况，海南省财政厅专门出台《关于建立扶贫资金支出绿色通道的通知》（琼财支〔2016〕1542 号)。

总体上看，扶贫资金管理及其创新方面的主要经验，可主要总结概括为如下几点：

第一，权限下放、县级主责、各司其职原则。在中央要求进行

“统筹整合财政涉农资金，集中用于脱贫攻坚”的政策原则下，保亭县在财政涉农资金管理上获得了比以往其他财政专项资金更大的使用权限。财政资金实行“任务到县、资金到县、权力到县、责任到县”的管理机制，权力越大，责任也越大。在资金分配上，在县委县政府的统一领导下，县财政局、扶贫办，以及各行业部门、各乡镇分工协调，以遵循精准脱贫和脱贫成效相挂钩的原则，进行资金分配和任务分解。其中财政部门负责资金的预算安排、拨付、管理和监督检查；行业主管部门负责拟定本部门和行业内的项目计划和资金分配方案，指导监督本部门项目实施，组织县本级项目申报、实施、管理和验收等工作；乡镇政府则负责组织本辖区内的项目申报、实施、管理和验收等。县扶贫办作为扶贫工作的统筹协调机构，则全面参与指导和监督扶贫资金的分配、项目实施和效益评估等。

第二，重点突出、多方参与、公开公示原则。围绕精准扶贫，财政扶贫资金的使用范围重点突出，主要围绕培育和壮大特色产业、改善基本基础设施和基本公共服务、提高就业技能和生产能力、缓解生产性资金短缺、加强教育和医疗保障等方面内容。资金使用方面，围绕项目库制度，坚持多方参与和公开公示原则。所有需要使用财政扶贫资金并纳入项目库的项目，需按照“六步法”执行，包括村小组谋划、村委会核对、乡镇政府初审核实、县级主管单位核实、县扶贫办核定、县扶贫开发领导小组审定。在此过程中，要求每个步骤公开审核或审定标准及其结果，通过公开公示栏、政府网站、报纸、广播、电视等渠道进行公开公示，并接受群众举报和申诉。

第三，扶贫资金支出绿色通道制度。在实施项目库制度之前，每一笔扶贫资金对应的扶贫项目，需要逐个按照常规项目的做法那样，包括项目申请、项目立项、项目可研、项目审批、项目设计、项目招标、项目采购、项目实施、项目报账、项目检查、项目验收等一整套完整流程，时间往往拉得很长。很多项目在具体执行过程中，由于准备时间较长、审核程序严格等，使得资金拨付进度很慢。而扶贫资金使用的重要原则，是要提高资金使用效率，尽快落实并产生实际效益，同时要防止财政资金沉淀。很多时候，为了加快财政资金使用进度，会出现各种打擦边球甚至违规违法的行为。

基于扶贫资金拨付进度滞后、使用效率偏低问题，海南省财政厅专门出台扶贫资金支出绿色通道的系列专门规定。如：扶贫物资采购金额50万元以下（含50万元）可不实行政府采购，50万元以上300万元以下的可审批同意后直接采购。在项目审批手续方面规定，如500万元以内的项目可直接审批项目初设和概算，500万元以上1000万元以下的则审批可研、初设、概算，1000万元以上的则审批项目建议书、可研、初设和概算。在危旧房改造补助资金发放方面，实行分阶段拨付原则，项目动工时先拨付50%—80%，余款验收合格之后再行拨付。在报账时，对于无法提供发票的，由购买方提供自制单据并经买卖双方及帮扶责任人签字后即可作为报账依据。对于财政扶贫资金补助个人项目，经过审核并公示无异议且材料和手续完备的，可将补助资金通过“一卡（折）通”直接拨付给补助对象。

第二节　整合市场与社会资源

一、机关及事业单位帮扶与市场链接

定点帮扶和干部包村帮扶机制，是我国扶贫工作机制的一大创举，也是我国社会主义体制和制度优越性的重要体现。基于中央及海南省的政策要求，保亭县结合自身实际，建立了机关企事业单位定点帮扶、第一书记驻村帮扶、驻村工作队和乡村振兴工作队驻村帮扶的机关及事业单位等财政供养人员综合帮扶体系。据不完全统计，全县财政供养人员直接参与帮扶的比例超过70%。以2020年最新调整后

的帮扶队伍安排为例，帮扶体系涵盖全县 11 个乡镇（农场、农场居），涉及全县 63 个村和所有农场居民点。这意味着 44 个贫困村之外的非贫困村，同样被纳入了帮扶责任体系之中。

帮扶体系的工作重点是精准帮扶，但工作难点则在于如何实现精准帮扶的同时，确保贫困户有可持续发展的内生动力。全县众多帮扶牵头单位和责任单位在帮扶政策框架体系之内，“八仙过海，各显神通”，纷纷深挖各自优势，通过各种方式实现贫困农户的生产与市场连接。

第一，帮扶干部动员个人资源解决贫困户的困难。随着以“两不愁三保障”为核心的精准扶贫体系的建立和完善，贫困户需要的基本生产生活设施和公共服务逐步得到制度性保障。但贫困户在面对一些突发性困难和应急需求时，往往最先想到的是与其结对子的帮扶干部。而帮扶干部动员个人资源为贫困户解决临时应急需求成为最常见的帮扶措施之一。

> 刚开始，我帮扶的一户和我关系不冷不热，工作不好做，不信任我。后来有一次这户家里小孩突然生病，半夜给我打电话求助。我赶紧自己开着车把他们接到县医院，帮他先垫付医疗费，又找到医院的朋友帮忙，以最快的速度解决了他们的困难。从那以后，他们就信任我了，过年过节总是第一时间给我发祝福消息。进城来，还总是要给我带土特产。（保亭县扶贫办访谈记录，2019 年 9 月 2 日）

第二，帮扶单位动员和整合资源协助贫困村发展产业。虽然财政扶贫资金中有专门的产业扶贫资金，但在开展精准扶贫工作的前期，大量帮扶单位利用各自的组织优势和机构优势，动员和整合各方资源，为其对口帮扶村规划和开展扶贫产业。随着产业扶贫政策的逐步完善，尤其是产业扶贫资金管理的逐步规范和完善，贫困村产业发展逐步纳入财政扶贫的重点投入领域，但帮扶单位执行筹资推动贫困村产业发展的情况依然常见。

> 2017年以前，大家对精准扶贫的认识还不够深入，操作上还不太规范。几乎所有帮扶单位都通过各种渠道找了不少钱，购买生产资料，直接对口帮扶村的贫困户，如养殖上直接发幼畜幼禽、发饲料等，种植上则直接发种苗、化肥等物资。2017年后，政策上对此前散种散养等产业发展方式进行了规范和调整，要求以组织化的方式发展产业扶贫项目。后来，帮扶单位直接发物资的就没有了，但找钱帮助贫困村搞产业，依然是帮扶的重要手段。（保亭县农业农村局访谈记录，2019年10月15日）

第三，定点消费和定向消费解决贫困户农产品销售困境。对口帮扶的另一种常见做法是定向消费，包括集中购买帮扶村所生产的农副产品，或帮扶单位筹资定向资助贫困村发展生产并提前订购产品。前者可称之为定点消费，后者可称之为定向消费。

> 有些村的定点帮扶单位是大单位，职工多，消费能力强。一般都会集中在帮扶村采购土特产品，增加农民收入。有的单位还会通过职工认筹的方式，出钱采购幼畜幼禽等，交给贫困户养大，然后再由帮扶单位买回去，作为职工福利。（保亭县农业农村局访谈记录，2019年10月15日）

第四，协助农户打开市场销售渠道。产业扶贫是预防和阻止返贫的最重要手段之一，但影响贫困户发展产业的最大难点在于如何有效地为农户连接市场，帮他们打开市场销路。在这方面，帮扶单位的常见做法有发动本单位职工及其亲朋好友直接消费、联系市场收购商进行收购、协助农户与超市和餐饮企业等市场主体签订稳定的供货关系、协助引进农业龙头企业等与农户形成“企业+农户”的产业模式等。

二、百企帮百村、千企扶千户

民营企业是我国社会主义市场经济的重要组成部分。在开展精准扶贫和脱贫攻坚的整个过程中，各级政府机关、事业单位以及公有制企业等始终是主力军，民营企业并未缺席。习近平总书记强调，要开展民营企业“万企帮万村”行动，充分激发企业到贫困地区投资的积极性。保亭县动员民营企业参与县域范围脱贫攻坚工作，起码可追溯至2016年5月12日由保亭县工商联（总商会）发布的《2016年开展“百企帮百村、千企扶千户”活动实施方案》。此后，保亭县根据实际情况，对全县“百企帮百村、千企扶千户”行动方案进行了多次调整，如2017—2020年的《保亭县“百企帮百村、千企扶千户”精准扶贫行动实施方案》（保开办发〔2017〕52号、保开办发〔2018〕19号、保开办发〔2019〕18号，保开办发〔2020〕19号），以及《保亭县“百企帮百村、千企扶千户”脱贫攻坚三年行动计划（2018—2020年）》（保开办发〔2018〕118号）等。

推动民营企业把自身资本、管理、技术、人才、市场优势与贫困地区的土地、生态、劳动力等特色资源有机结合，带动贫困村发展一批有特色优势的产业，支持有劳动能力的贫困群众依靠自己的劳动实现脱贫，是实现发展型减贫的应有之义。为此，保亭县专门成立了民营企业“百企帮百村、千企扶千户”精准扶贫行动领导小组，由县委常委、县委统战部部长任组长，成员单位包括发改、税务、旅游、科工信、市场监督管理等与民营企业发展紧密相关的十余个行业主管部门以及全县所有乡镇主要领导。基于保亭县的实际情况，目标是动员30家以上民营企业，通过资源开发、产业培育、市场开拓、安置就业、公益捐助等多种形式带动和支持贫困村发展，覆盖全县30个以上贫困村。

在实施原则上，按照村企自愿原则、互利共赢原则、就近帮扶原则、统筹兼顾原则，实现企业发展与贫困村脱贫和贫困户致富的有机结合。在具体措施上，主要有：（1）产业帮扶，如保亭县在菠萝蜜、百香果、红毛丹、黄秋葵等特色产业发展中广泛使用的“企业+合作社+农户”模式；（2）就业帮扶，典型如旅游企业、种植养殖企业雇用贫困户劳动力实现稳定就业；（3）商贸帮扶，包括贫困户农产品在企业经营场所内就地销售，或直接由企业收购、代销、委托加工等形式销售贫困户的农产品；（4）“志智双扶”，主要体现在民营企业发挥其人才和技术方面的优势，组织开展适用技术、生产技能、经营管理方面的培训，提高贫困户的人员素质、内生发展的能力和动力；（5）公益捐助，包括大型民营企业设立公益基金，资助教育扶贫、医疗救助、生活救助等；（6）资金托管，以拥有技术和市场且发展较好的农业企业和农民合作社等，托管并运作贫困村或贫困户的产业发展资金，帮助贫困户发展产业，带动贫困户脱贫。

以保亭县2020年企业帮扶情况为例，共涉及29家民营企业，累计投入资金990余万元，帮扶方式和内容包括：（1）发展种植业，如百香果、山兰稻、兰花、黄秋葵等，共4家企业；（2）发展养殖业，如生猪、五脚猪、山鸡、蛋鸡等，共4家企业；（3）旅游产业开发和就业支持，共10家企业；（4）参与消费扶贫，共9家企业。

案例9　企业帮扶发展黄秋葵产业

保亭港海高新农业开发有限公司从2015年就开始在保亭县支持农户开展黄秋葵种植工作，通过与农户签订保底价收购协议的方式，覆盖响水镇和新政镇10个行政村，直接受益农民2万多人。保亭县原本并不种植黄秋葵，从2010年左右才开始逐渐有人种植，但主要以小规模散户种植为主，市场价格不高。据新政镇毛棚村黄秋葵合作社负责人介绍，2014年时，黄秋葵市场收购价最低时只有0.5元/斤，最高时也只有2.5元/斤，农民无利可图。港海公司2015年进入保亭县之后，与农户签订保底价收购协议，确定保底价为3元/斤。港海公司统一收购之后能通过其市场渠道直接大规模销售到内陆市场，售卖价格平均在4.5元/斤到5元/斤，最高时达到9.5元/斤。黄秋葵种植技术要求较高，最高时亩产达5000斤，最低时也有2000斤，平均3500斤。而黄秋葵种植成本平均每亩约1300元，最高时不超过1500元，因此按照市场平均价格，每亩利润最高时超过20000元，最低时有7000元以上，平均利润在14000元左右。

三、社会帮扶与资源动员

政府是脱贫攻坚资源动员的主体性力量，企业是重要的资源提供者和市场连接者，承担了带领和支持贫困户开展产业开发和自主发展的重要角色，但社会力量同样不能缺席。动员全党全国全社会力量，广泛动员社会力量参与扶贫开发，使社会扶贫与专项扶贫、行业扶贫一道构成“三位一体”的大扶贫格局。

保亭县发布了《广泛动员和引导社会力量参与脱贫攻坚的工作方案》（保开办发〔2018〕54号）等多个指导性文件和工作方案，不断探索和完善社会扶贫的具体实践。在广义层面上，形成了包括省派定点帮扶单位、县派驻点帮扶单位、各民主党派、工商联、企业、社会团体、民营组织以及社会各界爱心人士等共同组成的帮扶主体，形成了以单位定点驻村帮扶、企业扶贫，以及人大代表、政协委员、民主党派、无党派人士参与扶贫，社会组织扶贫、个人扶贫、“中国社会扶贫网”推广和使用、“亲人帮”扶贫活动等为主要帮扶措施的全方位帮扶体系。在狭义层面上，形成了许多富有成效的具体做法，如社会爱心人士捐赠、彩票公益金等专门基金的资助等。

基于自愿帮扶和公开透明等基本原则，保亭县广泛动员各类社会组织和团体，通过出人、出钱、出物、出场地、出点子等多种形式，通过发展产业、助学助教、志愿服务、扶持惠农超市等公益慈善活动，通过援建学校、乡村卫生室、修路架桥等基础设施和公共服务设施建设，开展农村实用技术、劳动力转移培训和提供就业岗位，通过互联网经济助力扶贫与市场连接等方式，形成了具有广泛参与性、形式多样性、效益显著性的广义社会帮扶体系。

具体措施如下：（1）助力产业扶贫，包括社会力量开展农村实用技术培训、以入股入资的方式培育农民专业合作组织，龙头企业直接助力特色产业发展，用电商平台、超市等协助农产品销售。（2）开展旅游扶贫，通过发展乡村旅游产业，辐射带动农产品销售，提高周边贫困户就业率，提高房产土地的出租使用率。（3）参与教育帮扶，社会力量通过结对帮扶和助学助困助资助教，以及送知识、送技术、送文化、送物资、送设施，协助开展人才引进来和走出去等工作。（4）支持卫生健康扶贫，包括援助卫生设施设备、村医培训、义诊、健康体检等。（5）就业创业帮扶，实施技术培训、提供就业机会等。（6）助力改善基础设施状况，尤其是交通、饮水、水利等最基础的设施供给。

除了以上广义性质的社会帮扶和资源动员，一些专门的社会捐赠和资助等狭义性质的社会帮扶也很具有代表性。如保亭县扶贫办发布《关于做好 2017 年社会爱心人士捐赠衣物发放的通知》（保扶〔2017〕2 号），把社会爱心人士金成女士捐赠的两万件（套）扶贫衣物发放给全县贫困户，以协助解决贫困户的冬季防寒问题。2019 年 5 月 5 日，保亭县扶贫办专门发布《保亭县 2019 年中国海油海洋环境与生态保护公益基金会捐赠资金使用实施方案》（保扶〔2019〕16 号），该基金会 2019 年捐赠 400 万元，其中 300 万元用于改善贫困村可持续发展能力的美丽乡村建设项目，100 万元用于资助贫困户养殖所需配套基础设施建设。此外，中央专项彩票公益金，每年也会给保亭县捐赠一笔扶贫资金。如保亭县扶贫办在 2018 年 6 月 27 日发布

2017年度中央专项彩票公益金项目资金分配使用情况的公示，2017年2000万元专项资金全部用于6个乡镇的22个贫困村内小型生产性公益设施建设，包括生产路、环村路、村民小组之间的连接路、村庄污水处理设施、贫困村美丽乡村建设等。2020年29家民营企业参与结对帮扶，累计投入资金990余万元，帮扶方式多种多样，常见的有产业帮扶、公益帮扶、就业帮扶等。

第三节　善用巧用金融支持

贫困的基本表现是收入低，很多贫困户的主要致贫原因是缺乏发展资金。“钱”是扶贫工作的基础，“找钱”是扶贫工作的基本保障。很长一段时间以来，农村金融服务供给不足，农民融资难、风险保障不足等问题突出，为此，习近平总书记强调：“要做好金融扶贫这篇文章。”

一、金融扶贫体系与制度建设

保亭县很早就在扶贫工作中开展了金融扶贫工作，并相继发布了一系列有关金融扶贫体制机制和制度建设的文件。如2013年保亭县政府就发布了《保亭县农民小额贴息贷款管理实施细则的通知》（保府办〔2013〕148号）；2016年，保亭县转发海南省扶贫办、中国保监会海南监管局发布的《关于开展保险精准扶贫工作的通知》（保开办发〔2016〕16号）；2017年，连续发布保亭县《小微企业“助保贷”业务管理办法（暂行）的通知》（保府办〔2017〕84号）、保亭县《集中推进金融扶贫“百日行动”的实施方案》（保开办发〔2017〕43号）、《保亭县“三农”保险精准扶贫工作实施方案》（保府办〔2017〕124号)；2018年，保亭县扶贫办和金融办印发了《关于建立扶贫小额信贷信息公告公示制度的通知》（保扶〔2018〕49号)、《关于建立扶贫小额信贷贷款资金用途跟踪调查制度的通知》(保扶〔2018〕50号)，以及《保亭县2018年进一步推动金融精准扶贫工作实施方案》(保金办〔2018〕3号）等；2019年印发了《保亭黎族苗族自治县扶贫领域经营主体成长扶持贷款贴息办法》(保金办〔2019〕7号)、《关于加强2019年度小额贷款有关工作的通知》(保金办〔2019〕8号）等文件；2020年印发了《关于做好2020年农民小额贷款贴息工作的通知》(保金办〔2020〕1号)、《关于开展建档立卡贫困户、边缘户贷款需求摸排工作的通知》（保脱贫指办〔2020〕12号）等。

在《保亭县打赢脱贫攻坚战三年行动计划》中，强化金融支撑成为强化助力精准脱贫攻坚行动的五大支撑之一，包括开展扶贫再贷款、普惠金融建设、农民小额贷款、担保贷款、助保贷、防贫保险等金融服务。

在实施金融扶贫的实际工作中，逐步形成包括县金融办、县财政局、县人民银行、县农业银行、县邮储银行、县农信社、融兴村镇银行、人保财险公司、人寿保险公司、县扶贫办、县农业农村局、县农业服务中心、县就业局、县民政局、县卫计委、县住建局、县商务局、县交通局、县发改局、县科工信局以及其他银行业金融机构和各乡镇等金融行业行政主管部门、县域法人金融机构、县行业主管部门、各乡镇政府等共同参与的多部门协作体系。

围绕精准扶贫和脱贫攻坚工作的核心目标，保亭县目前形成了以扶贫再贷款、产业贷款、创业就业贷款、扶贫小额贷款、农民小额贷款、保险服务等业务为核心的工作体系。针对贫困村、贫困户，以及参与扶贫工作的各类经营主体等面临的融资难、融资贵的问题，保亭县形成了“扶贫再贷款+地方法人金融机构贷款+政府风险担保基金+财政贴息+保险+新型农业经营主体+建档立卡贫困户”的多位一体模式。针对农业产业化龙头企业、农民合作社、家庭农场、种养大户等新型农业经营主体对金融融资服务需求强烈的情况，保亭县专门开辟了贷款绿色通道，提供政策性贷款和扶贫再贷款定向支持等产业贷款政策。

二、信贷与融资服务

信贷与融资服务，总体上可分为大额信贷和小额信贷两大类。大额贷款则主要服务于家庭农场、专业大户、农民专业合作社等新型经营主体。小额信贷直接服务个体农户，贷款额度较小，享受不同程度的财政贴息，部分小额信贷可免担保免抵押。

第一，大额信贷。贷款对象主要包括家庭农场或专业大户、农民专业合作社等。对于家庭农场和专业大户，贷款金额最高为500万元，贷款期限最长为2年；对于专业合作社，贷款金额最高为1000万元，贷款期限最长为2年。贷款利息按照市场利息执行，一般无财政贴息。

第二，小额信贷。包括农民小额信贷和扶贫小额信贷两类。无论是农民小额信贷还是扶贫小额信贷，都享受保亭县财政提供的小额信贷贴息。对于建档立卡贫困户实行全额贴息，非建档立卡贫困户则贴息5%。农村妇女贷款利息为基准利率上浮3个百分点后，再享受相应的贴息。因此，农民小额信贷，特别是妇女贷款，在享受低利息和贴息之后，通常贷款利率很低或者相当于免息。

（1）农民小额信贷。针对在保亭县创业经营、有生产经营能力的农民（含个体农民、地方农场职工）设立的小额贷款，享受贴息的贷款额度为10万元以下。普通农民贷款的贴息期限为1年以内，农村妇女贷款的贴息期限为2年以内。定额贴息的，农民需承担部分利息，普通农民贷款的年贴息率为5%，农村妇女贷款的年贴息率为同期限贷款基准利率上浮3%，农民还本付息后，财政定额贴息返还。农民小额信贷一般需要担保，主要的担保形式包括抵押担保、质押担保、联名担保等形式。

（2）扶贫小额信贷。针对建档立卡贫困户（包括已脱贫建档立卡户）设立的小额信贷产品，贷款金额为 5 万元以下，期限为 3 年以内，执行中国人民银行同期基准利率（目前 3 年以内贷款基准年利率为 4.35%—4.75%）、免抵押免担保、财政全额贴息。

在小额信贷贴息申请和发放程序上，包括四个基本步骤。第一步，农户提出小额贷款申请。第二步，经办金融机构通过设立在各乡镇村的信贷员或委托村干部进行初步核实，主要是农户身份信息以及贷款用途的真实性。第三步，发放贷款。如果是贫困户，则发放扶贫小额信用贷款；如果是非贫困户，则发放农民小额贷款。第四步，贷款结清后，经办金融机构再次核查。如果农户仍然属于贫困户，或属于在贷款期限内已经实现脱贫的建档立卡户，则提交扶贫办审核，再由财政对其贷款进行贴息；如果为非贫困户，或贷款途中被剔除贫困户身份的，则按农民小额贷款提交贴息；如果贷款期间被纳入贫困户的，则按纳入时间节点计算贴息，纳入前的部分按农民小额贷款计算，纳入后的部分则全额贴息，提交扶贫办审核之后再由财政贴息。

表 23　保亭县 2017—2020 年扶贫小额贷款数量分布汇总表（笔数）

	2017	2018	2019	2020	总计
全县总计	1396	951	455	989	3791
保城镇	148	107	38	88	381
加茂镇	145	108	69	138	460
六弓乡	108	73	46	95	322
毛感乡	74	54	17	51	196
南林乡	76	52	36	123	287
三道镇	168	90	41	99	398
什玲镇	211	172	40	96	519

续表

	2017	2018	2019	2020	总计
响水镇	286	145	103	153	687
新政镇	180	150	65	146	541

表24 保亭县2017—2020年扶贫小额贷款单笔额度分布汇总表（元）

金额区间	频数	百分比（%）
≤5000	925	20.34
5001—10000	1099	24.17
10001—20000	1367	30.06
20001—30000	555	12.21
30001—40000	75	1.65
40001—50000	515	11.33
总计	4536	约100.0

据保亭县扶贫办不完全统计，开展脱贫攻坚以来，全县所有贫困户中申请扶贫小额贷款的累计覆盖率，已经超过40%。放款日期从2017年1月1日到2020年12月31日期间统计数据显示，全县所有金融机构共发放扶贫小额贷款总金额8734.57万元，总计4536笔。所有小额贷款中，2017年是申请高峰期，共1861笔，占总数的41.03%。农户贷款的使用目的，全都是用于发展生产，主要以种植和养殖为主。单笔贷款额度多数在2万元以下，占总量的74.58%，少量贷款额度在2万—3万元和4万—5万元的，贷款额度在3万—4万元的数量最少。此外，还有少部分单笔额度在1000元甚至500元以下的，则主要是因为部分农户通过手机申请贷款时先进行了小额尝试。

小额贷款作为帮助农民发展生产的重要融资手段，一方面缓解了农民的资金困难，另一方面也尽可能消除了民间高利贷等非法借债对农村金融秩序造成的负面影响。但在执行过程中，也设置了一些必要的条件和门槛，存在一些需要解决的问题，总结起来主要包括：

（1）贷款条件。所有银行对申请小额贷款的农户，都提出了“四有”“四无”和基本的年龄要求。“四有”，指的是有还款意愿（有勤劳致富意愿）、有适当劳动能力、有固定住所、有明确用途。“四无”，指的是无吸毒、无赌博、无恶意拖欠信用记录、无严重故意刑事犯罪记录。此外，每个金融机构都设置了年龄限制，如农信社要求贷款者当前年龄加贷款年限须小于等于 65 周岁，邮储银行要求贷款者年龄在 20—60 周岁之间。

（2）担保要求。对建档立卡贫困户，实行免担保免抵押的特惠政策，协助贫困户脱贫。对非贫困户，则依然有担保要求，常用的担保方式包括信用担保、保证担保、抵押担保、质押担保、组合担保。部分金融机构已经推出了土地承包经营权、林权等资产抵押贷款的产品，但将土地承包经营权、农房、林权、大型农机具等纳入贷款抵（质）押物范围的政策和操作规程尚未成熟和完善。同时，农民专业合作社的规范化建设还需要加强，使其能够依法合规申请贷款和贴息等金融支持。

（3）贷款用途要求。无论是大额贷款还是小额贷款，主要为生产性贷款，但也包括少量消费型贷款品种。而针对家庭农场和专业大户等新型经营主体的大额贷款，一般都设置了种植或养殖规模的门槛，以确保贷款资金的真实性和目标有效性。

案例 10　保亭县当前金融机构代表性的惠农信贷融资产品

县农信社“顺农”贷：贷款对象为农户，一般不超过 2 万元，最高为 5 万元，超过 5 万元的必须找一个有担保能力的人担保。农户可单户办理，配偶需承担连带责任担保，未婚、离异或丧偶的，必须提供一名有担保能力的人担保。

县农信社“顺保”贷款：贷款对象为农户，最高贷款额度为20万元。可随用随还，按天计息；单笔借据金额为2万元以上的，按季度等额还本。

县邮储银行小额信用贷款：贷款对象为从事种植养殖或个体工商户的农民，贷款期限最长为24个月。种植养殖农户最高贷款额度为15万元，个体工商户为40万元。担保方式包括三户联保、保证担保。

县邮储银行家庭农场（专业大户）贷款：贷款对象为种植养殖农户，贷款期限最长为24个月，贷款额度最高为500万元。有种植养殖规模限制，其中粮食作物种植面积不低于50亩；经济作物种植面积不低于30亩；水产养殖面积不低于30亩；养殖猪、羊等大中型动物的，存栏量不低于300头（牛的养殖可适当放宽至不低于50头）；养殖肉禽、蛋禽等小型畜禽的，存栏量不低于3000只。担保方式包括信用担保、保证担保、抵押担保、质押担保、组合担保。

邮储银行农民专业合作社贷款：贷款对象为依法登记、规范运作、正常经营的农民专业合作社法人或实际控制人和社员。最长贷款期为24个月，最高可贷款1000万元。担保方式包括保证担保、抵押担保、质押担保、组合担保。

县农业银行农户小额贷款：贷款范围包括农户农林牧渔业生产经营，农户自身及家庭生活消费，以及医疗、学习、修缮房屋等需要。单户单款起点为3000元，一般不超过10万元。分为一般贷款和可循环贷款两类：一般贷款的期限通常不超过3年，最长不超过5年；可循环贷款的期限一般不超过3年。

县融兴村镇银行“1+N”小额贷款：向以某一龙头或核心企业为依托、围绕在这一企业周边、并与这一企业有着紧密联系的中小客户群体、自然人及小微企业等提供贷款。“1”对“N”

提供担保，贷款期限最长为3年，金额最高不超过300万元。

县融兴村镇银行个人综合消费贷款：向借款人发放用于住房装修、购买耐用消费品、旅游、婚嫁、教育等消费的贷款。贷款期限最长为20年，金额最高不超过300万元。

县融兴村镇银行“公司+农户”贷款：向以某一龙头或核心企业为依托、围绕在这一企业周边、并与这一企业有着紧密联系的农户群体提供的人民币贷款。公司对农户提供担保，贷款期限最长为2年，金额一般不超过10万元。

县融兴村镇银行流动资金贷款：向企事业法人或其他组织发放的日常生产经营周转的贷款。担保方式灵活，贷款期限最长不超过3年，金额最高不超过300万元。

县融兴村镇银行林权、土地承包经营权抵押贷款：向以林地使用权、土地承包经营权抵押的自然人、小微企业贷款。贷款额度最高不超过300万元，最长期限为10年，用于经营的贷款最长期限为5年。

县融兴村镇银行收费权质押贷款：向企事业法人或其他组织发放的以收费权作为担保，用于借款人日常生产经营周转的贷款。贷款期限最长不超过3年，金额最高不超过300万元。

县融兴村镇银行个人经营贷款：用于生产经营流动性资金需求或以租赁商铺、购置机械设备和其他合理资金需求为用途的贷款，贷款期限最长不超过5年，金额最高不超过300万元。

县融兴村镇银行“房全通”个人贷款：以房产抵押为担保的自然人贷款，最长期限为20年，用于经营的贷款最长期限不超过5年。采用房产抵押循环贷款方式的，期限最长不超过3年。

县融兴村镇银行农户贷款：向农户发放的用于满足其家庭生产经营和日常生活需要的、具有合法用途的小额贷款。可采用单户保证、多户保证和三户以上联保等保证方式。贷款期限最长不超过 2 年，以联保方式申请贷款的，贷款额度最高不超过 20 万元；以其他担保方式申请贷款的，贷款额度最高不超过 300 万元。

三、农业生产类保险

信贷和融资旨在解决农户和农业经营主体发展资金短缺的困难，而农业保险则是协助其应对风险和保障基本收益的金融手段，信贷和保险构成了金融扶贫的“两条腿”，缺一不可。在《中共中央国务院关于打赢脱贫攻坚战的决定》（中发〔2015〕34 号）中，要求扩大农业保险覆盖面，通过中央财政以奖代补等支持贫困地区特色农产品保险发展。为此，海南省发布《海南保险精准扶贫工作实施方案（试行）》（琼扶办发〔2016〕97 号），要求实现农业保险对贫困地区优势特色农业的重点保障，大力发展扶贫小额贷款保证保险，为贫困户创业提供融资增信支持，解决“贷款难”“贷款贵”的问题。其中，与农业生产直接相关的险种包括农业保险、扶贫小额贷款保证保险。基于中央及海南省政策要求，保亭县根据县域实际情况，发布《保亭县“三农”保险精准扶贫工作实施方案》（保府办〔2017〕124 号），实行政府向商业保险公司购买，保险公司提供承包和理赔服务的方式，为贫困户提供保险服务。除了以上大类险种外，保亭县针对自身热带特色农业的特点，结合国家和海南省的相关政策，还分别开展了其他农业生产类险种，具有代表性的是红毛丹种植保险、天然橡胶保险和其他农作物保险。

（1）农业保险。保险对象为发展种植、养殖的建档立卡贫困户，一年为一个保险周期，逐年承包。保险种类具体包括羊养殖保险、鸡养殖保险、蔬菜价格指数保险、橡胶树风灾保险等。其中，羊、鸡养殖保险和蔬菜价格指数保险保费，由省财政补贴 45%、县财政补贴 45%、农户自缴 5%；橡胶树风灾保险保费，由中央财政补贴 40%、省财政补贴25%、县财政补贴30%、农户自缴5%。

（2）扶贫小额贷款保证保险。保险对象为建档立卡贫困户家庭成员，贫困户的小额贷款（不含自住建房贷款）如果逾期还款且超过保险单载明的赔款等贷期的贷款本金损失，由保险机构按照保险合同的约定进行赔偿。保险费由县财政补贴80%，农户自缴20%。推行“保险+银行+政府”多方信贷风险分担补偿机制，贷款发生的损失由县精准扶贫贷款风险补偿基金补偿70%，保险公司承担20%，银行承担10%。目前，保亭县财政每年拿出500万元作为精准扶贫贷款风险补偿基金。实际上，贫困户的逾期还款率非常低，2017年1月1日到2020年12月31日期间的4536笔扶贫小额贷款中，只有4笔逾期未还款。

（3）红毛丹种植保险。红毛丹是保亭县的特色农产品，品质好，价格高，但也面临自然灾害风险的问题。为此，保亭县专门发布《保亭县2017年红毛丹种植保险试点工作实施方案》（保农字〔2018〕38号），保险标的为红毛丹树、树果，保险对象为保亭县所有红毛丹种植户，承包面积约4000亩。承保单位为中国人民财产保险股份有限公司保亭支公司，每亩保险金额最高为4000元，其中果树保险金额最高为1500元，果实承包金额最高为2500元。每年保费总计约106万元，其中省财政补贴40%、县财政补贴40%、农户自缴20%。

（4）天然橡胶保险。天然橡胶是我国战略物资，海南是我国最重要的天然橡胶生产基地，保亭县天然橡胶生产保护区范围为29万亩，2020年统计的橡胶种植面积为32.7万亩，其中由农民种植的天然橡胶面积为12.4万亩，胶农12636户，其中建档立卡户3562户，占胶农总户数的28.2%。2011年2月，橡胶价格达到43.5元/千克的高点，而目前市场价格则下跌到约10元/千克，已经无法维持胶农的生产成本，胶农失去了最重要的收入来源，部分农户甚至砍伐橡胶树改种其他作物。

为了确保胶农不砍树，并获得稳定的橡胶收入，推动贫困胶农脱贫并防止返贫，保亭县同时开展了橡胶价格保险和橡胶期货保险。目前两种保险的运作方式存在很大相似性，但操作上也存在一些差异。两者保险起赔价格都是15元，但前者为当天的市场均价，后者为当天的橡胶期货价格；两者目前都覆盖全县所有胶农，差异在于前者需要非贫困户承担5%的保费，后者则无须农户承担保费；前者保险期限为全年所有产胶期间（一般为10个月），而后者则只限定在保险合约期内（一般为橡胶最高产的4个月）。在产量方面，前者保险产量为单株年产60千克，后者为合约期内单株月产5千克，超过该产量则不赔付。

对于胶农来说，上述两种保险同时启动，相当于同时获得两份价格保险，这极大地激发了胶农的割胶积极性，也保证了胶农的收入，可有效地防止胶农贫困户返贫。以2019年8月7日为例，当天市场均价约为9.5元/千克，橡胶期货价格约为10元/千克，这意味着胶农每销售一千克胶水（折算后的干胶），获得保费赔偿之后的实际销售价格为19元/千克。在不考虑橡胶林面积的情况下，一个劳动力一般一天能割400棵橡胶树，所产湿胶水的现场收购收入约为200元，加上价格保险和期货保险赔偿之后，当天实际卖胶水收入约为400元，一个月收入理论上能达到6000元左右。

表25　保亭县2020年两种天然橡胶保险的比较

	橡胶价格保险	橡胶期货保险
承保单位	中国人保	太平洋财险
保险标的	6年以上开割橡胶树天然橡胶干胶	6年以上开割橡胶树天然橡胶干胶
保险对象	全县所有胶农	全县所有胶农
保险期限	全年（一般10个月）	合约期内（8月1日到11月30日）
保险责任	橡胶市场平均价格低于保险价格，则按约定赔付	橡胶期货价格低于目标价格，则按约定赔付

续表

	橡胶价格保险	橡胶期货保险
保费结构	贫困户：财政全额投保（省财政30%+县财政70%） 非贫困户：财政承担95%，农户自缴5%	上海期货交易所等全额支付保费，政府财政和农户都无须缴费
保险价格	15元/千克	15元/千克
触发保险的价格	平均市场价格	期货价格
保险产量	单株产量60千克/年	合约期内单株产量5千克
赔偿方式	当日赔付	当日赔付

（5）其他农作物保险。除了上述有代表性的农业生产类保险服务外，中国人保公司等保险公司开展了针对其他农作物生产或灾害的保险。如县财政全额支出保费，对全县2万亩早稻和4.3万亩晚稻进行灾害保险，其中早稻14元/亩保费，晚稻20元/亩保费，每亩保额都为400元。如2016年一次大台风，中国人保公司实际赔付水稻保险金600余万元，有效地挽回了农民的大部分损失。此外，其他农业生产类保险还有能繁母猪保险、育肥猪保险、香蕉保险、大棚瓜菜保险、芒果保险、鸽子养殖保险等。

第四节　推广优化消费扶贫

贫困户在发展生产和脱贫致富的路上，碰到的最大问题之一是如何实现生产与市场的有效连接。千方百计帮贫困群众把农副产品推向市场，解决销售难、售价低的问题，是扶贫工作的重点和难点。以往的传统做法通常是通过各种方式帮贫困群体找到市场渠道，如联系收购商进村入户收购，或与商场超市联系签订定点购销合同，或帮助贫困户在网络销售平台上建立网店等。但上述方式，只是连接了生产者和市场（销售渠道或销售平台），并没有真正实现生产者与消费者之间的直接连接。消费扶贫，作为一种新型扶贫方式，旨在建立生产者与市场和消费者三方相互连接的消费链扶贫模式，消费者不再是被动的产品消费者，而是主动的参与者；生产者和消费者之间也不再只是传统的间接连接模式，还纳入了直接连接模式。基于上述理念，保亭县基于自身实际，实践和创新了消费扶贫方式。

一、组织和制度建设

基于海南省发布的《开展消费扶贫行动的通知》（琼脱贫指办〔2018〕26号），《在省级领导干部中开展“以购代捐”消费扶贫活动方案的通知》（琼开办发〔2018〕73号）等文件精神，保亭县结合自身实际，先后发布《在全县领导干部中开展“以购代捐”消费扶贫活动的实施方案》（保开办发〔2018〕95号）、《保亭县开展消费扶贫行动实施方案》（保脱贫指办〔2018〕123号）、《2018年保亭县互联网+爱心消费扶贫大集市暨扶贫项目招商活动实施方案》（保脱贫指办〔2018〕160号、保商〔2018〕86号）、《保亭县2019年消费扶贫分工方案》（保发改字〔2019〕25号）、《保亭黎族苗族自治县2020年消费扶贫行动实施方案》（保脱贫指办〔2020〕1号）等实施方案。

为了确保消费扶贫活动的顺利实施和有序开展，保亭县于2018年10月22日成立“保亭县打赢脱贫攻坚战指挥部办公室消费扶贫工作领导小组”，由副县长任组长，商务局、科工信局、农业局、供销社主要领导任副组长，各县委县政府主要机关和部门主要领导为组员，并在商务局设立消费扶贫工作领导小组办公室。2019年7月24日，保亭县打赢脱贫攻坚战指挥部成立消费扶贫专项工作组，进一步加强对消费扶贫的领导和组织保障。

二、消费扶贫主要形式

在政府正式号召社会各界开展消费扶贫之前，包括帮扶干部和社会各界已经自发开展了不同形式的消费扶贫活动，最常见的如帮扶干部直接向贫困户采购其自己生产的农副产品，驻村干部、第一书记、定点帮扶单位等自发协助和组织自己的亲朋好友或单位职工选购贫困村或贫困户的农副产品等。

开展系统性消费扶贫工作之后，保亭县基于自身实际，创新和实践了多种消费扶贫形式，包括单位长期定向认购、单位临时团购、订单式生产认购、个人爱心认购、参与贫困地区共享农庄、协助购销对接、自驾车后备箱公益旅游认购、商超及电子商务助销、旅游代销等。

上述消费扶贫模式的实际操作和落地，总体上分为四种模式。

其一，日常消费模式。如基于海南省扶贫办与南海网联合建设的“海南爱心扶贫网”，要求帮扶责任人、驻村工作队等扶贫干部采集并在“海南爱心扶贫网”上发布帮扶对象、村合作社或企业的产品销售需求信息，协助贫困户做好销售对接。要求全县财政供养人员通过“以购代捐”的形式，直接向定点帮扶贫困村或帮扶贫困户或扶贫农业合作社或企业等直接购买，或在“海南爱心扶贫网”上向驻点乡镇村以购代捐联系点购买一定数额的时令瓜菜、水果、肉类、米油等农副产品或手工艺品。其中要求县级领导干部每月消费 200 元，科级领导干部每月消费 150 元，科级以下财政供养人员每月消费 100 元。除了财政供养人员有专门的政策要求外，许多非财政供养人员也会主动通过各种方式，采购贫困户或扶贫合作社等生产的农副产品或手工艺品。

其二，专场消费模式。自国家号召开展专项消费扶贫行动以来，保亭县积极行动，在县城中心区域专门开辟场地，通过扶贫干部，宣传、号召和组织全县范围内的贫困户、扶贫性质的农民专业合作社、扶贫车间、企业等市场主体，定期开展各种形式的特色农副产品和手工艺品展销活动，并号召全县机关、企业、事业单位和个人前往集中采购和消费。代表性活动如2018年“扶贫日农产品消费扶贫展销会”、2018年“保亭县互联网+爱心消费扶贫大集市”、2019年“5·18国际博物馆日、中国旅游日、保亭县互联网+爱心消费扶贫大集市”等专场活动。此外，从2019年开始，保亭县每个月17日定期召开消费扶贫大集市，并且把消费扶贫集市开到了三亚市。

其三，定点销售模式。该模式在实际运作中，主要有以下几种代表性做法。（1）电商销售。以保亭县电商协会为代表的电商企业或平台，常年定向收购或代售贫困户及扶贫类农民专业合作社生产的各种农副产品和手工艺品，同时面向包括淘宝、京东、拼多多等一线电商平台，以及其他许多小规模的专门电商平台销售。销售最火爆的产品有红毛丹、百香果等热带特色水果，五脚猪、百花蜜、食用菌、灵芝、益智、铁皮石斛等特色食材和药材。（2）扶贫摊位销售。在大型旅游景区设置贫困户专门摊位，如槟榔谷的贫困户摊位一条街。事实上，几乎所有具备一定规模的景区或旅游服务企业，都设置了专门的贫困户销售摊位或扶贫产品展销区。此外，在县城各大型商场超市、农贸市场和各乡镇农贸市场，设立公益性摊位或扶贫专区，免费提供给贫困户或扶贫类合作社等使用。（3）就地销售。每个贫困村设置专门的电商销售网点，同时也是本村特色农副产品销售点。本地消费者或外来消费者，都可以顺便或专门前往采购，其中以乡村旅游者顺道采购为主。

其四，定向采购模式。如政府机关、事业单位、企业、学校等，通常都设有食堂，日常采购量大。可以与定点帮扶村的贫困户或专业合作社，或其他具备条件的贫困村或专业合作社，签订长期的定向采购协议。此外，商场超市和专门的农副产品销售企业或个体经营者，也会在扶贫干部的组织协调下，自行与贫困户或扶贫合作社等生产主体，签订长期订购合同。

三、消费扶贫成效

保亭县开展消费扶贫工作总体上取得了明显成效，包括以下几方面。

第一，提高了贫困户积极发展生产的信心和动力。贫困户作为小农生产者，对发展生产脱贫致富有着迫切需求，但对于潜在的市场风险同样有着巨大的恐惧。农民专业合作社虽然在一定程度上比个体贫困户具有生产和市场等方面的优势，但由于很多专业合作社的组成人员也是以普通农户为主，因此很多专业合作社事实上很难摆脱“大号小农生产者”的尴尬处境。消费扶贫虽然无法完全解决所有贫困户和专业合作社等生产主体的销售困境，但在很大程度上给了他们极大的信心和动力。

> 很多贫困户都把他们的东西放在我这里卖，我一般都是全部接收并帮忙代售的，也不额外收他们的钱。有些贫困户嫌麻烦，就干脆把产品直接卖给我，一般都是市场需求比较大的。以前很多人生产了东西担心卖不出去，现在就不担心了。（保亭县电商协会会长宋海曼访谈记录，2019 年 9 月 4 日）

第二，提高了农副产品和手工艺品的品质意识和品牌意识。消费扶贫对于贫困户或扶贫类农民专业合作社是福音，但由于消费过程是基于自愿消费和自由竞争原则，产品本身的质量是获得消费者青睐的关键。在这方面，以专业合租社、扶贫车间等新型生产主体为代表，在参与市场竞争的过程中，不断地增强品质意识和品牌意识，既提高了产品的销售量，又提高了产品的市场溢价和销售额。

> 刚开始很多农户或合作社让我帮忙销售产品时，都是散装的多，没有专门的包装，没有专门的品牌。同样的东西，和人家有品牌、有包装、有检测标识等齐全的比，就不行了。经过这几年的不断改进完善，慢慢地，很多合作社开始注重自己的产品质量、包装和宣传了，在网上卖的时候，就好卖多了。（保亭县电商协会会长宋海曼访谈记录，2019 年 9 月 4 日）

第三，提高了保亭热带特色农副产品的市场知名度。热带特色农副产品是保亭的特产，如红毛丹、百香果、五脚猪、槟榔、益智、百花蜜等。但这些产品除了保亭能生产外，周边县市和其他热带地区，也都能生产。以往，除了本地消费者，放眼海南省或全国消费市场，则无法出现具有高度区域标志性的保亭特色产品。如在海南省内，说到东方市，大家都想起烤乳猪；说到文昌，大家都会想到文昌鸡。最近几年开展消费扶贫工作以来，保亭县也在大力推动本地特色农副产品的宣传工作，目前有一定代表性的就是保亭的红毛丹。

> 我们前些年刚开始搞电商销售时，首先就想到了销售红毛丹，因为保亭的气候生产出来的红毛丹质量最好，最好吃。但问题是除了本地人知道，外面的人很少知道。本地的红毛丹产量又不是太高。我们刚开始尝试了好多次，都失败了，亏损得厉害。后来我们争取到为厦门 APEC 会议特供七千吨保亭红毛丹的机会，这样一下子就打开了市场知名度。现在一说到红毛丹，很多人第一反应就是保亭的最好。（保亭县电商协会会长宋海曼访谈记录，2019 年 9 月 4 日）

第四，建立和完善了保亭县的市场基础设施和公共服务。市场并不是天然存在的，而是需要人为创建并维护的基础设施和公共服务。开展消费扶贫以来，首先，建立和完善全县的电子商务接入设施和服务系统。越来越多的个人和企业开始入驻淘宝网、京东商城等全国性电商平台；全面接入“海南爱心扶贫网”，在网上设立保亭馆，在县城开设专门的保亭县特色产品商城 O2O 体验店，实现线上平台与线下门店互相融合。设立保亭县电子商务公共服务中心，建设县级物流配送中心，在每个乡镇村建设电子商务服务站点；在每个行政村设立专门的农村电子商务服务站；开展农村二维码建设项目，做到“一村一码、一社一码、一户一码”，实现展示、服务、帮扶和推广全过程便捷，增加贫困户的市场接入度。其次，设立专用的消费扶贫大集市。在县城中心区域设立占地面积达 5600 余平方米的专用扶贫集市广场，专门用于定期举办消费扶贫大集市、消费扶贫展销会、消费扶贫年货节等各种专门活动，方便贫困户和扶贫类农民专业合作社等现场摆摊设点销售农副产品和手工艺品。在扶贫集市不开市的时候，广场还能作为市民休闲娱乐场所。最后，开始关注产品品牌建设。包括发改局（商务局）、农业农村局、畜牧局、供销社等相关行业主管部门，已经把支持和推进保亭特色产品的区域品牌建设，作为消费扶贫以及脱贫攻坚与乡村振兴对接的工作重点。

第五节　经验与启示

保亭县在精准扶贫和脱贫攻坚的实践过程中，在统筹和整合扶贫资源方面，基于国家和海南省的政策框架和原则精神，立足自身实际，做到了忠于政策与探索创新相结合，有很多宝贵的经验和启示。

第一，财政投入是最重要的资金保障。扶贫投入不是商业投入，绝大多数投入都是公益性的，无法直接吸引市场资金和社会资金，因此财政投入天然的是扶贫投入的主要来源。和全国许多贫困县一样，保亭县存在发展基础差、底子薄、产业单一、财政收入低的问题，单纯依靠本县财政资源、社会资源和市场资源，都无法开展有效的脱贫攻坚工作。来自中央财政和省级财政的支付，是保亭县开展脱贫攻坚的最重要资金保障，而保亭县本级财政投入，则起到了重要的补充作用。

第二，整合涉农资金的基础是提前制定明确且科学合理的资金使用需求方案。统筹与整合财政涉农资金，是对原有财政转移支付和使用体制的重大突破和制度创新，极大地解决了财政资金“多头放水、分散使用”的制度缺陷。保亭县在具体实践中充分印证了这一制度创新的重大现实功效，其基本经验基于自身实际和真实需求，科学合理而又严谨细致地制定项目库，提前做好资金使用的需求方案，做到项目等资金，从而最大限度地发挥财政涉农资金统筹和整合使用的效果。

第三，市场与社会资本的可挖掘潜力和空间很大，但需要找到利益平衡点。当前，在社会主义市场经济蓬勃发展和要素流动空前频繁的背景下，大量市场资本和社会资本需要寻找有价值的投资领域和投资渠道。基于国家政策原则和海南省的政策框架，保亭县从自身实际出发，相继出台了包括税收优惠、贷款利率优惠、财政补贴优惠等在内的许多鼓励市场和社会资本投入脱贫攻坚的优惠政策，吸引了大量保亭县内和外地的市场以及社会资本投入，客观上助力脱贫攻坚。而在政府、企业或社会主体、贫困户三者之间找到利益平衡点，则成为吸引市场和社会资本的关键。

第四，需要特别重视金融扶贫的作用，并积极创新金融服务方式方法。财政投入重点在基础设施和公共服务供给上，支持贫困户产业发展的财政投入毕竟相对有限。而以信贷、保险等为核心手段的金融扶贫恰恰缓解了产业发展上财政投入能力不足的困境。基于区域特点，保亭县开创性地开展了包括财政贴息、小额贷款、农业保险、特色产业保险、期货和价格保险等多种金融扶贫实践，充分发挥了金融信贷和保险的合力。

第五，把建设和维护有效的市场作为最重要的基础设施和公共服务来对待。无论产业开发，还是消费扶贫，最基本也最关键的是连接市场，实现生产者与消费者的有效连接。但市场并不是天然存在的，而是需要人为建构并维护的。保亭县一方面通过建构专门集贸市场和电商服务中心等实体和虚拟市场平台，另一方面通过组织建设和制度建设，形成了许多维护交易平台健康运行的规章制度和市场秩序。这些成了助推脱贫攻坚的重要经验。

第六章

产业发展：发挥资源禀赋的比较优势

产业脱贫是打赢脱贫攻坚战的根本途径和重要保障，是完成脱贫攻坚任务的重要抓手和基础。产业扶贫的核心任务是通过产业发展，带动地方经济增长，建立扶贫“造血”机制，并在思想和行动层面上改变已有的小农生产方式、生计模式，通过市场改变落后局面，最终实现可持续性的生计转变，走向产业兴旺的乡村振兴之路。

保亭县基于自身资源禀赋、发展阶段、政策环境等综合因素，选择了以热带特色农业和旅游业为核心的产业发展之路，成功地带领全县贫困户摆脱贫困，并使绝大多数贫困户实现了可持续的脱贫和致富。

第一节　资源禀赋与产业选择

一、农业生产条件

从产业社会经济条件来看，保亭县是少数民族聚居县，以黎族人口居多，占全县总人口的62.4%，汉族人口占30.2%，苗族人口占4.5%，其他民族人口占2.9%。由于黎族、苗族群众多集中居住在山区，交通不便，形成了自给自足的小农生产模式，经济发展十分缓慢。黎族、苗族农民的生计主要以橡胶、槟榔、水稻等传统种植业为主，并兼有少量畜牧业，主要是养牛和养猪，易受自然条件制约。

由于保亭县地处热带季风性气候区，年平均气温在 21.6℃—24.5℃之间，终年无降雪，雨量充沛，年均降水量 1900mm，年平均降雨日在 140 天以上，且雨季、旱季区分明显，可谓是“温而不热、凉而不寒、爽而不燥、润而不潮”，极利于农作物生长。在这一气候、土壤环境下，“插树成活”，农作物易于成活，养家糊口压力较小，“两不愁”中的“愁吃”“愁穿”问题并不突出。在这一独特的经济条件下，黎苗族群众养成了乐天知命、不喜争执的民族个性，也缺少外部市场的经验与知识。因此，本地的贫困主要体现为如何提高生活水平的发展型压力，是一种典型的“发展型贫困”，而非“生存型贫困”。

表 26　保亭县“十三五”期间经济和社会发展主要指标（农业）

	2016 年	2017 年	2018 年	2019 年	2020 年
农业总产值（当年价）（亿元）	24.27	25.66	25.46	28.45	31.67
粮食（万吨）	2.92	2.59	2.27	2.26	2.23
谷物（万吨）	2.7	2.4	2.18	2.17	2.14
油料（万吨）	0.11	0.1	0.08	0.08	0.07
糖蔗（万吨）	0	0	0	0	0
瓜菜（万吨）	10.3	9.01	8.44	8.57	8.85
水果（万吨）	4.95	5.4	5.59	5.78	5.83
茶叶（万吨）	—	—	—	—	—
橡胶（干胶）（万吨）	1.86	1.87	1.88	1.97	1.89
椰子（万个）	1126.99	1069.89	1000.41	1093.25	1096.52
槟榔（吨）	16803	19388	20860	22260	22176
胡椒（吨）	24.09	26.37	27.24	15.16	15.16
腰果（吨）	—	—	—	—	—
猪牛羊肉（万吨）	1.16	1.19	1.21	0.78	0.38
水产品（万吨）	0.46	0.46	0.37	0.38	0.40
造林面积（公顷）	4.45	4.2	4.24	4.24	144

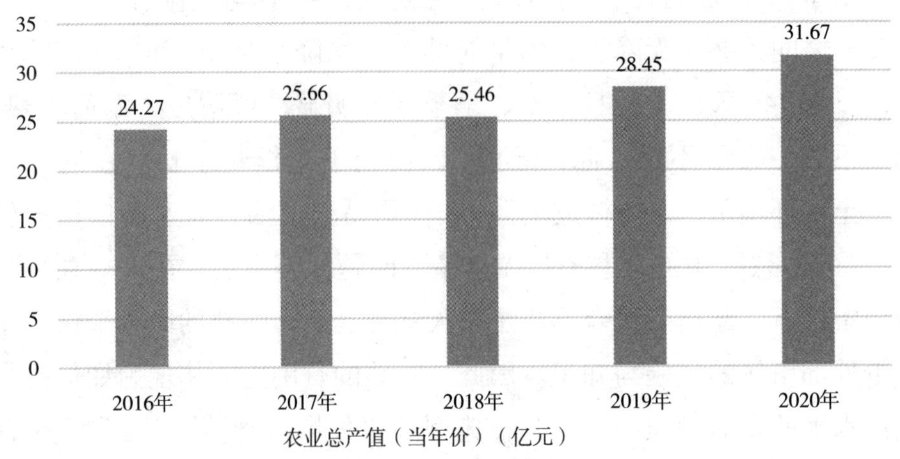

图3　保亭县“十三五”期间农业生产总值

二、农业产业的基本特点

在开展精准扶贫之前，保亭县的农业以小农生产为主，具有规模小、市场化程度低、组织管理方式落后等特征，主要表现如下。

其一，农产品市场化率不高，产品缺乏附加值。由于保亭县的区位独特，本地农业热带产业特色鲜明，突出的问题是如何与市场对接，如何将生产出的产品通过市场进行销售。保亭县地处山区，交通不便，热带瓜果蔬菜等也不易保存，农民也很难有稳定的销售渠道，除去橡胶、槟榔等产品外，大部分都是自用，商品化程度不高，市场化率较低。此外，即使进入市场的农产品，也往往在产业链中处于下游的位置，产品的附加值不高，商品的定价权往往掌握在他人手中。

其二，经营分散，农户缺乏组织。保亭农业经营较为分散，产业组织化程度不高，也没有形成集约化经营。虽然热带农作物在种植面积上有一定的规模，但是总体上并没有形成具有区域优势的产业，热带瓜果蔬菜等产业基本上采取小农家庭经营的方式，集约化程度不高，其产品在产业链中也处于低端地位，缺乏农产品加工企业，也没有形成有竞争力的名牌产品。在养殖业上，也同样以家庭散养为主，具有养殖规模小、技术含量低、市场化程度不高等特点。虽然近年来国家大力推动农民专业合作社的发展，但是能够带动引领贫困户脱贫的乡村精英和致富能手较为缺乏，农户总体上缺乏组织，农民专业合作社的带动和引领能力不强，需要找到建设农户组织的方案。

其三，缺乏龙头企业、农业大户。产业发展需要龙头企业和致富能手的带头示范引领，但是从保亭实际来看，当地缺乏较大规模的龙头企业，原有的农业企业一般规模较小，资金与产销渠道都比较薄弱。因此，培育和发展本地龙头企业、引进外地企业成为迫切要求。此外，由于乡村缺少致富能手和产业发展能手，本地的农业发展较为缓慢，如何培育和发展乡村致富能手、发挥本地经济精英的引领带动作用也是亟待解决的一个问题。

其四，群众缺乏产业发展动力。优越的气候土壤条件，使农村贫困户不愿面对紧迫的生存压力，这也使相当一部分群众不愿意改变现状，得过且过。此外，民族地区独特的文化传统，使得人与人进行社会交往时，并不看重经济利益，也缺乏利用市场机制改变自身命运的内生动力。虽然生存不成问题，但是如何改变他们较低层次的生活水准，这既需要自身观念的转换，又需要外部的推动。而如何转变产业发展的观念，使群众认识到通过产业发展和利用市场机制可以改变他们的命运呢？这需要建立托底机制，以此防范市场的风险，只有这样才能使他们勇于面对市场，具有较强的抗逆力。

总体来看，本地经济究竟应该如何与市场对接、应该实施什么样的产业选择、如何转变群众观念、如何组织群众、如何建立市场风险防范机制、如何进行产业发展，都是亟须解决的问题。

三、扶贫产业的现实选择

如何将本地农业产品与市场对接，关键在于转变观念，激发市场活力，发展具有比较优势的龙头产业，带动贫困群众一同发家致富。从扶贫产业的选择上来看，保亭坚持以下几个出发点。

其一，产业选择坚持发挥农户的主体地位。产业扶贫需要强有力的组织和实施，但是最终还是需要依靠群众发挥主观能动性，依靠群众自身能力的提高，激发群众的内生动力，培养群众利用和通过产业发展实现脱贫致富的能力，在面对变幻莫测的市场时，群众能够具备抗逆力。保亭县在产业发展中，充分意识到群众已有的生计上的优势，通过项目库的建设，发挥群众所长，取长补短，主动参与，通过产业发展带动群众，而不是以产业发展取代农民的主体地位。

其二，要看到民族地区产业发展的优势和长处，有所作为。民族地区具有独特的地理、地貌以及自然环境，保亭县充分意识到县域气候环境与自然条件的特点，尤其注意到发展特色高效农业的优势，看到了有利于橡胶、槟榔等产业全面覆盖的特征，通过发挥传统农业产业的带动作用，促进贫困群众增收。此外，为了避免传统产业发展中产生的市场风险，增加群众参与的积极性，保亭县也积极探索如何利用社会、金融力量，保障传统优势产业的发展，目前形成了围绕橡胶、槟榔、热带瓜果蔬菜等开展的各类金融保险产品，助力产业扶贫。

其三，根据高效农业优势，求变求新，做强特色。保亭县在坚持发展橡胶、槟榔等传统产业的基础上，通过创新思维，寻找比较优势。精准扶贫以来，保亭县通过大力发展热带瓜菜、热带水果、林下经济、生态养殖、花卉经济等产业，因地制宜，因村施策，突出产业的地方特色，注重品牌建设，逐渐发展出了种植黄秋葵、红毛丹、百香果等独具特色的高效热带新产业。保亭县发挥龙头企业、农民专业合作社、农村致富能人等的辐射带动作用，实施“公司+基地+贫困户”“专业合作社+贫困户”等扶贫模式，因地制宜发展热带特色高效农业，实现贫困群众稳定增收。

其四，发挥民族地区自然生态优势，发展旅游业。保亭县山清水秀，紧邻三亚市，拥有我国稀缺的热带山区旅游资源，且地理位置优越。保亭县长夏无冬，植被覆盖率极高，生物多样性丰富，旅游资源得天独厚，负氧离子浓度在每立方厘米 8200 个以上，是发展热带康养产业的极佳环境。当地典型的旅游企业，如保亭县槟榔谷黎苗文化旅游发展有限公司，在发展旅游产业的同时，通过旅企帮扶，实施乡村旅游文化扶贫，带动周边贫困村发展乡村族游、特色民宿、休闲度假养生、特色旅游商品和农副产品开发，使旅游扶贫示范村及其所在区域的旅游基础设施和公共服务设施得到明显改善，使乡村旅游服务人员技能得到较好培训，使贫困村乡村旅游经济效益显现。

从产业扶贫效果来看，2016—2020 年保亭县累计整合投入特色产业扶贫资金约 4. 28 亿元，发展黄秋葵、百香果和热带花卉等特色种植养殖业项目 278 个（不包括其他项目），累计受益贫困群众 2. 37 万余户 9. 28 万余人。其中，2016 年实施农业产业项目 17 个，带动贫困户 1606 户 6425 人脱贫；2017 年实施产业项目 174 个，带动贫困户 3013 户 11589 人；2018 年实施产业项目 41 个，产业辐射带动贫困户 425 户 1647 人；2019 年实施农业产业项目 61 个，带动贫困户 6790 户 26780 人；2020 年实施农业产业项目 53 个，惠及贫困户 6631 户 26428 人。这些项目极大地促进了脱贫攻坚任务的完成与实现。

表 27　2016—2020 年保亭县农业特色产业项目与脱贫成效

年份	项目数	脱贫人数
2016	17	1606 户 6425 人
2017	174	3013 户 11589 人
2018	41	425 户 1647 人
2019	61	6790 户 26780 人
2020	53	6631 户 26428 人
总计	346	18465 户 72869 人

注：数据来自保亭黎族苗族自治县农业局《2016—2020 年脱贫攻坚产业扶贫工作汇报材料》。

此外，在组织形式上，地方政府引导群众发挥规模优势，同时积极探索“企业+农户”“企业+合作社+农户”等多种市场对接方式，取得了很好的效果。同时，为了防范市场风险，也建立了多重托底机制，为脱贫攻坚保驾护航，形成了具有保亭县特色的扶贫之路。

第二节　热带高效特色产业扶贫

橡胶、槟榔产业是保亭县的传统产业，“一片农田、一片胶园、一片槟榔”体现了本地农户基本产业结构特征，这也决定了扶贫产业必须立足于这一基本的产业基础。在改良种苗、技术的基础上，如何建立与市场的联系，如何降低市场的风险，是传统产业发展的难点。

一、建立金融托底机制

截至2020年，保亭县橡胶种植面积为32.4万亩。其中贫困户种植面积为2.25万亩，产值约为1800万元。在2000年以前，天然橡胶是胶农重要的经济收入来源，在多数胶农家庭经济收入中的占比高达70%。但十余年来，受国际橡胶市场影响，尤其是东南亚橡胶业的冲击，国内橡胶价格波动巨大，且总体上不断下跌，其中干胶价格从最高峰2012年的25元/千克下降到2020年的14元/千克。按照一亩橡胶林种33棵橡胶树、一棵橡胶年产干胶3.37千克计算，一亩橡胶林年产111.2千克干胶；以2020年胶价计算，一亩橡胶林的纯经济效益仅为1556.8元。橡胶“价贱伤农”，严重影响胶农的生产积极性和经济收入，许多胶农被迫放弃割胶，甚至有的胶农砍掉橡胶树改种其他经济效益更高的作物。橡胶产业发展严重受挫，橡胶树疏于

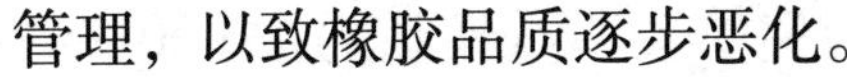

管理，以致橡胶品质逐步恶化。

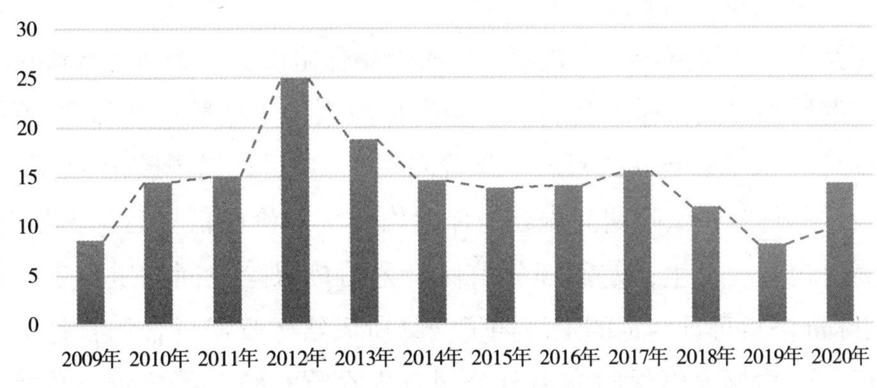

图 4　2009—2020 年干胶价格图

海南省是我国天然橡胶资源的战略种植基地，不能砍伐橡胶林并转产。[①] 为解决国家战略要求与农民发展之间的矛盾，同时实现脱贫要求，保亭县首先在政策上进行了扶持，并且加大了技术培训、资金投入力度。

首先，加强培训。保亭县制定了《橡胶生产实用技术培训工作方案》，在全县各乡镇举办橡胶割胶技术培训班，将培训地点放在村里，让胶农及贫困户接受实地培训。2020 年举办了 9 期，参加培训农民 531 人次。培训后农户割胶技术有较大提升，橡胶产量也有所增加。为加强对橡胶“白粉病”和“炭疽病”的防治，保亭县主动出击，部署和开展了全县橡胶“两病”防治工作，确保全县橡胶林都能如期开割。对申请橡胶更新的胶农，进行橡胶树龄、树皮、产胶能力、经济效益等全方面的鉴定，作出橡胶树技术鉴定意见。2016 年共受理 482 份橡胶更新鉴定，鉴定面积 2000 亩；2017 年共受理 775 份橡胶更新鉴定，鉴定面积达 4000 亩；2018 年共受理 101 份橡胶更新

① 2018 年，海南省要求保亭县天然橡胶生产保护区保有量任务为 29 万亩，见《海南省水稻生产功能区和天然橡胶生产保护区划定工作方案》（2018）。

鉴定，鉴定面积达 659.14 亩。这一举措使橡胶园重焕活力。（2019—2020 年都没有开展此项工作了）

其次，建设金融托底机制，完善金融保险服务。为解决橡胶种植农户的后顾之忧，保亭县引入了金融保险服务为橡胶产业保驾护航。2017 年，保亭县建立了橡胶“保险+期货”项目，以干胶价 15 元/千克为目标价，在保险期间内，当保险橡胶实际价格低于目标价格时，视为保险事故发生，差额部分由保险公司按保险合同约定负责赔偿（实际价格指每日约定的上海期货交易所天然橡胶期货合约收盘价）。2017 年，中国人寿保险海南分公司首先在响水镇开始试点，共赔付 65.48 万元，惠及农户 1425 户；2018 年，太平洋财产保险股份有限公司试点承保全县建档立卡贫困橡胶种植户及保城、什玲两个乡镇的非贫困橡胶种植户，赔付 278 万元，惠及农户 4327 户，其中贫困户 2419 户；2019 年，继续由太平洋保险海南分公司承保，截至 2020 年，承保面积为 15.843 万亩，承保农户共 8782 户，贫困户为 2877 户。

表 28　2017—2020 年保亭县橡胶期货收益表

年度	实行区域	农户	贫困户	赔付金额（万元）
2017	响水镇	1425	—	65.48
2018	保城、什玲	4327	2419	278
2019	全县	7380	2674	—
2020	全县	8782	2877	793.52

案例 11　保亭县橡胶助力农户脱贫

2018 年，橡胶干胶价格一路走低，仅售 11.78 元/千克。胶农们割胶都是凌晨两三点去割，割完了就要收胶水，收完胶水再送去收胶点卖，这个过程要持续 7—8 个小时。而且橡胶树多长在山坡上，半夜去割还要考虑安全问题。辛辛苦苦忙活了一年，一亩橡胶地仅能收入1000来块钱，胶贱伤农，胶农心生退意，成片成片的橡胶林被荒废；甚至有的胶农偷偷砍掉了橡胶树，种上了收益更高的槟榔树。太平洋保险海南分公司保亭地区负责人介绍道："我们的出发点就是为了能让农户增收，提高胶农积极性，提高产量"。

"能及时得到保险赔付，我感到很高兴！"2018年12月20日，在保亭县保城镇集中赔付仪式的现场，保亭县什玲镇抄寨村村民黎强领到了12742.46元橡胶价格的保险赔付款。推行橡胶保险后，类似黎强这样的贫困户也没有后顾之忧了，他们纷纷表示要恢复对橡胶的种植和养护，保障国家与市场的需求。

2018年，保亭县又引进了橡胶价格（收入）保险项目。该项目也以15元/千克作为目标价，但与橡胶价格指数保险"补差"赔款方式不同的是，该项目是以"比例赔款"的方式来进行赔款，每个市场价都对应着一个赔款比例（市场价是以物价局公布的价格为主），市场价与赔款金额相加的上限为15元/千克。2020年，全县购买橡胶价格（收入）保险农户共6099户，其中建档立卡贫困户3562户，保费为108元/亩，总保费补贴为663.82万元。其中，贫困户保费全由县财政出资，共312.72万元；一般户保费由自己承担5%，县财政承担剩下的95%，共351.10万元。赔款的总金额为47.61万元，其中贫困户赔款19.01万元。胶农种胶的积极性大大提高，橡胶产量逐步恢复的同时，贫困户的收入也得到了保障。

二、推动传统产业升级

槟榔是保亭县的传统农作物，也是四大南药之首，向来在农民收入结构中占据重要部分，现主要销往湖南等省。2020年，保亭全县槟榔种植面积为11.04万亩，总产量达到40105.49吨，产值为

133998.2万元，占保亭县地区生产总值的23.81%，是保亭县重要的支柱产业之一。由于普遍性种植，槟榔产业的健康发展对保亭县打赢脱贫攻坚战有重要意义。为此，保亭县在对贫困户种植槟榔提供资金帮助的同时，也增加了技术培训的投入力度，推动传统产业升级。

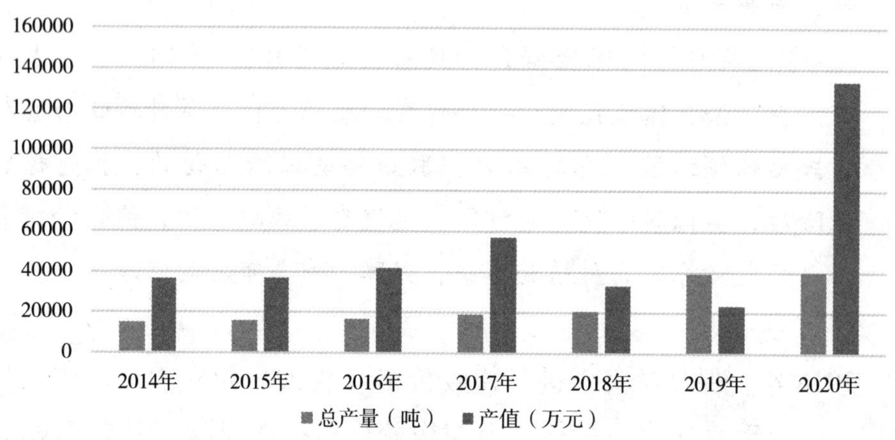

图5　2014—2020年槟榔产业发展情况

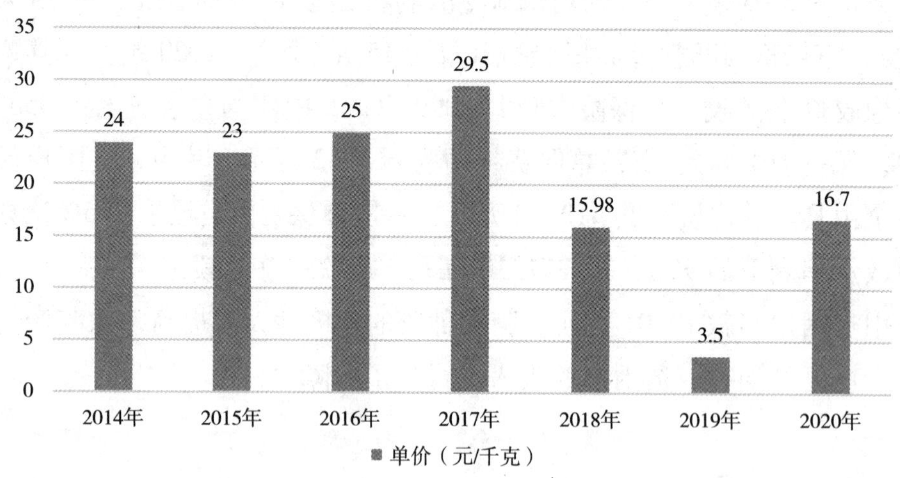

图6　2014—2020年槟榔单价

其一，向贫困户提供种苗化肥补贴。为了促进贫困户发展槟榔产业，保亭县在调研的基础上制定了向贫困户发放槟榔苗、提供化肥补贴、开展槟榔种植技术培训的政策。仅2016—2018年，保亭县就向贫困户免费发放槟榔苗20余万株，投入总资金为146.6万元，带动贫困户512户2408人参与其中（2018年以后很少直接发物给贫困户）。农业部门根据种植户的需求，通过举办实用技术培训班、发放槟榔高产技术书籍、实地探查槟榔种植情况等方式，对种植户进行现场培训和指导，切实提高了包括贫困户在内的所有槟榔种植农户的技术，也提高了槟榔产量和质量。

表29　保亭县部分镇2016—2018年槟榔产业扶持项目表

项目名称	投放株数	实施时间	项目计划投入资金（万元）	项目资金支出情况（万元）	带动辐射能力	
					贫困户数	贫困人口
加茂镇、保城镇槟榔种植	71115	2016	42.6698	42.6698	148	571
保城镇槟榔苗扶持	62007	2017	40.28	40.28	114	453
加茂镇槟榔	57338	2017	34.4028	34.4028	158	620
什玲镇槟榔苗种植项目	2154	2017	19.25	19.25	58	226

其二，对槟榔黄化病进行防控。黄化病是最近几年槟榔面临的主要病害，对槟榔产量和品质影响极大，截至2020年底，保亭县槟榔出现黄化病症状的面积达到3.2万亩，发病率高达29%。为防治黄化病，保亭县加大技术宣传和培训力度。2016年和2017年，通过邀请中国热带农业科学院环境与植物保护研究所的专家现场讲解等方式，举办黄化病防控技术培训班3期，接受培训者中包括贫困户316人次。此外，保亭县专门建立了槟榔黄化病防控点，其中2016年建设槟榔黄化病防控试点4个，总面积310亩；2017年分别在七仙岭农场、什玲镇、新政镇以及响水镇设立4个试验园，开展槟榔黄化病各项防控试验工作；2020年投入资金380万元，加强对槟榔树树体的肥水管理，增强槟榔树自身对病虫害的抵抗力。一是加强对槟榔刺吸式害虫危害的防治，杀灭槟榔植原体感染的黄化病症状的媒介昆虫，

减少槟榔黄化病症状的传播媒介，达到防控目的。二是加强对槟榔种植户种植槟榔的技术培训。2020 年培训 500 人次，编印了 7000 张槟榔优质高产栽培及病虫害防控技术的说明，发放给各乡镇槟榔种植户学习，提高了农民对槟榔病虫害的防控意识。

其三，探索槟榔产业升级，增加外部风险的应对能力。槟榔多产于海南，但槟榔的定价权在湖南等外地商人手中，且海南省内各县市槟榔产业也面临激烈的竞争。海南省农业厅数据表明，全省从事槟榔种植业的农民多达 230 万人，呈现市场高度同质化的问题。这也是保亭槟榔产业面临的重要问题。另外，近年来槟榔市场有逐渐“污名化”的倾向。国家卫生健康委印发了《健康口腔行动方案（2019—2025 年)》，提出长期咀嚼槟榔有患口腔癌的风险，使得争论了很长时间的“槟榔有害论”的影响急剧扩大，直接导致槟榔价格于 2018 年暴跌，2019 年槟榔的价格也始终在低位徘徊，2019 年 10 月份槟榔的收购价只有 3 元/千克，不到之前市场最高价的三分之一。针对这一状况，保亭县也在积极探索槟榔产品的开发方式，避免纯粹销售鲜果，以提高槟榔附加值，改变位于产业链最底端的不利局面。同时，各相关部门还邀请了专家学者对槟榔产业进行科学、理性的研究，提出更为科学、健康的食用方法，以改变槟榔被“污名化”的不利局面。

三、发展新兴特色产业

习近平总书记指出，发展现代农业、推广良种良法、开发特色产业，需要一定的经营规模，也需要农民专业合作社、家庭农场等新型经营主体引领，如何将产业扶持与精准扶贫有机结合起来，应该允许和鼓励地方探索。保亭县一方面通过建立农民专业合作社、家庭农场，发挥乡村精英的引领带动作用，积极引入龙头企业，与市场对接，另一方面通过探索与调研，立足县情、乡情、村情，因地施策、因村施策，推动贫困群众发展具有市场潜力的新兴热带特色产业，并建立多重“保护衣”，降低风险。

其一，创新冬季瓜菜品种及生产经营模式。保亭县冬无严寒，生产反季节瓜菜具有得天独厚的优势，绝大部分冬季瓜菜都销往北方省市。传统的冬季瓜菜以豆角、辣椒、茄子、苦瓜为主，受市场价格影响较大，具有较大的市场风险，且生产效率较低。县政府积极推动引进新产品，推动冬季瓜菜的产业化经营，鼓励龙头企业与农户建立利益联结模式，同时积极发展订单式农业，通过冬交会、农博会等活动，建立产销渠道，探索新型特色热带高效产业。

为保障冬季瓜菜的生产，保亭县制定了《保亭县常年蔬菜基地建设管理办法》，从县域的层面对冬季瓜菜产销工作保驾护航，完善冬季瓜菜质量安全监管工作，建立了“菜篮子”工程示范基地，实行了“菜篮子”工程县长负责制。2015—2020 年，全县冬季瓜菜的种植面积总体呈增长趋势，冬季瓜菜的产值不断提升。2020 年，冬季瓜菜种植面积达 4.59 万亩，年产量 8.39 万吨，产值 2.518 亿元，其中贫困户种植 9890 亩，产值 1.12 亿元，有效地带动贫困户增收。

表 30　保亭县 2015—2020 年冬季瓜菜面积、产量及产值表

年份	种植面积（万亩）	总产量（万吨）	总产值（亿元）
2015	4.28	7.14	2.85
2016	4.5	6.36	2.84
2017	4.97	6.59	3
2018	4.79	7.72	4.78
2019	4.51	6.64	1.99
2020	4.59	8.39	2.518

立足于“绿色生态兴保亭”的农业发展战略，保亭县把黄秋葵产业作为新型冬季瓜菜的“拳头产品”进行重点培育。首先在新政

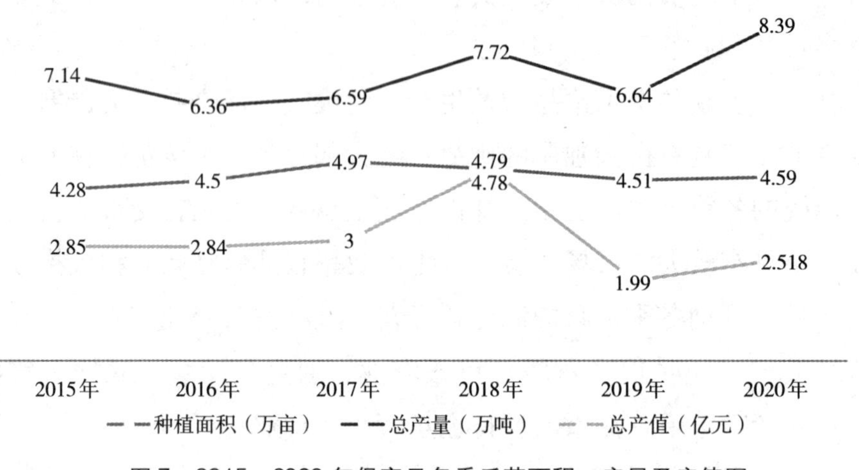

图7　2015—2020 年保亭县冬季瓜菜面积、产量及产值图

镇和响水镇试行黄秋葵种植，通过引进港海高新农业开发有限公司，采取“公司+合作社+农户”或“公司+贫困户”等联结模式，由公司发苗、提供化肥、进行技术培训，并且以保底价回收，为农户的增收提供保证，解决了市场不稳定的风险。

针对种植户分布状况和反季节黄秋葵产业的特点，采取“适度规模、相对集中”的发展策略，制定反季节黄秋葵产业“百村千户”计划，加大力度培育种植 10 亩以上的种植户和种植 20 亩以上的种植专业户，通过以点带面、规模效益的形式，引导广大种植户积极参与反季节黄秋葵产业的发展。同时还设立了黄秋葵冷库和扶贫车间，带动贫困户就业。

案例 12　黄秋葵发展的成效

2016—2020 年，保亭县累计投入 6000 多万元，用于黄秋葵种苗繁育、技术推广、市场开拓、品牌打造等产业体系建设发展。2017 年，全县种植反季节黄秋葵达 5000 亩，产值近 6000 万元；2018 年，全县黄秋葵种植面积达 9000 多亩，产值达 7000 万元，带动贫困户 510 户，贫困户种植面积 2030 亩，亩均收益达

8000元以上，贫困户户均收入在2.6万元以上；2019年，全县累计种植黄秋葵9400多亩，产值8500万元，其中贫困户种植面积达2800亩，有效带动533户贫困户增收，户均增收3.8万元。2020年种植约9500亩，预计产值达9000万元以上，黄秋葵成为带动贫困户增收的主导产业之一。

2018年，保亭县还制定了反季节瓜菜产业项目发展方案，坚持扶优扶强与扶贫相结合的原则，力求把黄秋葵等产业做大做强，将保亭反季节产业打造成为辐射并带动全县农户的脱贫致富示范产业。

其二，热带特色水果。保亭县几乎适合所有类型的热带水果种植，传统种植的如芒果、菠萝、香蕉、荔枝、龙眼、椰子等，近年来开始大规模引进具有市场价格优势的红毛丹、百香果、榴莲等特色热带水果。2020年，全县水果总面积达9.1万亩，收获面积达5.72万亩，产量达54706.37吨。随着国内水果市场的蓬勃发展，保亭县大力推动贫困户发展特色热带水果产业，做强特色，积极与市场对接。

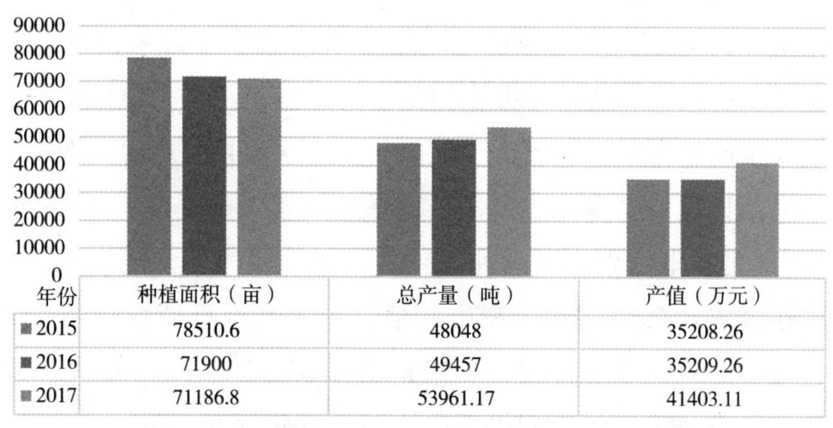

年份	种植面积（亩）	总产量（吨）	产值（万元）
2015	78510.6	48048	35208.26
2016	71900	49457	35209.26
2017	71186.8	53961.17	41403.11

图8　保亭县热带水果产业发展情况

注：缺少2018—2020年数据。

表 31　保亭县 2020 年大宗热带水果产业发展情况

经济作物	收获面积（万亩）	产量（吨）	产值（万元）	亩产（千克/亩）	亩产值（元/亩）
芒果	0.996	10004.7	8612.55	1004.5	8647.1
香蕉	0.4	6028.08	2690.92	1507	6727.3
荔枝	0.51	3562.78	5153.58	698.6	10105.1
龙眼	1.47	11823.74	18237.43	804.35	12406.4

（1）红毛丹。由于气候和生态环境优越，保亭县成为我国最适宜种植高品质红毛丹的地区之一，具有非常广阔的市场前景。但红毛丹对保鲜冷链储运环境要求高，这一直是限制保亭县红毛丹种植规模扩大的瓶颈因素。随着国内冷链物流技术和储藏条件的不断改善，脱贫攻坚战开展以来，保亭县积极推动红毛丹产业的发展，鼓励农户扩大种植规模，把保亭县的气候和生态环境优势转化为产品优势。

经过几年培育和发展，目前“保亭红毛丹”已被注册为农产品地理标志，提升了保亭县红毛丹品牌建设和红毛丹产业的健康发展。与此同时，保亭县加大了对红毛丹产业的扶持力度，引进了公司进行规模化生产，建立了红毛丹示范基地。依托“保亭红毛丹”延伸农业产业的品牌效益，通过举办乡村红毛丹采摘季活动，以红毛丹产业为支点，全面整合采摘、餐饮、住宿、景区、温泉酒店等资源，助推果园基地信息化、电商化建设，拓宽果园销售渠道，使“互联网+旅游+农业”的产业链条不断延伸。

从扶贫成效来看，截至 2020 年底，全县红毛丹种植面积达 2.52 万亩，收获面积达 1.9 万亩，年产量达 1.633 万吨，产值达 3.38 亿元。2020 年新增发放红毛丹苗 18360 株，新增种植面积达 734.4 亩，其中：六弓乡扶持红毛丹 6360 株，县农业服务中心扶持红毛丹 12000 株。红毛丹产业已成为全县可持续脱贫增收的特色产业。

（2）百香果。百香果是热带和亚热带水果，适合生长在光照强、气温高的气候条件下，常用于调制果汁，被称为“果汁之王”，在城市饮品市场上具有极高人气。保亭县的气候和光热环境非常适合百香果的生长，保亭县的百香果具有口感好、果型大、产果批次多、产量高、价格好的特点。因此，百香果产业得以在保亭县大力推广和发展，成为带动农户脱贫致富的新产业。

事实上，保亭县的传统水果生产中并不包括百香果，而这一产业的发展和推广，得益于广大扶贫干部发挥勇于探索和“敢于吃螃蟹”的精神，是主动引进、组织和推动的结果。

案例 13　勇吃百香果这只“螃蟹”

保亭县百香果产业的发展以六弓乡最为典型。2017 年，六弓乡乡长了解到百香果的相关信息，认为本地气候、土壤、水文均适合发展百香果产业，遂果断决定引进龙头企业来发展百香果产业。作为扶贫产业，六弓乡政府与企业达成协议，要求它们以土地租金、入股分红、就近就业、技术培训等形式带动当地贫困户的发展，通过以劳代训的形式最终达到农户自己发展生产的目的。

由于是引进的新兴产业，缺乏发展新产业的群众基础，一开始群众并不愿意接受。六弓乡乡长和书记等乡领导亲自去动员发动群众，尤其是贫困户，向他们介绍产业的前景并将其与传统瓜菜产业的前景进行比较。考虑到是新兴产业，党委一班人用能动员多少群众就发展多少面积的理念来进行产业试点。2017 年，公司种植 142 亩作为示范带动，并且由他们进行统一收购。管理良好的亩产甚至可达 3000 斤至 5000 斤，平均价格 8 元一斤，每亩产值可达 2 万元以上。“我们去问群众，他才有六分地，却差不多一年赚了有一万七八千元，我们当时是不敢相信的。”

农户看到百香果的效益后，纷纷扩大百香果的种植面积。到 2020 年，全县的种植面积达到 2600 多亩。百香果每年都供不应求，具有非常好的市场前景。最初引进百香果产业的时候，乡领导也很担忧，“当时我们乡是第一个开始种的，县里面也是按我们乡的规模、方式去推广。当时我说我也是傻的，现在想想我是真的很傻，第一个吃螃蟹的人压力很大的，当时我也怕。”但经过几年的摸索，百香果已成为六弓乡的主导产业。（人物和资料均摘自 2019 年 9 月六弓乡乡长访谈记录）

为促进百香果产业的发展，保亭县还制定了《百香果产业扶贫工作实施方案》，规划两重发展模式。模式一是以企业为主体的合作模式，采取“企业+基地+合作社+贫困户”方式，建设百香果示范基地，带动贫困户参与生产，同时聘用贫困户打工，给予一天不少于 150 元的工资。企业按照市场行情价格统一收购，同时对价格进行兜底保障，如果市场行情价格低于 4 元/斤，则按 4 元/斤进行保底收购；市场价高于 8 元/斤，按 8 元/斤进行收购；市场价格在 4—8 元/斤，则按市场价进行收购。企业按照“五个统一”（统一技术、统一种苗、统一标准、统一品牌、统一销售）模式进行管理，按销售总收入不低于 20%分配给贫困户，3%分配给村集体。模式二则是以农户为主体的合作模式，以“企业+合作社+农户”的形式进行生产，同时企业进行保底收购，与种植户形成利益共同体。

保亭县百香果主要在六弓乡和加茂镇进行推广。2017 年，保亭县投入 229.93 万元发展百香果产业，受益贫困户 467 户 1949 人；2018 年，投入 510.61 万元发展百香果产业，种植面积达 2586 亩，受益贫困户 456 户 1662 人；2019 年，种植面积达 3429 亩，受益贫困户 2159 户 8235 人；2020 年，种植面积达 2600 多亩，受益贫困户 2462 户 9644 人。

（3）榴莲。我国消费市场对榴莲的需求很大，榴莲是我国大批量进口的热带水果之一，主要的进口来源地为泰国、马来西亚等东南亚国家。发展榴莲产业，也成为保亭县发展热带特色水果助力脱贫攻坚的重要举措之一。

榴莲要5—7年才能挂果，生长周期比较长，但是经济效益非常好，适合作为庭院经济来推广。一旦成功挂果，一株榴莲树年收益可达8000—10000元，适合“庭院经济”，房前屋后种植几株，经济效益十分可观。保亭县三道镇华盛红毛丹基地的榴莲在2019年已经成功挂果，原本只是作为景观栽种在道路两侧的榴莲成功试种，给保亭榴莲产业的发展带来信心。与其他榴莲品种不同，保亭县引进的榴莲品种因臭味较淡，且带有清香，口感独特，别具一格。2018年，保亭县安排财政扶持资金100万元，种植户自筹资金11.1万元，用这些钱采购榴莲种苗5000多株，鼓励和发动农户以及贫困户种植榴莲280亩。

表32 保亭县各乡镇榴莲种植计划表

乡镇	规模化种植		庭院经济	
	面积（亩）	种苗需求量（株）	面积（亩）	种苗需求量（株）
保城镇	—	—	10	200
什玲镇	36	720	18.6	372
新政镇	111.7	2234	—	—
加茂镇	13.7	274	20	400
响水镇	—	—	20	400
毛感乡	—	—	47.8	956
合计	161.4	3228	116.4	2328

为了减少种植户的后顾之忧，保亭县引进了水果产业保险，包括“芒果保险”“香蕉风灾保险”。“芒果保险”由太平洋保险海南分公司承保，省级财政补贴30%，市县财政补贴10%，参保者自缴60%；“香蕉风灾保险”由中国人寿保险海南分公司承保，省级财政补贴40%，市县财政补贴20%，参保者自缴40%。水果保险保障了贫困户利用水果产业脱贫的发展路径。

其三，热带花卉经济。保亭因气候等资源优势，适宜将热带花卉产业作为主打产业来发展，推进花卉产业和旅游业相结合，带动贫困户脱贫。兰花产业是其中的典型代表。2020 年，保亭全县种植各类兰花 120 亩，依托“一镇一业”“一村一品”的政策，由南林乡和三道镇主推。

南林乡主要位于山区，是传统农作物种植乡，共有农村常住人口 1214 户 4960 人，耕地面积 6022.2 亩，人均耕地 1.2 亩，人多地少使得南林乡的人们只能外出打工。由于南林乡靠近三亚，具有很好的区位优势，近年来，他们结合当地资源，以兰花为主题，逐步形成“兰花特色小镇”品牌效应，推进了乡村旅游的发展，将生态资源优势转化为经济优势，通过特色产业带动，实现农户增收。

南林乡将扶贫项目设置成“合作社”或公司统一托管模式，合作项目分红比例设置为“贫困户 50%+公司 40%+村委会 5%+村小组 5%”模式，托管项目设置为不低于 6%的保底分红模式，与种苗提供方签订扶贫产品回收协议，在确保贫困户收益得到“最大化”的同时，保障了扶贫项目收益的“持续化”，带动村集体经济的发展和贫困户的增收。同时，产业基地还为贫困户提供了就业岗位，引导贫困户就地就近到合作社务工。2016 年以来，南林乡共建设 5 个兰花种植基地约 80 亩；2017 年投入 643.11 万元发展兰花产业，带动全乡贫困户 575 户 2165 人发展兰花种植项目；2018 年投入资金 96.28 万元进行兰花基地扩建，带动全乡贫困户 272 户 1001 人及低保户 34 户 81 人发展兰花种植项目，促进增收；2020 年，投入 501.47 万元，打造 50 多亩兰花基地并成立了天乐兰花公司，将“兰花相约、美丽小镇”农业旅游纳入南林乡发展规划，确保兰花产业项目不断发展壮大。

此外，三道镇的兰花产业也发展很好，特色突出。2018 年，三道镇投入 584.37 万元用于兰花项目，惠及全镇贫困户 310 户 1159 人。三道镇的兰花产业还探索出了一条“党支部+企业+农户”的产业扶贫模式，以党支部为主体，带动农户进行兰花种植。在党支部的推动下，2018 年 4 月，经过兰花技术培训后掌握基础兰花种植技术的 80 名贫困户，采用先进带后进的方式，带动 327 名无技术贫困户成立了专业合作社。专业合作社与公司签订合同，公司有偿提供种苗、农药、化肥、技术指导，农户以家庭为单位进行兰花种植，公司对成品兰花切花按照合同内分级标准进行回收，5 年合作期满后回收盆花，解除农户的种植风险，保障农户的收益。该模式在帮助贫困户脱贫致富的同时，也进一步将兰花种植户培养为有技术、有产业、能致富的新型职业农民。

案例 14　兰花仙境助推脱贫攻坚

三道镇三弓村在 2018 年选择以“党支部+企业+农户”产业发展模式壮大村集体经济，帮助贫困户脱贫，党支部与企业建立了 120 亩的农旅相融的兰花仙境项目，该项目集兰花种苗培育和转化、兰花种植、花卉销售、旅游民宿、标准化花卉产品精深加工、乡村旅游体验于一体，通过土地租赁、就业、技术培训、托管、合作经营等方式带动三弓村集体经济的发展。带动贫困户 183 户 642 人吃上“旅游饭”，2017—2018 年村民土地租赁增收 23.8 万元。兰花仙境产业还主动与脱贫攻坚对接，包括：

首先，开展就业帮扶。2018 年企业一期五十亩大棚建成并投入使用，24 名本地村民在企业就业，就业收入共计 57.6 万元，其中党支部推荐的 14 名贫困户，人均年收入 1.75 万元，2018 年海南省贫困标准为人均纯收入 3523 元，在企业就业的贫困户已经实现了“一人就业、全家脱贫”。

其次，开展技术培训。地方政府和村党支部通过组织兰花种植技术培训班、基地实践、奖励优秀学员等方式，共组织 2 次兰花技术培训，10 次基地实践培训班，培训贫困户 597 人次。参与培训和积分兑换的贫困户改变了之前思想僵化、因循守旧的观念，通过技术培训、实践培训掌握了基础的兰花种植技术，使贫困户能够在技术员的指导下进行兰花种植。

最后，资金托管保证利润分红。考虑到无劳动力等原因致贫的贫困户的实际情况，地方政府积极与企业进行沟通，促成贫困户198户729人与企业签订了合同书，以财政扶持资金托管的方式进行利润分红。2018年11月，兰花基地为贫困户进行了第一次分红，分红31.5万元，每名贫困户得到了433元的收益，随着基地二期动工建设，参与该合作的贫困户未来每年度的收益预计将不低于650元。

其四，推广林下立体农业，发展林下经济。由于地处山区，保亭县耕地面积少，但林地资源十分丰富，发展林下经济具有巨大的资源禀赋优势和市场前景。保亭县因地制宜，探索出林下种植益智、牛大力等以南药为代表的林下种植经济，以及林下养鸡、养鸭、养猪等以家畜为代表的林下养殖经济。发展林下立体农业充分利用了空间，也保护了环境，促进了农户增收，是集生态效益、经济效益和环境效益为一体的绿色发展之路，为其他地区立体农业的发展提供了借鉴。

（1）林下套种南药。保亭县存在大量橡胶林和槟榔林，在橡胶林和槟榔林中采掘天然生长的南药，一直是山区农民的传统生计来源之一。在橡胶价格行情持续波动并下行的背景下，发展林下套种南药等林下经济，成为农民寻求生计替代的重要策略，典型的包括套种益智、牛大力等。由于益智具有粗生长、易管理、经济价值高等特点，深受农户欢迎。与此同时，发展林下套种，对橡胶林和槟榔林的水土保持有良好作用。

目前，益智成为保亭县林下套种南药的最重要品种。为了推动和保持益智产业健康发展，保亭县成立了益智产业发展工作领导小组，出台了各项扶持发展益智产业措施，加大了财政资金扶持力度。与此同时，在《保亭县品牌农业发展规划（2016—2020）》和《保亭县“十三五”产业精准扶贫规划（2016—2020）》中，将益智列为保亭县农业品牌和特色产业精准扶贫的主导产业，引进合作社、龙头企业与贫困户建立利益联结机制。新建益智综合加工厂，大力引进省内外制药厂合作开发，深化益智加工研发，组织研发益智酒、益智饮料、益智珍果、益智压糖片等产品。2020 年，保亭县种植益智 2.41 万亩，产量达 4151.26 吨，产值达 2130.79 万元。

案例 15　益智产业促脱贫

保亭南梗绿色南药益智合作社的理事长朱海升是南梗村人，家中兄弟姐妹共 8 人，从小家庭经济负担较重，都是自己赚钱来上学，放学回来之后还要自己去山里摘益智卖。1994 年，朱海升初中毕业之后，就在家务农，从事益智、红藤等药材收购工作，因此对益智产业非常熟悉。当时种植益智的人很少，收购一斤益智可赚 1 元，收益非常可观。2005—2006 年，华南热带农业大学中德合作物种保留项目在这里开展，提倡原生物种的保存和开发。这成为推动保亭益智产业发展的重大事件，也坚定了朱海升深耕益智产业的决心。

2011 年，朱海升建立保亭南梗绿色南药益智合作社，刚开始合作社仅有 8 名成员，后来发展到拥有 25 名理事，其中有 5 位贫困户。合作社承包了 500 亩自然林用于发展生产，2013 年开始种植益智，并获得了政府产业扶贫资金 5 万元的资助，用于购买益智苗。益智果平均亩产 300 斤，管理较好的可达亩产 600 斤，但是市场价格波动较大，之前 7—8 元一斤，但是 2018 年价格下跌至 3 元一斤。

2018 年一个偶然的契机，朱海升的一位朋友尝试用益智花做花茶，意外地发现花茶的口感非常好，于是他开始出售益智花。采摘益智花比采摘益智果的工作难度大，但是收益很好，益智花的价格可达 100 元一斤，一亩产值可达 5000 元。朱海升具有较强的社会责任感，他想通过建立合作社带动大家一起发展，他说："我也没什么东西，就想把大家带起来，大家发展就比较好一点。"原本合作社有5位贫困户，现在他们都已脱贫。（摘自2019年10月16日与南梗绿色南药益智合作社理事长朱海升访谈记录）

（2）林下养殖。除了林下套种外，林下养殖也是保亭县农民综合利用林地资源的重要生产方式。林下养殖一方面有效地提高了林地空间综合利用效率，林下养鸡、养鸭、养鹅、养猪等产生的禽畜粪便还是非常好的有机肥，有利于橡胶、槟榔的健康生长。以上文中的朱海升为例，他2016年开始在承包的林地中散养阉鸡，每只鸡的生长期虽然很长，但散养鸡的市场价格很高，可达200元/只。2017年，他在承包林地中养黑山羊，每只羊的纯利润可达到1000元，后来由于黑山羊对益智破坏较大而停止养殖。2018年，朱海升开始在承包林地中小规模养殖五脚猪，尽管随后受到非洲猪瘟的影响而停止了扩张计划，但在2019年10月时依然存栏5头母猪和几只小猪仔，总体上小有盈利。普通农户在房前屋后的林下开展家庭养殖，是最为普遍的家庭农业生产形态。这成为很多贫困户的重要收入来源之一，被许多农户亲切地称为"活的零钱罐"。

其五，特色养殖。养殖业一直以来都是农民生计的重要来源，是农民家庭经济的重要组成部分。但在市场经济的发展过程中，传统的小规模家庭散种散养模式逐渐无法适应市场竞争，而处于被淘汰边缘。为此，保亭县充分分析本地特色禽畜品种的优势与短板，引导贫困户根据市场改良和调整养殖品种，并推动农户建立养殖合作社，以共同应对市场风险。

改良品种，进行技术培训。保亭的传统养殖业主要以本地品种的猪、牛、羊为主，鸡、鸭、鹅为辅，许多家庭采取小规模分散养殖方式，产量较低，商品化率也较低；同时，养殖方法比较传统，禽畜容易染病死亡。开展脱贫攻坚以来，结合保亭本地传统禽畜品种实际情况，政府引导农户进行种质改良。以黄牛、生猪为例，本地黄牛个头小、生长慢、出肉率低且野性大，政府推动引进新品种黄牛，使长肉率和产肉率大大提高。原有猪个头小、生长慢，一年长肉 35—40 千克，被戏称为“老鼠猪”，无法适应大众市场需求，政府推动引进海南特有的品种五脚猪。这种猪具有生长较快、肉质鲜嫩、市场价格高的特点。这一举措增加了生猪产业的附加值。

引导贫困户建立养殖合作社，发挥合作优势，应对市场风险。以往，养殖农户单打独斗，缺乏合作，既难以适应激烈的市场竞争，又难以及时获得市场信息和技术支持，生产效益低，收入难以提高。2016 年，保亭县曾投入大笔扶贫资金资助贫困户购买禽畜种苗，但由于主要是散种散养，且有些贫困户缺少养殖知识和经验，禽畜种苗死亡率很高，与此同时，大部分贫困户不熟悉市场，经常出现“高买低卖”的情况，以致越养越亏。在吸取经验教训之后，保亭县转变扶持思路，组织农户组成“合作社”，直接将牲畜、家禽成批托养到农户自己的合作社中，而实际的养殖则由合作社中具有养殖技术和经验的专业养殖户负责，年底再给贫困户分红。截至 2020 年，保亭全县共有 83 个合作社，惠及 7470 户贫困户。

推动种养结合，形成“一镇一业”的特色产业格局。保亭县依据各个乡镇的特色，将种植业和养殖业相结合，每个镇形成自己的特色种植业或养殖业产业格局，既增强农产品的竞争力和附加值，又避免同质化竞争。如什玲镇主推什玲鸡、毛感乡主推毛感鸭、七仙岭乡主推七仙岭香猪，这些都具有收益快的特点，充分体现了产业发展短、中、长期相结合的原则，促进了农户的可持续增收。

2016—2020 年，保亭县累计实施 346 个农业产业项目，其中 2016 年 17 个、2017 年 174 个、2018 年 41 个、2019 年 61 个、2020 年 53 个。如投入 237. 37 万元产业扶贫资金发展什玲鸡，受益贫困户 249 户 986 人。累计投入 156. 08 万元产业扶贫资金发展毛感鸭及配套鸭饲料，受益贫困户 361 户 1407 人。另外，2018 年在六弓乡投入

63.7万元发展七仙岭香猪产业，受益贫困户6户36人。

案例16　小鸭子大产业

毛感乡是保亭县生活用水的水源地，河、渠、溪均为自然山泉水，昼夜温差最大约达13℃。在良好的自然条件和气候条件下，毛感鸭肉质鲜美，广受消费者赞誉，市场供不应求。此外，毛感鸭养殖周期短，三个月即可出售，是当地的主导产业之一。

毛感乡发展毛感鸭产业的主要做法如下：一是通过产业扶贫创品牌。乡党委根据贫困户的养殖需求，2018年投入49.1929万元，发放鸭苗35138只，同时为降低贫困户养殖成本，2018年投入61.8916万元配套鸭饲料，受益贫困户260户。与此同时，所有贫困户养殖的鸭子，都以毛感鸭的名称投放市场，并进行广泛的宣传。二是提供政策支持和技术支持。毛感乡为了最大限度地发挥扶贫资金效益，经县扶贫开发领导小组审核通过，聘请毛感乡品品鸭合作社的黄金玲为专业技术指导，全程免费为贫困户指导养殖技术和防病防疫技术。三是积极拓展销售渠道。2018年通过保亭县消费扶贫农产品展销会、互联网+爱心消费扶贫大集市活动、爱心扶贫集市百场百家活动等，帮助农户打开销路。

通过创立地域品牌效应，并免费发放鸭苗、饲料，免费为贫困户提供技术培训和指导，采取多种方式协助养殖户打开市场销路等举措后，毛感乡的毛感鸭养殖产业目前已经初具规模，小鸭子形成了大产业，不仅帮助贫困农户实现脱贫致富，而且带动了毛感乡的整体发展。

案例17　养鸽助推脱贫

保城镇养鸽合作社负责人刘礼保，44岁，2001年在养鸽厂跟别人学习养鸽，熟练掌握了养鸽技术，2002年开始自己养鸽。

2013年成立养鸽合作社，他的爱人担任合作社理事长。刚开始合作社在新政镇养鸽，效益较好，后来被引进到保城镇。

保城镇2017年采取“合作社+基地+贫困户”的模式，投入产业扶贫资金100万元，托管给养鸽合作社，调动121户贫困户参与养鸽。按照合作方式，养鸽合作社五年之内连本带利共支付125万元，其中分红部分为本金的25%，平均每年本金的5%作为贫困户的分红。由于养鸽合作社效益较好，带贫能力较强，保城镇2018年继续投入120万元产业扶贫资金用于养鸽合作社的发展。以保城镇2014—2015年建档立卡贫困户为受益对象，共160户，每年拿本金的7.8%作为贫困户的分红，另外五年之后一次性归还本金。

目前，合作社的经营效益较好，现有1万对种鸽存栏，每年能有约20万只乳鸽产量，每只乳鸽有4—5元利润，合作社每年利润80万元左右，分红后还剩下20万元。刘礼保称，成立合作社的目的是除了自己挣钱外，还想做大做强养鸽产业，尽到社会责任，带动贫困户脱贫。

其六，农副产品加工业。保亭县资源丰富，但农业生产方式依然简单粗放，以原材料生产和销售为主。保亭县鼓励和支持发展农产品加工业，在延长农产品产业链和增加附加值的同时，也为贫困劳动力提供就业机会。首先，在农业产业发展规划上，将农副产品初加工和深加工列入重要支持目录。其次，在财税和金融扶持上，为农副产品加工业提供优惠政策。农副产品加工业助力脱贫攻坚，主体是各类专业合作社，如在什玲黎家椰子手工皂专业合作社投入300万元产业扶贫资金，发展椰子手工皂，带动贫困户259户975人；在半弓芒果合作社投入产业扶贫资金35.74万元，以“党支部+合作社+贫困户”模式建立半弓芒果套袋加工厂，带动贫困户112户395人。

第三节　特色热带旅游产业

一、特色热带旅游产业发展的背景

在城市化和工业化快速推进的同时，很大一部分人摆脱了贫困并过上了宽裕的生活，以旅游为代表的精神消费的需求量越来越多，乡村旅游成为重要的旅游产业形态之一。在向游客提供自然生态和美丽风景的同时，也提供农耕文明的精神和文化享受。打赢脱贫攻坚战，旅游扶贫不可或缺。2011 年，旅游扶贫首次被写进我国的扶贫纲领性文件。2014 年，国务院首次提出“乡村旅游精准扶贫”的概念。2015 年，国务院扶贫办将旅游扶贫列为了我国十大精准扶贫工程之一。旅游扶贫正成为农村贫困人口实现脱贫致富的重要方式。

保亭县在开展旅游扶贫方面具有得天独厚的优势，可以归纳为资源禀赋优势、区位与市场优势。

其一，保亭是海南国际旅游岛全域旅游建设的重点区域，拥有独具魅力的原始热带雨林、雨林温泉、民俗风情园和石林溶洞等旅游资源。如呀诺达雨林文化旅游区、甘什岭槟榔谷原生态黎苗文化旅游区、七仙岭国家森林公园和毛感仙安石林等特色旅游风景区，与三亚的“阳光、沙滩、海水”等滨海主题的旅游产品具有明显的差异性和互补性。同时保亭物产丰富，是我国重要的南药种植基地，拥有沉香、降香、萝芙木、大血藤、砂仁等 148 种南药品种；热带水果红毛丹、山竹子、榴莲、百香果等名果享誉省内外；同时还有大量名贵热带花卉品种。目前，作为一个人口小县，保亭县却拥有国家 5A 级景区 2 个、4A 级景区 1 个、其他景区 3 个、度假区 1 个、乡村民宿 17 家、民族乡村 31 家以及海南省星级美丽乡村示范村 11 个。

除了丰富的生态资源和自然景观，保亭县还有丰富多彩的民族文化资源。千百年来，保亭县的黎苗儿女在创造物质文明的同时，培育了地域特色鲜明、民族色彩独特的黎苗文化。这些文化资源既包括了物质文化遗产，如黎苗生活遗址，又包括非物质文化遗产，如树皮衣制作工艺、黎锦制作工艺、黎族钻木取火技艺以及黎族乐器等，还包括各种丰富的民族文化活动，如嬉水节。近年来，保亭县先后获得“中国最佳文化生态旅游目的地”“中国最佳绿色旅游名县”“中国最具民俗文化特色旅游目的地”“中国全域旅游示范县”等称号，七仙岭温泉国家森林公园和呀诺达雨林文化旅游区被评为“游客喜爱的海南岛特色品牌旅游区”。

其二，保亭县发展旅游业的另一个优势是背靠一定规模的旅游市场。如前所述，保亭县的旅游资源与三亚正好形成差异和互补，并且是“大三亚旅游区”的重要部分。从保亭县至陵水县仅需半小时，至三亚机场仅需 1 小时，至海口仅需 2 小时，便利的交通区位优势成为发展旅游业的重要前提。在海南国际旅游岛旅游业规划的南部组团中，三亚是“蓝色旅游”的代表，拥有国家黄金海岸；而保亭县作为“绿色旅游”的龙头与之呼应，其雨林、温泉和黎苗文化等生态旅游资源同样具有突出的吸引力，两地“山海并举、蓝绿互动”的旅游经济格局基本成型。因此，保亭县在旅游市场与区位方面也同样具有错位优势。

早在“十五”期间，保亭县就确立了“旅游强县”的发展战略。据统计，2002 年至 2005 年，旅游业接待游客 136 万人次，旅游业收入突破一亿元。2020 年，全县接待游客 133. 67 万人次，实现旅游收入 6. 84 亿元，全县接待游客 65. 84 万人次。在旅游业的带动下，第三产业快速发展，在三大产业中的占比超过第一产业，由 2011 年的 41. 8%提升到 2020 年的 53. 8%。正因为保亭县有着如此良好的旅游业从业基础以及发展现状，且发展旅游业本身对精准扶贫具有重要作用，保亭县将“旅游扶贫”作为全县精准扶贫工作的重点之一，制定了相关的发展规划。这在脱贫攻坚过程中取得了重要成效。

二、旅游扶贫工作的举措

其一，组织建设与制度设计先行。保亭县高度重视旅游扶贫工作，并制定一系列政策规划和制度保障，确保旅游扶贫产业健康有序发展，如《保亭县旅游扶贫攻坚三年行动实施方案》《保亭县旅游产业发展扶持措施》《保亭县旅行商开发境外客源市场奖励办法》《保亭县美丽乡村建设三年行动实施方案（2017—2019）》《保亭县2018年旅游扶贫工作方案》《保亭县鼓励旅游企业参与“结对帮扶”扶贫工作方案》《保亭县乡村旅游扶贫三年行动计划》等。

为有效开展乡村旅游建设和推进旅游扶贫工作，保亭县结合实际编制了《保亭县美丽乡村旅游发展规划》《保亭县“十三五”旅游产业发展规划》《保亭县全域旅游推进规划》《保亭县创建旅游扶贫示范区（县）规划》等，为旅游产业建设做好顶层设计。

其二，旅游扶贫与乡村建设。保亭县统筹推进美丽乡村建设与旅游业、现代农业、文体等产业的综合开发，把创新发展、协调发展、绿色发展、开放发展、共享发展理念贯彻到美丽乡村和共享农庄建设实践中，以产业融合带动美丽乡村和田园综合体发展。

精准扶贫工作开展以来，已建成甘什村、番道村、什进村、毛辉村、田圮村、番庭村、新村、排寮村等一批美丽乡村和华盛红毛丹休闲农庄、翠庭农趣谷农庄、菠萝岛休闲农庄、隆滨休闲农庄等一批休闲农庄；开工建设保城镇什慢村、什玲镇大田村、毛感乡南一村、毛感乡南二村、响水镇什龙村、三道镇什吉村等美丽乡村和南梗共享农庄、水尾共享农庄、雅布伦共享农庄、什栋布衣农庄、毛感海峡两岸农业园、七仙花海等美丽乡村及共享农庄；积极推进乡村旅游扶贫重点村旅游基础设施建设，建设停车场、垃圾收集站、农副土特产商店等六项工程。通过这种结合，既节约了资金，又节约了人力成本。

其三，招商引资。产业扶贫离不开企业的支持，这是因为企业具有资金与管理方面的资源和优势，只有引入有能力的企业，才能更好地盘活和发展当地旅游业，并为当地的旅游业发展提供先进经验。为此，保亭县积极引进投资商，解决旅游产业资金单一和资金不足的问题，如引入海南雅布伦康健疗养中心有限公司、保亭森田实业有限公司、海南云顶置业有限公司、海南晟昊投资有限公司、兰亭仙境（海南）康旅发展有限公司等，有效地改善了美丽乡村建设、田园综合体建设资金单一的问题。截止到2020年，保亭县共有32家企事业单位参与或计划参与本县的旅游开发，协助开展招商引资的有数十家旅游企业，累计投入十多亿元。

其四，文旅融合，开发特色旅游项目。保亭县将乡村旅游与扶贫工作有效结合，在旅游扶贫开发过程中，结合全县旅游资源，有针对性地开展旅游产品挖掘开发，变生态环境优势为旅游特色产品，为贫困户创造就业机会，增加农民收入。典型的融合模式有："旅游+农业"模式，打造红毛丹采摘季等乡村旅游项目；"旅游+节庆"模式，打造七仙嬉水节、三月三、重阳登山节等旅游节庆及赛事；"旅游+文化"模式，打造农耕文化节、山兰节、渔猎节等民俗特色旅游主题活动。通过购买和消费来自贫困地区的农副产品，开展自驾车后备箱公益旅游认购活动，设计开发自驾旅游线路。在槟榔谷、呀诺达、神玉岛、布衣农庄、秀丽山庄等旅游景区，以及各乡村旅游点，设立旅游扶贫商品售卖专区，集中销售当地的藤编、手工皂、鹧鸪茶、山兰酒及椰子油等产品。以"走出去"的形式，在重点旅游客源地开展专题宣传，并运用微信公众自媒体平台等新媒体宣传方式，对甘什村的黎苗风情、热带雨林、三弓村黎客家园、陡水河村水库旅游项目、巡亲村绿水八村画廊、毛感乡渔猎节（毛位村）等乡村旅游资源进行重点宣传。对具备旅游资源的贫困村，鼓励和引导农民通过兴办家庭旅馆或农家乐、销售农产品等方式，开发农业观光、林业观光及生态旅游产品，从而使更多农民参与到旅游产业中来。

其五，加强旅游培训，提高服务技能和意识。一是为提高旅游从业人员的安全、统计等业务能力，保亭县举办了1期旅游培训班，共培训从业人员40余人次。二是组织旅游管理人员、乡村旅游点负责人、乡村旅游致富带头人共19人参加省旅游委组织的旅游扶贫专题培训班，主要培训共享农庄商业模式、乡村旅游和旅游扶贫相关政策等内容。三是各乡镇、就业局组织贫困户举办129期形式多样的培训班，如培训海南菜肴制作、西式和中式点心烹饪、海南点心制作、家务操持等，为旅游商品的制作、乡村旅游农副产品的生产提供后备力量，丰富旅游产品，共培训贫困户7334人次。通过旅游扶贫培训，保亭县培养了一大批专业旅游人才，也使得大量农户获得了旅游从业技能，提高了他们的人力资本。

其六，引导农户参与。引导县域旅游企业带动周边贫困村参与旅游产业发展，相互合作，带动贫困群众吃上“旅游饭”，进而实现脱贫。一是制定《保亭县鼓励旅游企业参与“结对帮扶”扶贫工作方案》，引导旅游企业参与“结对帮扶”工作，明确18家旅游企业和6个乡镇的12个村结对帮扶。二是通过土地入股、土地租赁的方式，与村民签订合作协议，与村民共享企业分红和土地租金，增加其经济来源方式。三是鼓励企业积极参与民生建设，提高村民生活学习质量。四是务工倾斜，帮助实现就业脱贫。县内旅游相关企业在招聘员工时，均优先招聘本地农民、贫困人口及农垦下岗职工。五是企业让利，不断增加财产性收入。县政府通过积极引导，鼓励旅游企业创新利益分配方式，还利于民。六是助力农产品购销，签订长期供销合同，解决农产品卖不出、卖不上价等问题，达到互利共赢的效果。七是政府采取注入财政专项扶贫资金的方式合作共建扶贫示范项目，合作方每年向当地政府支付利益分红，利益分红将用于贫困户的发展，通过“公司+贫困户”的模式，为贫困人口提供创业、就业、增收的平台。

三、旅游扶贫的成效

通过政策支持、招商引资和旅游企业及参与农户等各方的共同努力，截至2020年，保亭县完成了三十余个旅游扶贫项目的开发，并且这些项目已实现稳定运营，累计投资超过5.56亿元。全县所有的旅游企业都制定了相关的扶贫方案，旅游企业和从业者通过提供就业岗位、购买农副产品、土地租赁、入股分红、捐资捐物以及与乡村旅游扶贫重点村开展“结对帮扶”等多种形式参与脱贫攻坚。截至2020年底，全县共1895户7895人吃上“旅游饭”。旅游扶贫主要通过以下几种模式产生成效：

其一，贫困户参与旅游商品开发与销售。在各主要景区设立旅游扶贫商品售卖专区，专门售卖各种文化产品和农产品。充分挖掘黎苗文化，以文化符号作为主体，不断提升黎锦、苗绣、藤编、椰雕、银器等民族传统手工艺品的制作工艺。同时积极引导鼓励企业不断研发创新，开发了布衣农庄手工香皂、椰泽坊高端椰子油、黎轩山兰酒、金鼎红茶等旅游商品。

其二，农旅融合，促进贫困户参与就业。农业自然资源、生产方式和旅游开发的有机结合，使得贫困户既能继续从事农业生产，又能在旅游活动开发中实现兼职就业。如槟榔谷旅游区为甘什岭村村民量身定制了“半天务农+半天务工”的弹性工作模式，村民实现了“就业不离家、失地不失业、收入有保障”的家门口务工和务农两不误的理想状态。目前，该景区吸纳了649名周边农民务工。另外，呀诺达景区则为周边709名农民提供了就业机会，且不耽误原有的农业生产，部分农民还可以以土地入股并获得分红。除了上述两个大型景区外，诸如农家乐、农旅度假村等其他乡村旅游形态也实现了农业生产生活与旅游产业的有机结合。

其三，区域联动，促进均衡发展。充分利用重点旅游区的带动作用，把周边镇村纳入旅游服务辐射区域，实现联合发展和均衡发展。典型案例如利用什进村毗邻槟榔谷和呀诺达两大景区的地理优势，实施“大区小镇新村”扶贫开发模式试点。通过“大区”建设，带动附近的“新村”发展，将少数民族的民俗生活与旅游产业有机结合，把居住型、行政型的旧村庄变成“经营型”的旅游新村，从而带动农村产业结构调整，促进农民增收脱贫。

其四，景区带动实现产业联合发展模式。通过培育龙头景区，让景区成为“精准扶贫点”“龙头企业”，推进景区周边乡村在餐饮业、住宿业、娱乐业、交通业、商业、景区工作参与等方面实现创业富民和就业富民，实现企业与农民共赢，有效增加了贫困人口直接从业和间接从业人数，拓宽了贫困人口增收渠道，助推了新农村建设与旅游产业发展的大融合。

案例 18 几个典型旅游企业的扶贫成效

1. 海南槟榔谷黎苗文化旅游区（简称“槟榔谷”）

槟榔谷位于保亭县与三亚市交界的甘什岭自然保护区内，距三亚市区约 18 千米。景区创建于 1998 年，规划面积约 5000 亩，目前实际开发面积 800 亩。它是海南省六个国家 5A 级景区之一，也是海南省最丰富、最权威、最灵动、最纯正的民族文化“活体”博物馆之一，被称为黎苗文化活化石，也是全国首家民族文化 5A 级景区、国家非物质文化遗产生产性保护基地。

近年来，槟榔谷景区充分发挥旅游产业在脱贫攻坚中的带动作用，践行景区发展与农业、农村、农民共生共荣这一“包容性”发展理念，推行“景区+农户”“农民+员工”的发展模式，因地制宜，依托旅游资源，通过分配商铺、土地租赁、合作分红、农副产品采购、提供就业等多种渠道，助力脱贫攻坚，旅游带动扶贫效应显著，累计带动贫困户 285 户 793 人脱贫。

2. 呀诺达雨林文化旅游区（简称“呀诺达”）

呀诺达位于保亭县与三亚市毗邻区，距三亚市35千米。景区成立于2003年，2008年2月2日试营业，2012年1月被国家旅游局评为5A级旅游景区。景区总投资额达39亿元人民币，项目总体规划面积45平方千米，是中国唯一地处北纬18度的真正热带雨林，是海南岛五大精品热带雨林的浓缩，是最具观赏价值的热带雨林资源博览馆之一，堪称中国钻石级雨林景区。

景区把生态绿色发展和实现双赢的原则贯穿到了景区建设发展的各个环节，站在周边群众的立场上，把带动周边村民就业增收作为重中之重，探索建立景区与周边居民协调发展、合作共赢的鱼水关系。十多年来，呀诺达景区结合景区所在村庄村况，深入挖掘当地黎苗风情文化元素，实行“景区带村、定点帮扶”模式，采取提供就业、设置摊位、物资采购、入股分红、“企业+农户+旅游”等方式让贫困人口分享景区发展带来的收益，带动贫困户217户820人脱贫。

3. 保亭神玉岛文化旅游度假区（简称“神玉岛”）

神玉岛度假区位于保亭县响水镇，度假区自成立以来，积极响应“精准扶贫”和“脱贫攻坚”政策号召，坚持经济效益和社会效益双向驱动，围绕三农问题，大力开展旅游精准扶贫工作，带动响水镇贫困户240户881人脱贫。2017年12月22日，神玉岛旅游度假有限公司荣获“海南省扶贫龙头企业”称号。其主要做法是招工倾斜、扶持当地苗文化发展，打造苗文化发展基地，租用村民闲置地，雇佣村民科学种植，发展生态农业。

4. 兰花仙境

三道镇三弓村在2018年选择用“党支部+企业+农户”产业发展模式壮大村集体经济，帮助贫困户脱贫，党支部与企业建立了120亩的农旅相融的兰花仙境项目，该项目集兰花种苗培育转化、兰花种植、花卉销售、旅游民宿、标准化花卉产品精深加工、乡村旅游体验于一体，通过土地租赁、就业、技术培训、托管、合作经营等方式带动三弓村集体经济的发展。带动贫困户183户642人吃上旅游饭，2017—2018年村民土地租赁增收23.8万元。

5. 秀丽山庄

秀丽山庄位于保亭县南茂农场秀丽队，距离保亭县城约8千米，距离三亚市约70千米，山庄占地面积约100亩，由农家有机菜地、原生态垂钓鱼塘、百果园、槟榔林野生鸡放养场、农家菜餐厅、农林特色酒店等几部分组成，集户外拓展、黎苗特色餐饮、住宿、休闲度假、养生、娱乐、农事活动体验等于一体，是保亭县最具代表性的原生态农家乐山庄之一。自经营以来，秀丽山庄秉承“回报社会、造福一方”的经营理念，积极响应“精准扶贫”号召，以实际行动积极参与到扶贫工作中，扎实开展产业扶贫、教育扶贫等专项扶贫工作，通过就业帮扶、开发黎苗餐饮、定点收购农副产品、合作分红等多种渠道，带动贫困户246户915人吃上“旅游饭”。

第四节　多元模式连接农户与市场

农产品从生产到销售，都受到市场的制约。而个体小农由于自身的素质较低、社会资本较少，难以掌握市场信息，面临着生产和销售等多重风险。当市场价格下跌时，农户极易受到市场的冲击，凭借单个农户的实力很难抵御市场的风险。为了充分带动农户发展生产，提高他们的收入，地方政府积极引导，探寻多元化的产业运作模式，通过合作社、公司、致富能人等新型经营主体的带动，连接小农户和市场，进行规模化生产，促进农户增收。通过抱团发展、利益联结，增强他们抵御市场风险的能力。

一、多元化产业运作模式

为了促进农业产业化发展，形成规模化效应，地方政府一方面通过税收优惠、资金扶持等政策吸引龙头企业等经营主体带动农户发展生产经营，通过产供销一体化发展，在一定程度上减少农户进入市场的交易成本，提高他们抵御风险的能力，促进产业持续健康发展。另一方面，他们发动社区精英，通过种养大户、致富能人、党员干部等典型带动当地产业发展。保亭县产业运作主要有“公司+农户”“合作社+农户”“公司+合作社+农户”“党支部+合作社+农户”等几种模式。

首先，“公司+合作社+农户”模式或“公司+农户”模式。在“公司+农户”模式中，公司负责种苗、化肥等原料，为农户提供技术指导，并且开展订单农业，统一收购农户的产品，实现产、供、销一体化发展。这样既满足了公司的产品需求，又解决了农户的销售问题，形成了与农户“利益共享、风险共担”的利益联结共同体。在“公司+合作社+农户”模式中，合作社则充当中间人角色，将公司与农户连接起来。比如为了使贫困户享受到黄秋葵的生产效益，当地政府积极引进保亭港海高新农业开发有限公司，将龙头企业、合作社和贫困户捆绑起来，推进黄秋葵产业的组织化发展。公司为贫困户提供种苗、化肥，为他们提供阶段性的技术指导，还设立黄秋葵回收点解决贫困户产品市场销售问题。合作社充当农户和公司的中介，负责替公司回收黄秋葵，并为农户发放种苗和化肥，农户则负责生产。

其次，“合作社+农户”模式或“合作社+基地+农户”模式。只依靠农户自身的力量进行生产销售经营，很难占领市场。为提高农户抵御风险的能力和市场谈判的能力，合作社应运而生。在“合作社+农户”模式中，往往通过托养、托管的方式由合作社带动农户进行产品的生产和销售，通过抱团的形式提高农户抵御风险的能力，例如保亭县响水镇朱氏黄牛养殖农民专业合作社、保亭县保城镇鸽子合作社。在“合作社+基地+农户”模式中，合作社往往属于经营性质的，负责产品的生产和销售，合作社通过基地为贫困户提供就业岗位，贫困户也可以在里面学习技术、发展生产。

二、多元主体联动

地方政府为引导地方产业的发展，积极寻找市场信息，通过资金扶持、税收优惠等政策与龙头企业建立良好的关系，吸引龙头企业来当地带动农户生产。同时，他们也积极发动群众参与，在企业的带领下进行规模化生产经营活动，推动产业的稳定发展。

企业掌握了丰富的市场信息、销售渠道以及较广的社会资源，并且通过订单式生产模式回收农户产品，这种订单式生产模式是一种以市场为先导的生产模式，生产者避免了盲目生产，客户能够得到其订单中的产品，属于双赢。产供销一体化，有效整合市场信息，促进业态和产品的多元化发展。企业和农户建立利益联结机制，有效降低了农户进入市场的风险。合作社将农户聚集在一起，形成了一股合力，减少了农户单打独斗进入市场的风险。

合作社通过自身的资源，促进农户和市场的对接，让农户更好地融入现代农产品市场价值链。例如，在去年益智价格严重下跌之时，保亭南梗绿色南药益智专业合作社理事长凭借个人的人际关系与茶叶生产老板建立合作关系，通过益智花的出售带动合作社的经济发展，使农户增加收入。

第五节 经验与启示

一、产业发展与创新的经验

其一，强化领导，落实组织保障。把产业发展与产业扶贫作为脱贫攻坚工作的核心，提高政治站位，强化领导，落实组织保障，是确保产业健康发展和产业扶贫成效的最重要经验。通过构建打赢脱贫攻坚战指挥部体制、科学且明确的责任分工机制、严格的督导督查和考评机制等，将县、乡、村三级统一到脱贫攻坚战的核心工作之中，任务“一竿子插到底”，毫不动摇，上下联动，确保各项精准扶贫的政策、规划、方案和举措的贯彻落实。

在产业扶贫的具体做法上，成立保亭县产业脱贫工作协调领导小组，整合农业、畜牧、扶贫、热作、农技等部门资源，建立从产业规划到市场销售等各项工作的信息互通机制。按照贫困村的特点、产业发展优势以及产业扶持发展管理职责，制定切实可行的农业产业精准帮扶措施，确保扶真贫、真扶贫。为了把产业扶贫工作落实，保亭县构建县、乡镇、村委会、村小组四级联动机制，确保产业扶贫工作措施和任务落实到基层。

其二，科学规划，因地制宜发展特色产业。保亭县在已有实践经验和充分调研的基础上，根据县情和现状，制定了《保亭县“十三五”产业精准扶贫规划（2016—2020）》《保亭县“十三五”农业产业发展规划（2016—2020）》等一系列指导性规划，构建了坚持传统产业和特色高效产业并行的产业发展格局。在坚守传统产业方面，通过引入价格保险、期货保险等新机制，保障水稻、橡胶、槟榔、香蕉等传统产业的发展。在特色高效产业方面，根据每个乡镇村的实际需求和地方特色，积极探寻适合当地发展的优质高效产业，力求将这些高效产业做精做强，以形成“一村一品多主体、一乡一业多主体”的产业发展格局，避免盲目发展某一产业。此外，坚持产业短期规划和长期规划并行，既要发展冬季瓜菜、特色畜禽、花卉药材等当年能见效的“短平快”产业，又要发展设施农业、品牌农业、智慧农业等长期稳定增收产业，确保产业可持续发展和农户稳定增收，实现先脱贫、后致富。

其三，组织动员，合力推进产业发展。组织和动员各方面力量共同参与产业扶贫，是实现产业健康发展和有效扶贫的基本要求。为提高产业发展的组织化程度，保亭县制定了《加快构建政策体系培育新型农业经营主体实施方案》《关于推行农业产业扶贫“五带动全覆盖”模式促进贫困户稳定持续增收的十条措施的通知》等方案，积极培育新型经营主体，鼓励企业、共享农庄、合作社、家庭农场、致富能人五类经营主体，覆盖带动所有建档立卡贫困户。积极推广“企业+合作社+村集体经济组织+贫困户”“党支部+企业+村集体经济组织+贫困户”等“村社合一、社企合一”的利益联结机制，实现农户抱团发展，增强他们应对风险的合力和竞争力，提高生产经营效益。

在发展的过程中，这些经营主体发挥自身的资源优势，充分利用互联网渠道，与农户建立信息共享平台，及时向农户提供市场信息和生产技术。通过税收优惠等政策，吸引企业、合作社等社会力量参与扶贫，形成政府主导、多元主体参与的产业扶贫格局，共同致力于带动贫困户发展生产，实现脱贫致富。

需要看到的是，也存在着一些生产经营效果不明显甚至空壳合作社，对于这些合作社，保亭县正在探讨新的做法，加强引导、规范管理。另外，保亭县也发现不是所有的产业都可以一刀切地推行规模化生产，对于不适宜大规模推广的，保亭县也在探索如何引导农户自行组织生产经营的新模式、新出路。

其四，引进产业保险，建立产业发展的“兜底”保障。农业产业在气候、环境、市场等风险面前尤其脆弱，农业保险成为降低风险的重要工具，也是农业产业发展的“兜底”保障。橡胶期货和价格保险、水稻保险、香蕉台风保险，以及诸如槟榔、菠萝蜜、红毛丹等其他热带特色农产品保险，成为农户和其他农业生产和经营主体的重要避险工具，提高全县农业产业抵御自然灾害风险和市场价格波动风险的能力，成为农业产业健康发展的重要兜底保障。

其五，“志智双扶”，提升贫困户市场能力和抗逆力。通过“志智双扶”系列活动，提高贫困户主动发展的内生动力和自我发展能力，尤其是市场营销能力和抵御风险的能力，使其积极投入包括产业发展在内的各项脱贫行动，是产业扶贫得以有效开展的基本要求。为实现上述目标，保亭县全面铺开各种技术保障措施，如发挥电视扶贫夜校、农业科技技术咨询和服务功能，组建产业脱贫技术服务团队，建立农技人员结对帮扶机制等。全面开展贫困劳动力农村实用技术技能培训，围绕产业发展，加强贫困户种养生产技能培训，进行各类技术咨询和现场指导。通过种养补贴、典型示范带动，激发贫困户的内生动力，促进他们主动参与和发展生产的积极性。

其六，因地施策，因村施策。保亭县根据各村的实际需求和区位优势，因地制宜，因户施策，确保村村有脱贫产业、户户有增收项目。科学规划产业发展项目，从小规模试点到大面积推广，在不断试错中寻求产业的长期稳定发展。注重打造每个乡镇的特色主导产业，避免一窝蜂地盲目生产，实现产业对人、人对产业的精准扶贫模式。强调品牌培育，提高竞争优势。形成“短、中、长”期产业相结合的发展模式，即以黄秋葵、冬季瓜菜以及养殖为代表的短期项目，以益智、百香果等产业为代表的中期项目，以槟榔、红毛丹、山竹、榴莲等热带作物为代表的长期项目，确保农户增收的可持续性，减少返贫风险。

其七，利用线上线下资源，拓展销售渠道。产业发展离不开市场，产业发展也需要市场。保亭县充分认识到传统产业与市场对接过程中的不利优势，积极开拓新兴市场，采取线上线下交易并行的方式，积极主动推销自己的产品。在抓农业生产的同时，保亭县积极借助“冬交会”、“农博会”、农民丰收节等大型活动，设立扶贫农产品展销展示专区，扩大扶贫农产品影响力和市场占有率；同时充分利用电商，通过爱心扶贫网等网络销售渠道进行销售；通过消费扶贫日、爱心扶贫集市销售贫困户农产品，增加贫困户对市场的信心，增强他们在市场中的抗逆力，同时极大地增加他们的经营性收入。

二、民族地区产业扶贫的启示

作为一个热带地区民族县，保亭县结合自身的资源禀赋和民族区域发展特点，有所作为，探索出了一条适合本地区发展的产业扶贫之路。这不但促进了地方经济的发展，而且增加民族地区群众脱贫致富的信心、决心与办法，提高了他们的市场能力，增强了他们的抗逆力，带动贫困户顺利脱贫。

其一，劣势变优势，挖掘民族地区的产业优势。大部分民族地区处于地理位置偏僻、交通不便的地区。但是这样一种环境特点也往往使民族区域具备了独特的资源禀赋与自然条件，容易形成具有专有性、独特性的地方产业。立足本地资源禀赋，发现自身的比较优势，积极转变观念，引导优势产业和特色产业发展。这是保亭县产业发展和产业扶贫的主要做法，也是重要启示。一方面挖掘传统橡胶、槟榔等产业的经济增长点，另一方面引进和改良具有市场优势的热带特色果蔬种植和养殖品种，创新混种、混养等生产模式，推动农旅结合和跨行业资源及产业整合。这样既实现了基于自身独特资源和环境下的产业发展，又实现了新形式下与外部市场和资源的有效结合。

其二，增强应对市场风险的能力，培育市场意识。要使民族地区的产业发展具备自我造血功能和可持续发展能力，就必须更好地融入外部市场，解决好产销问题。保亭县绝大多数少数民族村寨的产业基础薄弱，农民的市场意识不高，掌握市场信息的能力不足，市场参与能力不强。保亭县建立了多种产销机制，包括企业或合作社与农户合作生产和销售、农村电子商务、电视扶贫夜校宣传等。强调组织化经营，通过合作社与龙头企业、种粮大户、致富能手等建立利益联结机制，调动和发挥这些主体的市场优势，形成示范引领作用。引入金融保险等市场兜底保障机制，降低生产经营者的市场风险。在这些措施的实践过程中，贫困户不仅实现了有效的市场参与，而且提高了市场意识和抗市场风险能力。这有助于提高他们的后续自我发展能力。

其三，转变群众观念，激活内生动力。保亭县少数民族群众历史上多居住在偏远山区，在不存在生存压力的情况下，过着与世无争的生活，但同时也存在不适应现代高度市场竞争的“懒散”和“保守”的问题。这导致很长时间以来，群众观念比较传统，缺乏强烈的内在发展冲动和动力，也缺乏适应现代市场竞争的发展能力，并出现发展型贫困。从保亭县的扶贫历程看，尤其是从产业扶贫的角度看，真正的决定性因素并不是投入扶贫资金，而是通过大量的人力投入和精准帮扶，做了大量的思想动员和宣传及示范，转变了群众的思想观念，激发了他们的内生动力。这也是保亭县作为少数民族地区实现有效脱贫带来的最重要启示。

第七章

结论与讨论

作为当代中国的“三大攻坚战”之一，脱贫攻坚战对当代中国及未来中国的发展都具有极为重大的战略意义。打赢脱贫攻坚战，消灭绝对贫困，帮助贫困群众实现脱贫致富，是社会主义制度的基本要求，也是党和国家对人民的庄严政治承诺和历史承诺。打赢脱贫攻坚战，为贫困地区创造了良好的社会治理体制和机制，培养了高素质的基层组织队伍，营造了风清气正的社会氛围。这为提高农村基层社会治理体系与治理能力现代化提供了极为重要的实践经验。为了打赢脱贫攻坚战，党和国家为贫困地区打造了因地制宜的产业体系。这不仅使贫困群众直接受益，而且为推动贫困地区的可持续发展打下了经济基础。这已成为新时代经济发展战略中新的增长极。

保亭县作为中国最南端的国家级贫困县，且是少数民族贫困县，其摆脱贫困的实践经验和教训，既具有和全国其他贫困地区相同或类似之处，也有其独特的特征，值得深入总结和讨论。

第一节　主要结论

其一，保亭县实现了高质量的全面脱贫。

保亭县作为海南岛中南部的山区少数民族县，虽然拥有优良的生态环境和丰富的自然资源，但由于多重因素的共同作用，始终无法摆脱贫困并实现高质量发展。全县约 17 万人口中，贫困发生率最高时约达 30%，部分少数民族村寨几乎全都是贫困户。

通过艰苦努力，保亭县总体上做到了高质量脱贫。截至 2018 年底，全县农村贫困发生率下降为 0.27%，到 2019 年年底时，保亭县基本实现了所有建档立卡贫困人口的脱贫。在数字之外，更重要的是脱贫的质量。通过大规模的基础设施和公共服务建设投入，保亭县实现了全县所有村寨通自来水、通动力电、通硬化路、通互联网，所有贫困户都住上了安全舒适的住房，所有适龄儿童都实现了免费入学，所有贫困学生都获得了教育扶贫补助，所有农户都获得了稳定高效率的医疗保障服务，所有孤寡老人和无劳动能力者都得到了社会救济救助和妥善安置，所有贫困劳动力都获得了至少一项适用的就业技能培训，所有贫困户都以不同形式参与产业扶贫项目并获利，所有村庄都实现了村容村貌整治和美丽村庄建设，等等。

高质量的全面脱贫不仅仅是收入的提高和硬件的改善，而且实现了对人的改造。为此，保亭县把“志智双扶”作为打赢脱贫攻坚战的基础性工作，并贯彻始终。通过扶贫电视夜校、开展基层党建和“三信三爱”活动、评选道德“红黑榜”等多种方式，提高贫困户的自我认知和发展动力；通过技术技能培训、产业示范和带动、就业帮扶等多种方式，提升贫困户的脱贫能力。

其二，脱贫攻坚实现了对全县社会经济发展的统领性作用。

脱贫攻坚不仅仅是扶贫办一个部门的工作，也不仅仅是乡镇或村两委的工作，或某个职能部门和某个行业的任务，而是系统工程，直接关系到社会经济发展的方方面面。为此，保亭县始终把脱贫攻坚作为总的抓手，引领全县社会经济发展全局。围绕打赢脱贫攻坚战这一核心目标，全面统筹协调全县社会经济发展战略、行业规划和行动方案。这意味着脱贫攻坚既是一个具体的工作目标，同时又是一个超越狭义扶贫任务的统领性战略目标。党政四套班子及所有职能部门各司其职，县乡村及贫困户各级力量紧密配合，政府、社会和市场的各方面资源和力量充分整合与协调，共同投入脱贫攻坚及全县社会经济发展。

在这个过程中，原本狭义的直接服务于贫困户的扶贫工作，扩展为服务于全县所有乡镇村的全局性社会经济发展工作，借助打赢脱贫攻坚战的重大历史机遇，全方位改善和提高全县社会经济发展的硬件基础和软件环境，包括“水电路气网”等基础设施状况，教育、医疗等基本公共服务，农业技术推广和农民技能培训等体制机制建设，农村人居环境整治和美丽乡村建设，农村营商环境及其服务体系建设，农村基层组织建设和基层治理体系及治理能力现代化建设，以及包括贫困户在内的所有农民的内生发展动力建设、农村良好风气和发展氛围的营造等。

其三，打赢脱贫攻坚战的领导与组织体系经受住了实践的检验。

保亭县农村贫困人口多，贫困发生率高，社会经济发展基础薄弱，且制约因素多，因此，要如期实现农村贫困人口全面脱贫，时间紧，任务重。在开展精准扶贫的前期，保亭县依然采用已有的条块分明的科层式领导和组织体系，导致扶贫工作最终演变为扶贫办的专职工作，各职能部门之间的协调程度和资源整合程度差，甚至由于不恰当的扶贫措施而出现资源损耗和内耗。

以“五级战斗体系”为核心的打赢脱贫攻坚战指挥部体制的建立，具有“纵向到底、横向到边”的科层体系内各部门和机构的全面协调能力，构建了全面覆盖扶贫工作各关键领域的专项工作组机制，具有职责明确的工作制度，具有深入细致的工作方法，具有强大的政府、社会、市场等多方资源协调与整合能力。事实证明，打赢脱贫攻坚战的领导与组织体系，是全面高质量脱贫的重要保障。

其四，脱贫攻坚的创新性实践和做法体现了保亭特色。

打赢脱贫攻坚战，首先是全国一盘棋。保亭县严格贯彻党和国家制定的脱贫攻坚方略和政策，在大战略、大方向、大原则上保持与国家和海南省政策的高度一致，围绕“两不愁三保障”这一核心目标，全方位、系统性地从领导与组织、人员调动与资源配置、扶贫资金使用与监管、大扶贫格局的建立等角度，构建打赢脱贫攻坚战的总体框架和执行方案。保亭县从勇于担起政治责任的战略高度，严格遵守并执行脱贫攻坚的规定动作，这是保亭县打赢脱贫攻坚战的政治保障。

打赢脱贫攻坚战，更是地区社会经济发展的重要契机。保亭县坚持实事求是、因地制宜的基本原则，深入思考县情县况，结合全县资源禀赋，找准比较优势，创新脱贫攻坚的具体实践和操作方法，做到突出保亭特色。如在产业扶贫上，紧扣生态优势和气候特征，主抓热带特色农业和热带特色旅游产业。在扶贫策略上，基于发展型贫困的特征，优先从“志智双扶”入手，开展基层党建促扶贫、电视夜校富脑袋、就业扶贫富口袋、技术培训学技能等特色扶贫工作。在具体操作上，以惠农超市为代表的以奖代扶策略、以龙头企业和农民合作社带动的产业扶贫模式、以文化建设和移风易俗消除旧有的歪风陋习、以水电路气网为核心的基础设施建设、以教育医疗住房为核心的公共服务供给、以救济救助为重点的兜底保障、以金融信贷和保险扶贫为代表的农业产业兜底保障机制、以消费扶贫带动的社会力量动员，都很好地体现了创新性和本土性的有效结合。

第二节　几点讨论

其一，扶贫体制的推广性和扩展性问题。

扶贫是社会工作，也是经济工作，更是政治工作，要在限定时间内完成巨大的系统工程，则需在非常之时行非常之事，用特别的战略战术战胜特别的困难。事实证明，保亭县的扶贫体制，经历了实践考验，是有效的。但从行政管理的角度看，以脱贫攻坚领导小组体制、打赢脱贫攻坚战指挥部体制为核心的临时领导和组织体系，是基于现有行政体系和社会治理体系的，在特殊时期应对特别任务的临时性领导与组织体系。

实践是检验真理的唯一标准。扶贫体制在实践中体现了其实用性和优越性，如集中力量办大事、集中优势兵力攻坚克难的体制优势，包括强大的领导和决策机制、强大的多部门协调能力、快速高效的组织和动员能力、强有力的执行和实施能力、以解决问题为导向的工作机制、以实事求是精神为原则的快速纠错机制等。扶贫体制同时也存在局限性，紧急状态下的快速决策和执行，难以完全确保决策的科学性和执行的有效性，出现诸如扶贫资源重复投入、错误配置、低效或无效使用，以及寻租行为、“搭便车”行为、精英俘获现象、福利悬崖效应等。

当前的扶贫体制是现有政治经济和社会治理体制下应对特殊任务的临时体制，这一临时体制极大地凝聚了现有国家治理体制的优点，但同时也不可避免地包含甚至放大了现有治理体制的弊端，并且这些弊端也成为扶贫体制不断调整与完善的动力。这一临时体制能否作为农村基层治理的长期体制，能否作为解决基层社会治理中其他重大事件的应对机制，诸如公共卫生事件、公共安全事件、重大自然灾害的应对机制等，还有待考察。

保亭县扶贫体制的成功实践，具备以下几个重要特征。第一，是现有政治、经济、社会、文化等国家和社会治理体制的集中体现，因此其扶贫体制是现有国家和社会治理体制在扶贫问题上的应对方案。在应对常规或突发事务时，这一应对方案的思路和路径是可推广的。第二，充分体现了保亭县的县情和实践需求，扶贫体制本身的动态调整和不断完善很好地体现了实事求是的价值原则和因地制宜的操作原则。第三，保亭县的扶贫体制内嵌于本地社会经济和文化环境中，能够解决和应对具体问题，并不是简单的复制或照抄，而是很好地融入了本土知识后的创新性实践。

基于以上三方面的重要特征，本报告认为：保亭县的扶贫体制是可以推广和扩展到农村基层治理的其他领域的，并且满足从临时性体制转变为长期体制的基本条件。第一，扶贫体制与常规的农村基层治理体制是并存的，“乡政村治”的基本政治结构、村民自治的基层治理原则和具体实践、技术治理和项目治理所依赖的科层治理结构，以及国家财政支农的各种体制机制和操作方法，并没有因为扶贫体制的创新性存在而改变。第二，扶贫体制的很多临时机制和做法很好地弥补了原有农村基层治理体制和机制的弊端和不足，包括加强了农村基层党组织能力建设，改变了以往农村在县域社会经济发展与治理中的弱势地位，理顺了农村社会经济发展和治理的决策机制、投入机制、执行机制、检查监督机制，改变了之前乡镇与村之间的脱节与悬浮现象，建立了小农生产与大市场之间的有效连接机制等。第三，扶贫体制的制度优势，同样可用于应对和解决农村社会经济发展中出现的其他重大公共危机，包括自然灾害、公共卫生危机、公共安全危机等。

其二，热带民族地区扶贫的策略问题。

保亭县是我国南方热带民族地区的典型代表，同时也和东南亚国家等“一带一路”沿线国家和地区的资源禀赋和人文风貌存在较大的相似性。因此，保亭县作为热带民族地区的扶贫实践和经验，具有区域性借鉴意义。

充分理解民族文化的独特性与现代性。保亭县黎苗文化以传统农耕文化和原始宗教文化为代表，但在现代化进程中，这些少数民族传统文化逐渐脱离日常生活，或者成为纯粹精神生活的一部分，或者成为博物馆中的文化符号。但与此同时，部分少数民族传统文化也在积极嵌入现代生活，服务于脱贫攻坚和经济社会发展。如传统民族风格的饮食、歌舞、服饰、神话传说等文化符号与旅游开发相结合，成为热带民族地区风情旅游的核心要素；传统民族文化中的勤劳、朴实、勇敢等品格与精神文明建设相结合，成为“志智双扶”的重要内在精神。从保亭县的实践经验看，深入理解传统民族文化的独特性，发现传统文化嵌入现代发展框架的切入方式，对于形成本土化风格的脱贫致富与社会经济发展模式，是至关重要的。

挖掘热带生态与环境资源的稀缺性与创新性。一直以来，我国热带地区因地处南方边疆而未能成为经济地理的核心区域，核心产业主要以传统农业和热带旅游产业为主，资源开发和利用方式具有单一性和粗放型的特征。以保亭县为例，传统的农业生产主要是橡胶、槟榔、香蕉、芒果、蔬菜等几乎所有热带地区都普遍性存在的产品，在交通不便等制约性因素影响下，传统农业完全不具有竞争优势。保亭县脱贫攻坚成功实践的核心策略是充分避免传统的同质性竞争，充分挖掘本地生态环境资源的稀缺性，并结合现代经济发展的客观规律进行创新性发展。如热带特色种植方面，突出红毛丹、百香果等高品质高价格品种、热带兰花等高价值花卉产业、黄秋葵等高产值冬季瓜菜种植；热带特色养殖方面，突出五脚猪、文昌鸡、毛感鸭等高价值本地品种养殖；热带特色旅游方面，突出民族风情旅游、热带高品质养生旅游。这些成功案例的背后，都很好地贯彻了稀缺性与创新性的有效结合。

其三，脱贫攻坚与乡村振兴的衔接问题。

从战略目标看，脱贫攻坚战和乡村振兴战略显然是不同的，前者在于消灭农村绝对贫困现象，后者在于推动乡村的综合发展并实现现代化。脱贫攻坚是乡村振兴的基础，乡村振兴是脱贫攻坚的延续和扩展。而从两大战略性行动的发生时间看，目前是重叠的，脱贫攻坚的主战场是全国贫困县，而乡村振兴则覆盖全国所有乡村；在同一个县，脱贫攻坚的核心目标人群是农村建档立卡贫困户，而乡村振兴则直接涉及所有乡村人口。因此，两者的紧密协调和有效衔接，是当前农村社会经济发展和乡村治理的重要议题。

保亭县在脱贫攻坚过程中，已经纳入了与乡村振兴战略相衔接的政策设计，但现阶段依然是以脱贫攻坚为主、乡村振兴为辅。如在产业振兴方面，因地制宜地开展产业扶贫，引进龙头企业，组建农民合作社，支持专业生产大户和现代职业农民，开展农旅结合等跨行业产业发展；在生态宜居方面，开展美丽乡村建设，完善所有乡村的水电路气网等基础设施建设，以及教育医疗等公共服务体系建设；在乡风文明方面，通过“志智双扶”系列行动，推动移风易俗，倡导公序良俗，增进农民内生发展动力等；在治理有效方面，一方面大力推进基层党建，推动乡村基层社会治理体系与治理能力现代化，另一方面加大上级政府对乡村治理的常态化组织与动员力量介入，如脱贫攻坚驻村工作队同时也是乡村振兴工作队，并且将常态化存在，与村两委一起承担乡村治理的职责；在生活富裕方面，在产业扶贫的基础上，稳定现有产业，推动新型产业发展和创新，大力引入和推广农村电子商务以推动小农户与大市场的紧密结合，实现脱贫基础上的致富。

保亭县的实践经验表明，高质量的扶贫工作是高质量乡村振兴的重要基础。乡村振兴首要的是产业兴旺，核心是突破把农业作为乡村主导产业甚至唯一产业的思维局限，乡村是完整的生产生活空间，是百业共存的经济地理空间，要充分吸纳传统种植和养殖农业、现代农副产品加工业、现代乡村旅游和新兴服务产业、现代农村电子商务服务业等。乡村振兴强调生态宜居，保亭县优良的生态环境，是乡村生态宜居的必要条件，但并不是充分条件，还需要符合现代化要求的水电路气网等基础设施建设、高质量的教育医疗和精神文化生活的公共服务体系建设。乡村振兴要求乡风文明，保亭县传统的黎苗文化根植深厚，民风淳朴，这是乡风文明的重要文化基础，但传统文化中的一些陋习同样不容忽视，如喝大酒、懒散、“等靠要”思想，这些同时也是脱贫攻坚战的首要战斗目标。乡村振兴要求治理有效，保亭县一方面加强已有的乡村治理体系和治理能力建设，完善乡村社会治理的体制机制；另一方面推动农业企业、农民合作社、乡村生产大户、扶贫车间等新型生产和经营主体的发展和规范化，同时开展集体资产的规范化管理，完善乡村经济治理的体制机制。乡村振兴最终落脚于生活富裕，而脱贫攻坚的一系列投入和行动，使贫困户摆脱贫困的同时，还为贫困户和很大一部分非贫困户提供了致富的机会和平台，为实现生活富裕的目标打下了扎实基础。

保亭县的实践表明，尽管不同地区脱贫攻坚和乡村振兴所面临的具体环境和可采取的举措并不相同，但脱贫攻坚既是扶贫工作，又是乡村社会经济发展的综合性工作。无论是短期措施和行动，还是中长期规划和政策，都应该既立足于扶贫，又超越扶贫，要把视野放到乡村振兴战略的宏观思路和总体目标上。

后　记

脱贫攻坚是实现我们党第一个百年奋斗目标的标志性指标，是全面建成小康社会必须完成的硬任务。党的十八大以来，以习近平同志为核心的党中央把脱贫攻坚纳入“五位一体”总体布局和“四个全面”战略布局，摆到治国理政的突出位置，采取一系列具有原创性、独特性的重大举措，组织实施了人类历史上规模空前、力度最大、惠及人口最多的脱贫攻坚战。经过 8 年持续奋斗，现行标准下 9899 万农村贫困人口全部脱贫，832 个贫困县全部摘帽，12.8 万个贫困村全部出列，区域性整体贫困得到解决，完成了消除绝对贫困的艰巨任务，脱贫攻坚目标任务如期完成，困扰中华民族几千年的绝对贫困问题得到历史性解决，取得了令全世界刮目相看的重大胜利。

根据国务院扶贫办的安排，全国扶贫宣传教育中心从中西部 22 个省（区、市）和新疆生产建设兵团中选择河北省魏县、山西省岢岚县、内蒙古自治区科尔沁左翼后旗、吉林省镇赉县、黑龙江省望奎县、安徽省泗县、江西省石城县、河南省光山县、湖北省丹江口市、湖南省宜章县、广西壮族自治区百色市田阳区、海南省保亭县、重庆市石柱县、四川省仪陇县、四川省丹巴县、贵州省赤水市、贵州省黔西县、云南省西盟佤族自治县、云南省双江拉祜族佤族布朗族傣族自治县、西藏自治区朗县、陕西省镇安县、甘肃省成县、甘肃省平凉市崆峒区、青海省西宁市湟中区、青海省互助土族自治县、宁夏回族自治区隆德县、新疆维吾尔自治区尼勒克县、新疆维吾尔自治区泽普县、新疆生产建设兵团图木舒克市等29个县（市、区、旗），组织中国农业大学、华中科技大学、华中师范大学等高校开展贫困县脱贫摘帽研究，旨在深入总结习近平总书记关于扶贫工作的重要论述在贫困县的实践创新，全面评估脱贫攻坚对县域发展与县域治理产生的综合效应，为巩固拓展脱贫攻坚成果同乡村振兴有效衔接提供决策参考，具有重大的理论和实践意义。

脱贫摘帽不是终点，而是新生活、新奋斗的起点。脱贫攻坚目标任务完成后，“三农”工作重心实现向全面推进乡村振兴的历史性转移。我们要高举习近平新时代中国特色社会主义思想伟大旗帜，紧密团结在以习近平同志为核心的党中央周围，开拓创新，奋发进取，真抓实干，巩固拓展脱贫攻坚成果，全面推进乡村振兴，以优异成绩迎接党的二十大胜利召开。

由于时间仓促，加之编写水平有限，本书难免有不少疏漏之处，敬请广大读者批评指正！

本书编写组

责任编辑：陈光耀　祝曾姿
封面设计：姚　菲
版式设计：王欢欢
责任校对：张　彦

图书在版编目（CIP）数据

保亭：热带民族地区发展型减贫/全国扶贫宣传教育中心 组织编写. —北京：
人民出版社，2022.10
（新时代中国县域脱贫攻坚案例研究丛书）
ISBN 978-7-01-025222-3

Ⅰ.①保…　Ⅱ.①全…　Ⅲ.①扶贫-案例-保亭黎族苗族自治县　Ⅳ.①F127.664

中国版本图书馆 CIP 数据核字（2022）第 197694 号

保亭：热带民族地区发展型减贫
BAOTING REDAI MINZU DIQU FAZHANXING JIANPIN

全国扶贫宣传教育中心　组织编写

人民出版社 出版发行
（100706　北京市东城区隆福寺街 99 号）

北京盛通印刷股份有限公司印刷　新华书店经销

2022 年 10 月第 1 版　2022 年 10 月北京第 1 次印刷
开本：787 毫米×1092 毫米 1/16　印张：17.75
字数：239 千字

ISBN 978-7-01-025222-3　定价：50.00 元

邮购地址 100706　北京市东城区隆福寺街 99 号
人民东方图书销售中心　电话（010）65250042　65289539